미디어와 젠더

MEDIA

미디어와 젠더

나미수

GENDER

전북대학교출판문화원

| 서문 |

최근 우리 사회에서 성인지감수성이란 용어가 중요한 화두로 등장하고 있다. 그동안 사회 각 분야에서 숨겨지고 가려졌던 성차별, 성희롱, 성폭력 등의 문제가 가시화되면서 이 용어가 일반 대중들에게 알려지기 시작하였다. 이런 용어가 빈번하게 등장할 수밖에 없는, 다시 말해서 성추문 등과 같은 사건이 많다는 사회현실은 안타깝지만 이런 문제들이 공론화되고 관심이 높아진 것은 일단 반가운 일이다. 그러나 젠더문제가 부각되는 이러한 사회분위기 속에서 일각에서는 여성주의 혹은 여성운동에 대한 오해와 편견들이 엿보이고, 여성운동을 남녀 간의 대립과 갈등으로 몰고 가거나 여성혐오/남성혐오와 같은 왜곡된 반응들이 나타나기도 한다. 사회적 성인지감수성이 높아지는 과도기적 현상이라고 위안을 해보면서도, 잘못된 인식이 오히려 이러한 분위기를 위축시키지는 않을까 우려되기도 한다.

이와 같이 우리 사회에서 젠더와 관련된 현실은 아직은 갈 길이 멀어 보인다. 가부장적 가치관이 여전히 만연하고 있으며, 사회 각 영역에서 잔존하고 있는 성차별적 구조와 관행들로 여성들은 고통 받고 있다. 우리 사회에 깊숙이 뿌리박힌 가부장적 고정관념은 단지 여성들뿐 아니라 남성들에게도 억압적이라 할 수 있다. 이러한 현실을 변화시켜 나가기 위해서는 개인의 실천과 일상에서의 변화도 중요하지만, '개인적인 것이 정치적인 것이다'라는 슬로건처럼 제도와 정책, 교육 그리고 시민운동 등의 정치적, 사회적 노력도 필요하다. 그러나 대중의 사회적 현실 구성을 담당하는 미디어의 역할과 책임 또한 막대하다. 미디어는 우리가 다양한 사회적 현실을 인지하고 경험하는 데 있어 중요한 역할을 하고 있으며, 젠더와 관련된 현실에 대해서도 마찬가지다. 미디어의 젠더 재현은 우리 사회의 젠더구조와 가치를 반영하고, 규정짓고, 강화하는 데 영향을 미친다. 즉 미디어의 성차별적 재현은 지배적인 이데올로기를 재생산함으로써 수용자들이 성차별적 고정관념을 내면화하고 기존의 남성중심 사회체제를 공고히 하는데 기여할 수 있다.

따라서 이 책에서는 미디어에서 젠더가 어떻게 재현되고 있는지 살펴보고자 하며, 나아가 성차별적 텍스트가 왜, 어떻게 만들어지며 수용자는 이를 어떻게 해석하는지를 알아보고자 한다. 이를 위해 이 책은 크게 3부로 구성된다. 1부는 미디어와 젠더를 이해하기 위한 기본적인 개념과 이론을 살펴보는 것으로, 성(sex)과 젠더 개념 및 페미니즘 이론과 각 페미니즘 이론 내에서 수행된 미디어 연구들을 소개하고 있다. 2부는 미디어에서 젠더에 대한 지배적인 의미와 성차별적 가치 등이 어떻게 재현되고 있으며, 이러한 미디어 표상이 갖는 문제는 무엇인지를 밝히고 있다. 3부는 미디어 텍스트의 생산자와 수용자를 다루고 있으며, 이들의 실천을 사회적, 문화적, 역사적 맥락 속에 위치시킴으로써 텍스트의 의미가 생산 혹은 수용되는 다양한 협상과정과 이러한 과정에 젠더의 문제가 어떻게 관련되는지를 살펴보고자 한다.

아울러 이 책은 저자가 지난 10여년간 〈미디어와 성〉이라는 과목을 강의해오면서 쌓여온 자료와 강의노트 그리고 고민들을 담은 것이기도 하다. 이 과목은 저자가 소속된 학과에서 2006년에 처음 개설되어 지금까지 이어져오고 있다. 처음 이 과목을 개설할 때만 해도 제대로 된 국내 교재도 없었고, 관련 과목이 개설된 대학들도 많지 않았다. 이제는 학문적으로도, 사회적으로도 젠더는 중요한 주제가 되었고, 과목이 개설된 대학들도 늘어났으며, 저서와 논문들도 이전보다 풍부해졌다. 그래서 이 책이 기존 문헌들의 군더더기가 되지 않을까 염려도 되지만, 10년 넘게 과목을 강의하면서 사회와 미디어의 변화와 함께 변화하고 성장해온 과목의 구성과 내용을 정리하는 의미를 담고 있다. 이 과목 그리고 이 책을 통해 학생들이 자신이 여성으로서 혹은 남성으로서 살아가는 데 겪는 경험들을 좀 더 비판적으로 보게 되고, 사회적으로 나타나는 차별의 문제에 대해서도 좀 더 민감해지기를 바란다. 적어도 이전엔 당연시했던 문제들 혹은 아예 문제의식조차 갖지 않았던 것들에 관심을 가지고, 그리고 조금은 다르게 생각할 수 있게 되기를 바란다.

2019년 10월

나 미 수

| 차례 |

제 2 부 미디어 텍스트에 재현된 여성과 남성

제3장 뉴스

제4장 드라마

제7장 미디어 수용의 성차

제1부

성, 젠더
그리고 페미니즘

제1장

생물학적 성과 사회적 성

1. 성(sex)과 젠더(gender)

일반적으로 성(sex)은 생물학적인 특성 혹은 신체적인 특성에 의해 남녀를 구분하는 용어이다. 이에 비해 남녀의 기질이나 특성은 사회적 환경과 훈련에 의해 형성된다는 것을 강조하여, 문화적인 기준에 의해 구분되는 성은 젠더gender라는 용어로 지칭된다. 생물학적 성으로서의 섹스와 사회문화적 성으로서의 젠더를 구분하는 것은 성 정체성이 생물학적 특성 이외에 사회적 특성에 의해서도 구성되고 있음을 강조하는 것이다.

우리 사회에서 젠더라는 용어는 낯설지 않게 사용되고 있는데, 이 용어는 1995년 유엔이 개최한 베이징 제4차 세계여성대회에서 성(sex)을 대체하는 용어로 공식적으로 채택되기도 하였다. 젠더에는 우리 사회에서 흔히 인식되는 여성다움, 남성다움의 규정에 사회적, 문화적 영향이 담겨있음을 드러내고자 하는 의미가 담겨있다. 원래

문법적 성 구분을 뜻하는 평범한 단어였던 젠더는 여성주의적 문제의식을 가진 용어로서 등장하게 된 것이다.

성은 생물학적으로 결정되는 것이 아니라 사회문화적으로 구성된 것이라는 젠더 논의의 출발점은 시몬느 드 보부아르Simone de Beauvoir의 『제2의 성』[1]이라는 출간물에서 비롯된다. "여성은 태어나는 것이 아니라 만들어진다"는 보부아르의 주장은 여성성이라는 것이 여성의 본질이 아니라 남성을 주체로 여성을 타자로 위치짓는 방식으로, 사회적으로 만들어지고 강요된 것에 불과하다고 주장한다(배은경, 2012). 여성성에 관한 보부아르의 새로운 통찰은 이후 페미니스트들의 이론화에 기여하면서 1960년대 후반에 시작된 제2기 여성운동과 함께 젠더에 대한 본격적인 논의로 발전되었다.

1970년대에 제2기 여성운동가들은 자연적이고 생물학적인 범주로서의 성(sex)이라는 용어의 정치적 효과에 대항하기 위해 사회적, 문화적 성으로서의 젠더라는 개념을 가져옴으로써, 남녀의 차이가 생물학적 결과물이 아니라 사회적인 관행에서 비롯된 것임을 강조하고자 하였다. 남녀의 자연적인 차이인 성과 사회적으로 구성된 젠더를 구분하는 것은 사회적 차별의 부당성과 가부장적 사회질서의 변화가능성을 제시하고자 한 여성주의자들의 의식적인 노력의 결과물이었다(정영희·장은미, 2015). 이와 같이 성과 젠더의 개념을 구분하는 것은 인간의 성정체성이 생물학적인 근원 이외에 사회문화적 힘에 의해 구축되었음을 강조하는 것으로, 즉 여성다움, 남성다움이란 생리적인

1 『제2의 성』은 프랑스 실존주의 작가 시몬느 드 보부아르(Simone de Beauvoir)의 작품으로 1949년에 출간되었다. 이 책의 제목인 '제2의 성'은 '제1의 성'인 남성에 대해 여성은 부차적인 성이라는 뜻에서 붙여졌다.

것이라기보다 사회문화적인 경험과 학습에 의해 습득되었다고 본다.

그러나 이러한 성(sex)과 젠더의 구분 자체를 의문시하는 시각도 있는데, 그러한 시각이 주장하는 바는 성과 젠더 모두 '구성된 것'이라는 것이다. 성과 젠더라는 용어의 구분은 결국 투명한 '자연'에 대한 관념을 지속시킬 뿐만 아니라, 성이 일차적인 분리이고 젠더는 그 위에 입각해 있는 것으로 보게 됨으로써 젠더의 궁극적인 기반은 성에 준거하지 않을 수 없다는 모순에 빠지게 된다고 본다(정영희·장은미, 2015).

따라서 현대 페미니스트 이론에서는 생물학적 성이나 젠더 모두 사회문화적으로 규정된 것으로 파악한다. 즉 성은 자연적인 것이며 젠더는 문화적인 것이라는 전제를 벗어나 생물학적 성이나 젠더 모두 문화적인 것이며, 사회적으로 조직된 유동적인 범주로 볼 수 있다는 것이다(Rakow, 1986). 여성, 남성에 부과된 사회적 역할 즉 성역할은 생물학적 성에 영향을 미치고, 이것이 다시 사회문화적 성으로서 젠더적 특성을 강화시키는 방식으로 상호 결합되어있다고 할 수 있다. 예를 들어 여성의 출산과 같은 생물학적 성의 특성은 여성의 사회적 역할 즉 성역할에 영향을 미친다. 아이를 양육하는 것을 여성의 역할로 부여하거나 다른 사람을 돌보고 보살피는 기질을 여성다움의 특성으로 규정함으로써, 여성의 출산이라는 생물학적 특성과 양육과 돌봄이라는 여성의 성역할이나 여성다움은 서로 밀접하게 결합된다. 이것은 나아가 사회에서 여성의 직업이나 역할과도 관련되어 여성적, 남성적 직업 또는 직장 내 여성의 역할, 남성의 역할이 자연스럽게 구분되는 데 영향을 미친다.

이와 같이 기존에는 특정한 성과 연관된 개인의 고정되고 본질적인 특성이나 행동으로 인식되었던 성의 개념은 이제는 사회문화적인 속성에 의해 형성되는 것으로 발전되어 왔다. 이러한 성의 개념은 서로 다른 이론적 시각과 배경에서 설명될 수 있는데, 전자의 개념 즉 성(sex)은 생물학적 본질주의에서 비롯된 것이라 할 수 있다.

생물학적 본질주의에서는 첫째, 여성과 남성은 상이한 염색체 구조, 해부학적 구조를 갖고 태어나며, 둘째, 여성은 남성과는 다른 생물학적 특성을 가지고 있다. 셋째, 이에 따라 여성은 여성적인 심리학적 특성(예컨대, 수동적, 감성적 등), 남성은 남성적인 심리학적 특성(예컨대, 공격적, 적극적, 논리적 등)을 갖는다. 넷째, 남성은 남성적인 역할을 담당하고 여성은 여성적은 역할을 담당하는 것이 자연의 질서와 일치한다(박정순, 1997: 27).

이런 관점에서, 여성, 남성으로 분류되는 인간의 성적 특징은 태어나면서부터 결정되며, 자연적인 생물학적 차이가 여성적, 남성적 특징을 결정한다는 것이다. 그리고 이러한 특성에 따라 남녀의 성역할이 주어지는 것으로 봄으로써, 남녀의 구별은 차별이 아니라 단지 다른 것을 다르게 취급하는 것이라고 설명한다(Jaggar, 1983). 결국 타고난 남녀의 특성에 따라 성역할이 주어진다고 보는 이러한 시각은 성별 불평등을 매우 자연스럽고 당연한 것으로 전제하고 있는 것이라 하겠다. 다시 말해서, 성역할 이론과 같은 생물학적 본질주의의 시각은 여성과 남성이 자신의 성에 따라 부여된 보편적이고 규범적인 역할에 따라 행동한다고 봄으로써 성이 갖는 역사성과 변화가능성을 고려하지 않는다.

2. 젠더 개념

앞서 언급했듯이 젠더는 일반적으로 사회적이고 문화적인 성으로 이해된다. 그러나 젠더 개념은 시대에 따라, 페미니즘 이론의 변화에 따라 그 자체 개념사적인 발전과정을 밟아왔다고 할 수 있다. 페미니즘 내에서 매우 복합적인 문제의식의 변화와 관련을 맺으며 변화되어온 젠더 개념의 발전과정을 살펴보면 다음과 같다(배은경, 2004: 61-67).

먼저 서구사회에서 젠더는 사회적으로 구성된 성차를 가리키는 용어로 정착되었는데, 이는 남녀의 자연적인 차이와 사회적으로 구성된 차이를 분리하기 위한 페미니스트들에 의해서였다. 보편적으로 자연적인 것은 바꿀 수 없지만 사회적으로 구성된 것이라면 사람들의 노력이나 사회적 실천을 통해 바꿀 수 있다는 통념에 비추어 볼 때, 섹스와 젠더의 구분을 통해 가부장적 사회질서의 변화가 가능하다는 인식을 갖게 하고자 한 것이다. 그러나 이러한 논의는 젠더를 개인적 인성이나 성 특질의 문제로 환원시키는 경향이 있고, 여성억압의 원인도 성차로 귀속되는 한계가 있다.

두 번째로, 1970년대 말에 앞서의 젠더 논의를 비판하면서 젠더는 개인의 의식적 선택에 의해 만들어지는 것이 아님을 주장하였다. 이 주장에서는 여성성의 구성 과정에 관심을 가지고 남녀의 자아정체성 및 도덕성의 발달이 차별적으로 형성되는 과정을 설명하였다. 즉 현대 핵가족 사회에서는 성별분업으로 양육을 전담하게 되는 어머니가 스스로를 여아와 동일시하고 남아와는 분리하기 때문에 소년은 독립적이고 자율적인 정체성을, 소녀는 관계적인 자아를 형성하게 된다고 보았다. 따라서 여성억압의 해결책은 여성만이 육아를 전담하는 구조적 성별분업을 바꾸는 것이라고 주장함으로써 기존 논의의 한계를 어느 정도 극복하였다. 그러나 이러한 주장은 여성성은 관계적, 애정적이고 남성성은 자율적, 경쟁적이라고 보는 기존의 성적 특성을 그대로 따르고 있다는 점에서 한계를 갖는다.

세 번째로, 여성과 남성이 고정된 여성적, 남성적 특성을 지닌 것이 아니라는 점에 주목하게 되면서 수행성과 인식의 틀로서 젠더를 바라보게 되었다. 이러한 관점은 남녀 아이들의 놀이에 대한 연구 등을 통해서 성과 성 특질의 연결이 한 사람의 인성 속에서 일관되게 유지되는 것이 아니라 행위되는 것임을 밝히고 있다. 즉 성 특질이 남녀가 실제로 살아가는 맥락에 따라 다르게 나타날 수 있음을 강조하면서, 여성성과 남성성은 인성적 특성이나 고정된 불변의 실체가 아니라 본질적으로 수행적이라는 것이다.[2] 그러나 남녀 대립쌍에 대한 젠더화된 인식방식이 여전히 굳건히 작동하는 것이 문제이며, 이런 의미에서 젠더는 사회 안에서 남성과 여성 간의 관계를 조직하려고 시도하는 사회적 규칙이라고 할 수 있다(Scott, 1989/2001).

네 번째로, 1980년대 후반에 이르러서는 섹스/젠더의 구분 자체를 문제시하는 시각이 제기되었다. 이 시각에서는 섹스와 젠더 모두 지식의 한 형태이며 둘 다 구성된 것이라고 보면서, 두 용어를 구분하는 것은 젠더를 섹스에 기반하는 취약한 개념으로 볼 수밖에 없게 한다고 지적하였다. 여성과 남성을 생물학적으로 다른 두 개의 섹스로 규

---

2 일상생활의 맥락에 따라 우리는 통념적인 여성성과 남성성에 위반되는 수많은 행위를 목격할 수 있다. 이러한 예로 어깨에 기대 우는 친구를 달래 줄 때는 남녀 모두 여성스러운 방식으로, 승진을 놓고 경쟁할 때는 남성스러운 방식으로 행동할 수 있다(배은경, 2004).

정하게 된 것은 생물학적 성차에 대한 근대적인 과학적 지식이 종교와 전통 같은 지배와 불평등을 정당화해온 기존 자원을 대체하면서 발생하였고, 이것이 여성억압의 새로운 근거가 되었다는 것이다.

이러한 젠더 개념의 변화 속에서 현재의 젠더 개념은 몇 가지의 쟁점들[3]을 안고 있지만, 젠더 개념은 인간을 남녀로 구분하는 원리 자체에 문제를 제기하는 것이며, 젠더 개념과 관련하여 앞으로의 방향은 특정한 역사적 맥락 속에서의 분석을 통해 남녀 간에 존재하는 불평등과 권력관계를 밝혀내는 것이라 할 수 있다(배은경, 2004).

이러한 젠더 개념의 발전과정을 통해서 볼 때 젠더 개념은 다양한 이론적 함의들과 페미니즘의 문제의식의 변화와 관련되며 발전되어 왔다고 하겠다. 젠더의 개념은 섹스와 구분되는 개념으로서 그리고 사회적으로 구성되는 성 정체성의 시각을 담고 있는 개념으로 출발하여, 수행적인 개념으로서 또는 남성지배 이데올로기의 도구로서의 지식의 한 형태로 발전되어 왔다. 이러한 과정 속에서 나타나는 젠더 개념의 특성들을 몇 가지로 요약하면 다음과 같이 정리해 볼 수 있겠다(박정순, 1987: 66-67).

첫째, 인간을 여성과 남성이라는 두 가지 성으로 나누는 것은 자연적인 특성만이 아니라 문화적 기준에 의해 범주화된다.

둘째, 인간의 신체적 성장과 사회적 성장은 서로 얽혀있다. 즉 여성성, 남성성은 신체에 대한 사회문화적 작용 즉 문화화(enculturation)

3 예를 들면 젠더 개념이 권력 불평등보다는 단순히 차이를 말하는 것이 되기 쉽다거나, 페미니즘이 여성의 문제만을 다룬다는 편파적인 시각과 달리 젠더는 남녀 모두를 다루는 중립적인 용어로 봄으로써 일부 연구자들에 의한 젠더 용어의 남용이 젠더 분석의 정치력을 약화시킨다는 우려 등이 그것이다.

를 통해 생물학적 토대위에 구축된 것처럼 보이지만, 이는 사회적, 문화적으로 구축되는 것이다.

셋째, 여성과 남성, 여성성과 남성성은 우리가 사는 사회의 많은 것을 분류하고, 묘사하고, 규정하고, 이해하는 데 작동하는 기본적인 분류체계로서 인간의 행동을 조직하고 지배하는 중요한 원칙이다. 즉 여성성과 남성성은 단순히 여성과 남성을 규정짓는 특성이 아니라, 인간의 행동이나 사회적 관습, 제도, 직업체계 등등 사회의 많은 분야의 조직과 형성에 영향을 미친다.

넷째, 따라서 젠더는 이데올로기적이며, 여성적인 것, 남성적인 것에 대한 규정은 시대와 사회에 따라 다르며 고정불변의 것이 아니다. 여성성, 남성성은 역동적인 개념으로 시대에 따라, 문화권에 따라 여성다움과 남성다움은 변화되어 왔다.

이렇게 볼 때, 현대사회에서 젠더 개념은 사회적, 역사적인 구성체(socio-historical construct)라는 개념으로 발전되어 왔다(Connell 1987, 1995; Wajcman, 1991; West and Zimmerman, 1987). 사회학과 인류학에서 발전된 많은 연구들에서는 젠더의 개념을 시간과 공간 혹은 문화권에 따라 변화하고 다양하게 구축되는 것, 즉 역사적인 특성을 갖는 것으로 보고 있다(Cockburn, 1992). 이러한 연구들에서 젠더 개념은 역동적이며 권력관계의 특성을 가지고 있다. 여성성과 남성성의 특성이 이미 주어진, 고정된 것으로 보는 시각은 성별 특성의 다양성이나 변화 가능성을 인식하지 못한다. 그러나 우리의 역사를 돌이켜볼 때 남성적, 여성적 특성 혹은 남성성, 여성성이나 성별관계는 시대와 문화에 따라 변화되어 왔으며, 이런 점에서 젠더는 매우 다양한 특성, 즉 고정되거나 보편적이지 않은 특성을 가지고 있다고 할 수 있다.

이러한 맥락에서, 젠더는 하나의 담론적 구성체(discursive construct)로서 의미의 산물이며 지속적인 담론적 투쟁과 협상의 대상이 된다(van Zoonen, 1992: 21). 즉 젠더는 단순히 다원주의적 속성을 가진 것 이상의 개념으로, 담론적 경쟁에 놓여있다. 이러한 시각에서 젠더는 권력관계를 표현하는 개념으로 볼 수 있으며, 여성성과 남성성은 상호 권력관계에 의해 그리고 의미의 투쟁을 통해 규정된다. 이것은 여성성 혹은 남성성 내에서도 마찬가지이다. 예를 들어 과거 수렵채집을 하던 시절의 이상적인 남성성은 힘과 강인함이 지배적인 특성이었다면, 현대의 남성성은 경제력과 지성이 더 우월한 특성으로 인식된다. 즉 다양한 남성성의 특성은 서로 경쟁하며 시대나 문화에 따라 특정한 속성이 헤게모니적(hegemonic) 남성성이 되거나 종속적인(subordinate) 남성성이 되기도 한다.

우리 사회에는 실제로 다양한 여성성 혹은 남성성이 존재한다. 그러나 헤게모니적 여성성/남성성만이 이상적인 것으로 규정된다. 그리고 그 사회에서 이상적으로 간주되는 헤게모니적 여성성/남성성이 아닌 다른 여성성/남성성의 특성을 가지고 있는 여성/남성은 사회적으로 고립되거나 주변적인 위치에 처하게 된다. 그러나 이러한 이상적인 여성성, 남성성은 실제 현실에서는 항상 일관된 특성을 갖지는 않는다. 앞서 수행성의 특성을 갖는 젠더 개념에서도 언급했듯이, 일상생활의 맥락에서는 이상적인 여성성/남성성에 어긋나는 수많은 사례들이 있다.[4] 즉 특정한 맥락에서 실재하는 여성과 남성이 이상적인

4 가족의 컴퓨터 이용에 관한 필자의 한 연구에서, 남성의 컴퓨터 기술능력은 남성성의 중요한 특성으로서, 말하자면 헤게모니적 남성성의 위치를 차지하고 있었다. 그러나 회사의 사장이었던 한 남성 인터뷰대상자의 경우 컴퓨터 기술을 갖추지 못하

여성적, 남성적 특성을 갖추지 않더라도 그녀의/그의 여성성, 남성성이 전혀 손상되지 않을 수 있다는 것이다. 다시 말해서, 여성성과 남성성은 권력관계에 따른 의미투쟁의 결과물로서 공고해진 젠더화된 인식방식이며, 이는 역사적인 국면 속에서 지속적인 변화를 겪는다.

즉 어떤 사회에서 혹은 특정한 맥락에서 어떤 것이 헤게모니적 여성성 혹은 남성성이 되는가 하는 것은 항상 종속적인 여성성 혹은 남성성과의 관계 속에서 형성된다(Connell, 1987). 이런 점에서, 다양한 여성성/남성성의 특성은 경쟁과 협상에 놓여있다고 할 수 있으며, 또한 헤게모니적 여성성/남성성이 시간적, 공간적 배경에 따라 끊임없이 변화한다는 점에서 젠더는 역사적인 개념이라고 할 수 있다. 이런 점에서 스콧은 여성과 남성, 여성성과 남성성이라는 범주는 고정되고 불변적인 것이 아니라 특정한 역사적 상황 속에서 정치적으로 구성된다는 점에서 젠더를 역사화해야 한다고 본다(Scott, 1999/2001). 이는 여성과 남성의 범주가 특정한 역사적 상황에서 행위자들 간의 구체적인 권력관계 속에서 구성되는 것임을 의미하는 것이다.

이렇게 볼 때, 젠더는 단순히 성에 따른 특성이나 행동 또는 역할의 집합체 그 이상으로, 특정한 시간과 공간적 맥락에서 투쟁과 협상을 통해 변화해나가는 지속적인 사회적, 문화적 과정 그 자체라고 볼 수 있다. 여기서 특정한 젠더관계가 어떤 역사적 상황에서 어떻게 그리

고 있었지만 그는 이러한 기술을 대신 수행해줄 비서나 아랫사람이 있었기 때문에 그의 남성성은 전혀 손상되지 않았다. 이는 이 남성이 우리 사회의 또 다른 헤게모니적 남성성의 특성인 경제적 능력과 사회적 지위를 갖추고 있었기 때문이라고도 볼 수 있지만, 특정한 상황에서 남성성의 통념은 변화가능하며, 권력관계에 의해 형성되고 있음을 보여주는 사례라 하겠다.

고 왜 형성되는가, 그리고 그것이 어떻게 개인의 삶과 사회구조에 관련되는가에 대한 문제가 제기되며, 이것은 젠더에 대한 특정한 의미와 구조가 형성되는 사회적, 문화적 맥락의 특수성에 대한 고찰을 필요로 한다고 할 수 있다.

제2장

페미니즘과 미디어

1. 페미니즘 이론

페미니즘은 여성의 불평등한 위치에 관심을 갖고 여성과 남성의 동일한 권리를 주장하는 운동 혹은 이론이라고 할 수 있다. 간혹 페미니즘을 여성에 한정된 담론으로 인식하는 경우가 있지만, 페미니즘은 기존의 권력관계에 대한 도전이자 새로운 지식체계의 구성이라는 점에서 여성만의 담론으로 제한하는 것은 적절치 않다.

페미니즘은 20세기 초 유럽에서 일어난 여성 참정권 운동에서 시작되었지만, 페미니즘이라는 용어가 본격적으로 사용된 것은 1960년대 후반 서구의 제2기 여성해방 운동에서 시작되었다. 당시 페미니즘은 '여성을 위한 여성에 의한 정치적 행위, 해방의 정치학이자 인식론'으로 이해되었다(이나영, 2013: 18). 페미니즘은 남녀의 관계에서 여성에 대한 억압과 차별 현상에 관심을 가지고, 여성이 처해있는 부당한 물적 조건을 변화시키고자 한다.

따라서 페미니즘 이론은 여성의 평가절하의 기원과 본질을 이해하는 데 목적을 두고, 사회에서 성의 구분이 갖는 정치성과 이데올로기성을 폭로하고자 한다. 페미니즘은 우리가 알고 있는 성의 개념이 자연히 생성된 것이라기보다는 남성중심적 사회체계를 유지하고 우리의 사고와 행동을 지배하는 핵심적인 수단이 된다고 본다.

페미니즘은 사회변화에 따라 다양하게 진화되어 왔는데, 서구의 여성운동과 함께 변화, 발전되어 온 페미니즘 이론의 시대적 흐름을 단순화하여 살펴보면 크게 3단계로 나누어 볼 수 있다. 먼저 제1기는 1920년대 인종차별 폐지, 여성참정권 운동으로 전개되었으며, 제2기(the second wave)[1]는 1960~1970년대 민권운동, 반전운동, 학생운동을 배경으로 '여성해방의식 고양그룹'으로 시작되었고, 제3기(the third wave) 또는 포스트페미니즘[2]은 80년대 이후 다양한 이론적, 문화적 접점을 통해 분화되어왔다(백미숙·이종숙, 2011: 8).

---

1 1960년대 서구의 정치적 격변기 속에서 남성들과 함께 사회적, 정치적 투쟁에 나섰던 여성들이 성차별과 성폭력을 경험하면서, 자신들이 여성이라는 이유만으로 받게 되는 부당한 대우와 폭력의 경험이 단지 개인적인 것이 아니라 사회구조적인 문제에 기인한다고 보고 여성들끼리의 연대를 지향하게 된다. 이 시기의 여성운동은 "개인적인 것이 정치적인 것이다(The personal is political)"라는 슬로건에서 잘 요약된다(이나영, 2013).

2 포스트페미니즘은 1980년대 이후 나타난 신보수주의로 인해 이전 세대 여성운동의 성과에 대한 반동적 현상이 일어나는 한편 많은 포스트 이론들의 등장으로 형성되었다. 포스트페미니즘은 세 가지 차원에서 설명되는데(Gill, 2007), 첫째, 제2기 페미니즘과의 인식론적 단절로 포스트구조주의, 포스트모더니즘, 포스트식민주의 등의 영향을 받은 새로운 이론화 경향을 가리킨다. 둘째, 시대적 구분에 따른 페미니즘의 또 다른 역사적 전환을 말하며, 셋째, 페미니즘과 상반되는 반동적 경향으로서 1980년대와 1990년대 서구의 페미니즘에 대한 역풍과 관련되는 것으로 설명된다. 1980년대 중반부터 페미니즘은 성차를 넘어 여성들이 처한 다양한 억압의 양상들

2. 제2기 페미니즘 이론과 미디어 연구

여기서는 제2기 여성운동을 주도했던 페미니즘을 중심으로 살펴보고자 하는데, 이 시기 페미니즘 이론은 사회관계에 대한 설명의 맥락에 따라 자유주의 이론, 급진주의 이론, 마르크스주의 이론, 사회주의 이론 등의 분파를 형성한다(Steeve, 1987). 이들 이론은 국내 미디어 연구에도 주도적인 영향을 미쳤던 이론들로서, 각 이론은 성의 본질에 대한 시각 그리고 성의 문제가 만들어지는 근원 즉 여성억압과 차별의 근원을 바라보는 시각이 서로 다르다. 또한 성 억압의 재생산 방식 즉 남성지배와 여성억압의 역사적 지속성과 보편성에 대한 질문, 이를 극복하기 위한 실천적 전망과 전략 등에 차이가 있으며 이론적 분석의 주안점도 상이하다(박정순, 1997: 23). 그러나 가부장제와 자본주의를 성 억압의 근원으로 인식하고 이러한 사회구조로부터 여성해방을 이끌어내려고 한다는 점에서 공통된 특성을 보여준다. 제2기 페미니즘은 이론적, 실천적으로 다양한 비판을 받기도 했지만, 1970년대 후반까지 여성의 평등한 권리를 확보하는데 많은 성과를 가져왔다.

과 정체성의 상대적 측면, 위치성과 상황에 따라 고정되거나 재규정되는 측면, 혼성적인 모습 등 정체성과 주체에 관한 이론적 작업을 발전시켜나갔다(이나영, 2013: 41-42). 포스트페미니즘은 흑인과 유색인종 페미니즘, 제3세계 페미니즘, 포스트모던 페미니즘, 포스트식민주의 페미니즘 등으로 분화되어왔는데, 이러한 포스트페미니즘은 3세대 페미니즘, 뉴페미니즘 등으로 다양하게 지칭되면서 혼돈스러운 현상과 개념을 담고 있다고 하겠다.

1) 제2기 페미니즘 이론

(1) 자유주의 페미니즘

자유주의 페미니즘은 자유주의 정치철학의 원칙 특히 17-18세기에 만연하였던 계몽주의 사상에 근간을 두고 있다. 계몽주의 사상은 인간의 이성을 절대적으로 신뢰하는데, 이에 뿌리를 둔 자유주의는 인간을 이성적 존재로 보고, 동일한 이성적 존재인 모든 개인은 자유, 평등을 누릴 권리가 있다고 본다. 계몽주의 사상은 법 앞의 평등, 즉 기회의 평등을 우선적으로 주장하는데, 이들은 개인의 평등을 사회적, 경제적으로 이해하기 보다는 오히려 특정한 사회 또는 사회제도 내에서의 기회의 평등으로 이해하였다. 따라서 계몽주의자들은 부르주아지 혹은 전형적인 자유주의자들로 불린다(김선남·정현욱, 1999). 인간중심적인 계몽주의에 바탕을 둔 자유주의 사상은 개인의 가치를 사회, 사회제도 및 사회구조의 가치보다 앞서는 것으로 보고, 모든 행동의 주체는 개인이 되며, 자유경쟁과 기회균등을 전제로 한다.

인간성의 본질이 합리적인 이성에 있다고 보는 자유주의 사상에서 비롯된 자유주의 페미니즘은 남녀의 생물학적 차이를 그렇게 중요하게 생각하지 않고 기본적으로 남녀의 본질은 동일하다고 생각한다. 따라서 남녀는 성에 있어 본질적으로 동일하나 사회적으로는 불평등하다(Jagger, 1983/1992)고 주장한다. 여성과 남성은 모두 동등하게 태어났지만, 사회에서 불평등이 일어나는 이유는 개인의 무능력이나 무지 또는 사회의 제도적, 법적인 취약함에서 나오는 것이며, 여성과 남성의 능력 차이라는 것은 문화적 학습에서 비롯된다고 본다.

이런 관점에서 여성억압의 원인은 여성에 대한 편견과 부정적이고 정형화된 이미지, 관습, 법적 제한 및 불평등이라고 보고, 남녀에 대한 사회적 고정관념을 제거하는 것이 성의 불평등을 해소하는 방법이라고 생각한다. 자유주의 페미니즘은 성 불평등의 원인으로서 생물학적 요인을 명백하게 거부하고, 모든 인간을 이성적인 존재로 보기 때문에 여성 스스로가 성 불평등을 극복할 수 있는 주체로 본다. 따라서 성의 불평등을 극복하기 위해서 법률적, 제도적인 해결책과 여성 개인의 사회적 능력의 양성을 추구하며, 이성적인 논의와 교육으로 이러한 해결이 가능하다고 본다.

자유주의 페미니스트들은 기존의 자본주의 체제 내에서도 동등한 기회가 가능하다고 보며, 합리적인 논의와 법적 투쟁을 통해 여성의 기회를 증진시키고 균등한 권리를 받게 되면 남성과 동등한 능력과 기량을 발휘할 수 있으며 이에 따라 성 불평등이 극복될 것이라고 믿는다. 그러므로 이들은 개인의 권리 보장과 동등한 기회 확보의 실현을 주요 목표로 삼고, 성 불평등은 전통적인 신념 체계에 의해 형성된 부산물이며 성차별을 지속시키는 제도적 장치를 밝히는 데 주력하였다. 또한 여성에게 동등한 기회를 부여할 수 있도록 정치활동이나 입법 활동을 펼치는 데 중점을 두었다(김선남·정현욱, 1999).

그러나 사회적 고정관념과 고정된 성역할을 없애면 기존의 체제 내에서도 권리와 기회의 평등이 성의 평등을 가져올 것이라고 믿는 자유주의 페미니즘은 몇 가지 측면에서 그 한계를 드러내고 있다.

첫째, 자유주의 페미니즘은 사회 경제적인 권력구조의 문제를 놓치고 있으며, 체제와 의식에 대한 깊이 있는 관찰이 부재하다는 비판을 받는다. 즉 성의 불평등을 사회의 편견이나 관습의 문제, 그리고 제도적 장치의 결합으로 보는 자유주의 페미니즘은 불평등을 지속시키는 사회적 메커니즘에 대해 주목하거나 설명하지 못하고 있으며, 제도와 법을 보완하면 성의 불평등과 여성억압이 근본적으로 극복될 수 있다고 주장함으로써 지나치게 낙관적이라는 한계를 갖는다.

둘째, 이러한 시각은 인간을 사회적 관계와 역사 속에서 형성되는 존재라기보다는 개별적인 존재로 봄으로써, 여성억압의 원인도 사회구조적인 문제가 아닌 개인의 능력문제로 축소시키는 오류를 범하고 있다.

셋째, 성 평등이 교육이나 개인의 의지로 이루어질 수 있다고 보는 것은 성 평등이나 여성의 삶에 영향을 미치는 계급, 계층, 인종 등의 영향력은 설명하지 못하는 것으로, 사회적, 심리학적인 구조 등 보다 근본적이고 거시적인 측면들의 개혁을 간과하는 것이다.

넷째, 자유주의 페미니즘은 남성성을 합리적인 인간으로 하는 여성상을 제시하여 여성이 공적 영역에 진출하는 것이 자기실현이며 남자와 동등해지는 것이 목표라고 설득하고 있다. 즉 남성을 사적 영역으로 불러들이지 않으면서 여성을 공적 영역으로 내보냄으로써 공사영역의 불균등한 양성화를 가져오고 있다고 하겠다.

이와 같이 자유주의 페미니즘은 이미 존재하는 사회체제의 구조적 요소를 무시할 뿐만 아니라 인간의 상이한 능력과 욕구를 간과하고 추상적이고 관념적인 평등을 주장함으로써 오히려 기존의 성 불평등 상태를 재생산하고 있다고도 볼 수 있다.

(2) 급진주의 페미니즘

급진주의 페미니즘은 여성과 남성을 차별화하는 주요 기제로 성적 차이, 즉 섹슈얼리티sexuality에 주목하는 페미니스트 사조를 폭넓게 지칭한다(이나영, 2009). 자유주의 페미니즘에 대한 반동으로 제기된 급진주의 페미니즘은 성별 차이를 극복하자는 자유주의 페미니즘과 달리 그 차이를 오히려 강조한다. 즉 급진주의 입장에서 보는 여성문제는 생물학적 특수성에서 기인한다. 이들은 사회를 성적으로 계급화된 억압구조라고 보고, 남성이 하나의 계급으로서 여성을 지배하는 사회구조에 관심을 갖는다.

급진주의 페미니즘은 다양한 이론적 경향들로 나뉘어 일관된 패러다임을 가지고 있지 못하지만, 공통된 의견은 성 불평등 상태를 가져오는 것으로 가부장적 문화와 성 계급 제도에 주목한다는 점이다. 성을 지배와 억압 관계로 파악하면서, 여성억압의 근본적인 원인을 성적 구분에 두고 있다. 즉 여성과 남성의 육체적 힘의 차이, 여성의 임신과 출산 등의 생물학적 차이가 사회적인 차별의 대상이 되며, 여성의 성과 출산에 대한 남성의 통제가 바로 가부장제의 물적 토대로서 가부장제를 여성억압의 체계로 파악하였다. 따라서 성별 위계질서를 정당화하는 가부장제의 법적, 정치적 구조뿐만 아니라 가부장제의 사회, 문화적 제도들, 특히 가족, 교회, 학교 등도 폐지되어야 한다고 주장한다(백미숙·이종숙, 2011).

파이어스톤Fireston은 그의 저서『성의 변증법』에서 생물학적 현상, 즉 여성의 출산, 수유, 육아 등의 여성들이 갖는 생물학적인 특수조건에서 여성억압이 시작되고 여성의 남성에 대한 의존도 생겨난다고 본다(Firestone, 2003/2016). 밀레트Millet는 여성억압의 원인이 가부장제의 성별 체계에 있다고 보고, 가부장제는 여성과 남성 사이의 생물학적 차이를 극대화시켜 남성은 지배적인 존재로, 여성은 종속적인 존재로 남성적, 여성적 성역할을 수행하도록 규정한다고 설명한다(Millet, 1970/2009).

이와 같이 급진주의 페미니즘은 기본적으로는 마르크스주의를 채택하지만, 현실적으로는 '계급결정론'이 아니라 '자연적인 성적 구분론'에 입각하여 여성의 문제는 계급에서 나오는 것이 아니라 여성이 갖는 생물학적 특수성에서 나온다고 본다(김선남·정현욱, 1999). 즉 남녀의 생물학적 차이로 인해 성역할은 자연스럽게 이루어지며, 여성의 재생산 과정에 대한 통제가 가부장제를 지탱시키는 주요 수단이라고 주장한다. 계급 억압의 원인이 자본주의에 기인한다면 가부장제는 여성억압의 근본적인 원인이 되는 것이다.

그런데 급진주의 페미니즘은 여성억압의 기원을 설명하는 것보다는 이를 극복하기 위한 대안을 제시하고 설명하는 데 더 관심을 가지고 있다. 그러한 대안은 매우 다양하게 제시되고 있는데, 예를 들어 성이 존재하지 않는 사회(sexless society)[3]라든가 혹은 모권제 사회를 제시하기도 하며(Love and Shanklin, 1978), 가부장제로부터 분리된 여성공동체를 주장하기도 한다. 앞서 언급한 파이어스톤은 여성억압을 해결하기 위한 대안으로서 여성과 남성 문화가 통합되어 전체적으로

---

3 안드레아 드워킨(Andrea Dworkin)이나 모니크 위티그(Monique Wittig)와 같은 몇몇 급진주의 페미니스트들은 인간의 정신뿐만 아니라 신체도 이데올로기적으로 조작된 것이라고 주장한다. 인간은 성적 속성이 여성과 남성으로 불리는 요소들로 분절된 것이 아니라 연속선 위에 폭 넓게 퍼져있는 다성적 종인데, 두 개의 양극화된 성이 있다는 사회의 믿음 때문에 이를 인식하지 못하고 있다고 본다. 이에 따르면 여성과 남성이라는 범주는 단순한 생물학적 범주가 아니라 인위적이고 문화적인 범주가 되는 것이다. 그러므로 여성의 억압을 없애기 위해서는 정치적 투쟁을 통해 남성이라는 계급을 제거해야 하고, 남성이라는 계급이 사라질 때 여성이라는 계급도 사라질 수 있다. 이러한 관점에서는 여성억압의 극복을 위한 목표는 계급으로서의 성이 존재하지 않는 사회가 된다(Jagger, 1983/1992).

조화되는 양성문화를 제시하였다. 이는 성 계급이 무너진 사회를 말하는 것으로, 궁극적인 목표는 성구별을 종식시키는 것이라고 할 수 있다(Eisenstein, 1980/1988).

이러한 목표를 위한 방법은 생물학적인 혁명을 통해서 가능하다고 보는데, 급진주의 페미니즘에서 말하는 생물학적 혁명은 기술발전을 통해서 여성의 출산력을 통제하는 데 있다. 예컨대 피임법의 개발이나 정자은행, 시험관 아기 등과 같은 자궁 외 임신과 출산 등을 통해 여성의 몸, 임신, 출산에 대한 남성의 지배를 벗어나고 여성의 제약을 극복하기 위한 과학혁명이 필요하다는 것이다.

또한 일부 급진주의 페미니스트들은 여성들이 억압으로부터 완전히 자유로워지기 위해서는 레즈비언이 될 것을 주장하고 남성들과 분리되어 살 것을 제시하기도 하는데(Daly, 1979), 이러한 입장에서 여성차별은 체제의 내적인 개선에 의해서는 이루어질 수 없으므로 가부장제를 해체시키고 분리된 여성공동체를 설립하여 남성 사회와의 유대를 끊어야 한다는 분리주의를 주장한다.

이와 같이 볼 때, 급진주의 페미니즘은 내용상 여러 갈래가 존재하지만 몇 가지 공통적인 특성을 가지고 있다(Jagger, 1983/1992; Millet, 1970/2009).

첫째, 여성억압은 가장 일차적인 억압으로서 수많은 사회문제의 근원이라고 본다. 즉 전쟁, 폭력 등의 문제에서부터 계급사회, 인종주의에 이르기까지 많은 문제들이 남성지배로부터 생겨난 현상으로서, 남성지배가 지속되는 한 이러한 문제의 해결은 없다고 설명한다.

둘째, 가부장제라고 부르는 남성지배의 성 계급 제도 속에서 여성은 성에 의해 규정되는 하나의 계급이라고 보고, 따라서 모든 여성은 피

지배계급으로서 보편적인 억압의 경험을 갖는다고 주장한다. 가부장제는 급진주의 페미니즘에서 남성이 여성을 지배하는 모든 방식을 설명하는 중요한 여성억압의 체계로 파악된다.

셋째, 자유주의 및 마르크스주의 페미니즘과 구분되는 중요한 특성으로서, 단순히 사회적 성(gender)의 문제만이 아니라 생물학적 성(sex)을 문제의 대상으로 보았다는 것이다. 즉 성에 의해 구분되는 여성, 남성의 관계를 모든 권력관계의 패러다임으로 보고, 성은 정치적이라고 주장한다. 따라서 그동안 자연스럽고 사적인 것으로 인식되어 왔던 인간의 성 활동의 정치적 의미에 관심을 갖는다. 즉 출산과 성적 행위와 같은 인간의 생물학적 특성과 여성에게 억압적인 성 역할이나, 인간의 생물학적 필연으로 간주되어왔던 여러 가지 인간생활의 측면들(예를 들어, 결혼, 육아, 매춘, 강간, 이성애 제도 등) 역시 정치적 분석의 대상으로 삼았다.

급진주의 페미니즘은 자유주의 페미니즘이 언급한 법률적, 제도적 개선만으로는 성 불평등을 극복할 수 없으며, 보다 근본적이고 구조적인 문제에 초점을 맞추어 생물학적 차원의 성이 갖는 정치성에 주목했다는 데 의의가 있다. 예를 들어 출산과 모성, 낙태, 포르노그래피, 성폭력, 동성애 등 섹슈얼리티와 관련된 여성들의 경험을 드러내고 사회문제로 연결시켜 공론화하였으며, 이를 해결할 법적, 제도적, 문화적 대안들을 제시하는 데도 중요한 역할을 하였다(이나영, 2013).

그러나 급진주의 페미니즘은 여성억압의 원인을 지나치게 생물학적 차이에 둠으로써 생물학적 결정론이라는 비판을 받는다. 생물학에 근거하여 여성의 종속을 정당화한 생물학적 본질주의와 달리 급진주의 페미니즘은 여성억압을 설명하기 위해 생물학을 선택했지만, 여성

문제 속에서 사회성을 소홀히 했다는 한계점을 갖는다. 또한 여성억압의 해결을 위해 제시한 분리주의는 남녀관계의 배타성 혹은 적대성을 유발한다는 지적을 받기도 하며, 생물학적, 과학적 혁명을 제시한 대안들 역시 지나치게 급진적이고 허구적이라는 비판을 받고 있다.

(3) 마르크스주의 페미니즘

마르크스의 역사유물론에 영향을 받은 마르크스주의 페미니즘과 사회주의 페미니즘은 성의 동질성이나 차이의 문제에 주목하기 보다는 여성억압의 원천과 그것을 지속시키는 자본주의 사회구조와 삶의 물질적 측면에 관심을 기울인다.

마르크스주의 페미니즘은 성 억압을 사회구조에 연결시켜 설명하고 있는데, 즉 여성억압은 생물학적 결과가 아닌 자본주의 사회의 계급 억압에서 비롯된 것이라고 믿는다. 이렇게 여성억압을 자본주의에 따라 나타난 현상으로 보는 마르크스주의 페미니즘은 남성지배의 근원을 자본주의의 특징인 사유재산제의 등장과 계급분화에 둔다.

마르크스주의 페미니즘은 엥겔스Engels의 이론을 통해 잘 드러나는데, 여성을 억압하는 근본적인 원인은 자본주의 체제, 특히 사유재산제와 일부일처제에 입각한 가족 형태에 있다고 본다. 다시 말하면, 이러한 가족 형태 이전에는 여성의 종속이 존재하지 않았으며, 여성의 억압은 사유재산제를 유지시켜주는 가부장적 일부일처제를 통해서 이루어진다는 것이다.[4] 이러한 가족 구조에서 여성은 노동가치가 없

4 엥겔스에 의하면, 원시사회에서부터 임신과 출산 이외의 일에서 여성과 남성의 성별분업이 이루어져 왔다고 본다. 당시 여성과 남성의 노동 모두 생존에 필수적이었기 때문에 여성들은 노동 분업에도 불구하고 남성들에게 종속되지 않았다는 것이

는 사적 영역(예컨대, 가사노동)에 묶이고 공적 영역으로의 참여 기회를 박탈당함으로써 경제적으로 남성에게 의존하게 된다. 따라서 여성억압을 종식시키기 위해서는 여성이 공적 분야로 진입하고 경제적으로 독립을 해야 한다고 본다. 이를 위해서는 일부일처제의 폐지와 가사노동 및 자녀양육의 사회화가 이루어져야 한다고 믿는다. 이는 결국 이러한 제도들의 근간을 이루고 있는 자본주의 사회체제의 해체를 말하며, 다시 말해서 사회주의로의 이행을 통해 여성 해방은 자동적으로 수반될 수 있다고 믿는다(Engels, 1884/1991).

이와 같이 마르크주의 페미니즘은 여성 문제를 사회의 자본논리 즉 계급적 시각으로 접근하고자 한다. 이러한 관점은 여성문제를 생물학적인 차이로 접근하지 않는다는 점에서 앞서 살펴본 급진주의 페미니즘과 다른데, 이는 인간 본성이 생물학적, 사회적 그리고 경제적 요인들의 변증법적 산물이라고 전제하기 때문이다. 또한 마르크주의 페미니즘은 생물학적 성과 사회문화적 젠더를 구분하고 생물학적 성을 정치적인 것과 관련지어 보지 않는다는 점에서 자유주의 페미니즘과 유사하지만, 개인이 자율적으로 그들의 잠재성을 개발시킬 수 있다고 믿는 자유주의 페미니즘의 전제를 거부한다(McLellan, 1973).

그러나 마르크스주의 페미니즘의 핵심은 여성억압을 계급 억압의 체제 안에서 이해한다는 데서 찾을 수 있다. 따라서 자본주의 사회에

다. 그러나 농업과 목축의 시작으로 생산력이 확대되고 잉여의 부가 창출되면서 사유재산제를 통한 최초의 계급사회가 이루어졌으며, 이러한 발달은 남성의 생산영역에서 일어났으므로 여성에 대한 남성의 지배가 발생하게 되었다고 설명한다. 부를 확보하게 된 남성은 자신의 부를 생물학적 자손에게 상속시키기 위해 부계 중심으로 친족체계를 변화시키고 이에 따라 여성의 종속을 의미하는 가부장적 일부일처제가 가능하게 되었다고 주장한다(박정순, 1997).

서 여성억압은 계급적 억압의 부차적인 현상으로 본다. 즉 마르크스주의 페미니스트들은 계급문제가 여성문제보다 우선하며, 계급이 철폐되면 여성 종속의 물적 토대가 되는 성별 분업 역시 무너지게 될 것이라고 주장한다. 이와 같이 계급관계에 의거하여 여성문제를 바라보기 때문에, 이들은 여성 내에서도 계급에 따라 억압이 상이하며 여성억압이 보편적이라는 것을 부인한다. 예를 들어 자본주의 사회에서 대규모의 산업화로 노동계급의 여성은 노동시장에 진입함으로써 노등계급의 남성으로부터 자유롭게 되지만, 자본계급의 여성은 자본계급의 남성에게 의존하기 때문에 더 억압적이라고 본다. 따라서 모든 계급의 여성이 남성 지배를 폐지하는 공통의 이해관계를 가진다고 보는 것은 계급 차이를 모호하게 함으로써 오히려 지배계급의 이익에 기여한다고 주장한다(Jagger, 1983/1992).

이렇게 볼 때, 마르크스주의 페미니즘은 계급문제에 초점을 맞추어 여성문제를 역사적이고 사회구조적인 관점에서 살펴보고 있다는 점에서 의미가 있다. 또한 여성의 억압이 계급이나 상황에 따라 다양하게 나타날 수 있다고 봄으로써 여성문제 연구에도 유용하다고 볼 수 있다.

그러나 마르크스주의 페미니즘은 다음 몇 가지 점에서 그 한계점을 갖는다. 먼저, 여성문제를 지나치게 경제적 논리로만 봄으로써 경제결정론이라는 비판을 받기도 한다. 또한 여성문제가 계급문제의 부차적인 것이며 계급해방이 성 해방을 가져올 것으로 봄으로써 남성에 의한 여성억압을 간과하고 있다. 즉 자본주의 체제가 무너지면 여성억압이 해결될 것이라고 보는 이러한 관점은 사회주의 체제에서도 성 불평등과 성별분업이 여전히 지속되었다는 점에서 허구적이라고 볼 수 있다.

마르크스주의 페미니즘에서 계급이 사라지면 성별 분업도 사라지게 될 것으로 보는 관점은 전통적인 마르크스주의에서 언급하는 노동 분업의 설명과는 모순된다는 문제도 있다.[5] 전통적 마르크스주의에서 노동 분업은 성별에 따른 자연스러운 일로 이해되고 있는데, 성별 분업이 자연스러운 것이라면 계급이 없어진 후에도 여전히 남아있게 될 것이기 때문이다. 또한 앞서 엥겔스의 주장에서 보았듯이 여성은 일부일처제가 아닌 가족 구조에서는 억압받지 않았다는 가정과 노동계급의 여성들은 억압받지 않는다는 가정은 잘못되었다는 비판을 받고 있다(Barrett, 1985).

아울러 마르크스주의 페미니즘에서 생물학적 성을 정치적인 것과 무관한 것으로 보는 관점은 여성의 출산과 같은 생식 노동을 사적 영역으로 치부하고 노동의 범주에서 제외시킴으로써 출산과 관련된 여성의 책임을 지속화하고, 비생식적 노동 즉 공적 영역으로의 여성의 참여를 배제함으로써 성별분업을 당연한 것으로 간주하게 되는 한계를 갖는다(Jagger, 1983/1992).

(4) 사회주의 페미니즘

사회주의 페미니즘은 앞서 살펴본 급진주의 페미니즘과 마르크스주의 페미니즘을 비판하면서 이를 통합하였다고 볼 수 있다. 먼저 급진주의 페미니즘에 대해서는 생물학적 성을 정치적이라고 보는 데는 동

5 마르크스와 엥겔스는 『독일 이데올로기』라는 저서에서, 모든 사회는 성적 행위(sexual act)의 남녀 차이에서 기원하는 노동의 성별분업으로 특징짓는다고 가정하고 있다(Marx and Engels, 1970/1988).

의하지만, 진정한 자연적 여성성을 전제하지 않으며 성을 사회적으로 생산되고 역사적으로 변화하는 것으로 봄으로써 급진주의와는 다른 입장을 취한다(Weedon, 1987/1996). 또한 급진주의 페미니즘이 여성억압을 생물학적 특성에서 기인된 것으로 봄으로써 가부장제의 역사성과 여성들 간의 계급적 차이를 고려하지 않는다고 비판하였다.

마르크스주의 페미니즘에 대해서는 여성억압의 원인이 자본주의 하에서의 계급 억압이라는 점을 인정하지만, 여성억압을 계급 억압의 부차적인 것으로 보고 계급 억압만이 문제의 주요 원인이라고 믿음으로써 성에 대해서는 간과하고 있음을 비판하고 있다. 또한 사회주의 페미니즘은 마르크스주의 페미니즘과 마찬가지로 노동의 성별분업이 문제라고 보지만, 성별분업은 자본과 노동의 관계 외에 가부장제를 존속시키는 주요 기제로 봄으로써 마르크스주의 페미니즘과 달리 가부장제 역시 중요한 원인이라고 생각한다.

이와 같이 사회주의 페미니즘에서 여성억압은 자본주의의 모순과 가부장제의 모순이 중첩되어 발생한다고 믿는다. 마르크스주의 페미니즘의 주장과 달리 자본주의 체제가 아닌 사회주의 체제에서도 그리고 노동계급 내에서도 여성억압이 발생하는 이유를 설명하기 위해서는 계급의 문제뿐만 아니라 젠더의 문제도 중요하게 고려되어야 한다는 것이다. 즉 공적, 사적 영역의 노동 분업은 여성의 종속적 지위와 긴밀히 연관되며, 여성의 노동에 대한 남성의 통제로부터 가부장제의 물적 토대가 비롯되었다고 주장한다(원용진 외, 1993).

사회주의 페미니스트들은 가부장적 자본주의 체제가 가정 내에서의 성별분업과 노동시장 내에서의 직업분업을 통해 남성자본가뿐 아니라 남성노동자에게도 혜택을 부여하다고 설명한다(Tong,

1998/2000). 즉 가정에서 여성은 무보수의 가사노동을 전담하지만, 남성은 가사노동에 구애받지 않을 뿐만 아니라 여성의 정서적, 심리적, 성적 서비스를 받게 된다. 한편 노동시장에서 여성은 성별로 분업화된 노동을 수행하면서 남성에 비해 저임금을 받지만, 남성노동자는 여성노동자보다 좋은 지위와 높은 임금을 받는다. 동시에 자본가는 여성에게 남성보다 적은 임금을 지불하고 큰 이윤을 얻는다. 결국 여성억압은 여성을 가정에서의 무보수의 재생산 노동(가사노동)과 노동시장에서의 저임금의 노동에 묶어두는 노동 분업에서 일어나며, 이는 자본주의와 가부장제 모두의 이익에 기여하는 것이라고 할 수 있다.

이와 같이 사회주의 페미니즘은 성별 노동 분업에 관심을 가지며, 이러한 노동의 젠더화에서 비롯되는 여성의 소외문제에 집중한다.[6] 여기서 여성의 소외는 다중구조로 이루어진다고 보는데, 이는 공적 영역과 사적 영역의 구분을 통한 노동의 성별 구분과 더불어 공적 영역 내에서의 직업의 젠더화(예를 들어, 사장은 남성적 직업, 비서는 여성적 직업으로 구분하는 경우)라는 이중적인 성별 노동구조를 말한다. 성별 분업화된 노동에서 여성이 집중적인 노동력을 제공하는 직업은 상대적으로 낮은 임금이 주어지며, 여성은 직업적 능력 외에 여성적 특성

6 소외의 개념은 마르크스주의 이론에서 자본주의 사회의 임금노동자의 상황을 통해 잘 드러난다. 마르크스에 의하면 노동은 인간과 환경을 연결하고 개인의 능력을 개발하도록 해주는 본질적인 행위지만, 자본주의하에서 노동은 오히려 개인의 잠재력 발달에 방해요소가 된다. 자본주의 체제하에서 개인은 자신의 노동력에 대한 통제권을 잃고 자본가의 명령에 따라 일하게 됨으로써, 노동자는 자신의 노동과정과 생산품으로부터 분리되고, 노동자들끼리의 경쟁을 통해 자신의 동료로부터 분리된다. 따라서 소외는 인간 공동체뿐만 아니라 인간 개개인을 분리시킨다고 설명한다 (Jagger, 1983/1992).

으로 묘사되는 자질, 예를 들면 여성적 외모와 매력을 갖추도록 요구됨으로써 여성은 노동자로서 소외될 뿐만 아니라 자신의 성(sexuality)에서도 소외된다(박정순, 1987).

사회주의 페미니즘에서 여성의 소외는 세 가지 측면에서 언급되고 있는데, 첫째, 성적 존재로서의 소외, 둘째, 임신, 출산, 육아에 있어서의 소외, 셋째, 문화적 생산에서의 소외가 그것이다(Jaggar, 1983/1992: 356-367).

먼저, 여성의 성적 소외는 현대사회에서 강요된 이성애에 중점을 두고 설명된다. 여성은 스스로가 성적으로 관심이 있는지의 여부에 관계없이 성적 대상으로 간주되고 있으며, 대부분의 여성은 경제적으로 생존하기 위하여 성적으로 남성을 즐겁게 해주어야 한다는 것이다. 따라서 경제적인 이유로 여성은 미용이나 식이요법, 몸매유지 등에 많은 시간과 돈을 할애한다. 말하자면 남성은 여성의 성적 표현을 통제하고 있고, 여성의 성은 스스로를 위해서라기보다 남성의 즐거움을 위해 개발되고 정의된다는 점에서 여성은 자신의 성으로부터 소외된다고 볼 수 있다.

남성이 여성의 성을 통제하는 방법은 여성의 신체적 특성과 이러한 특성을 나타내는 기술에 의하여 평가되는 성적 대상물로 간주함으로써 이루어진다. 지배적인 남성문화에 의하여 여성은 신체의 일부분으로 여성을 규정하는 남성의 정의를 받아들이고 내면화하게 된다. 여성은 내면화된 남성의 시각으로 자신의 몸을 바라보고 평가하는 자가 됨과 동시에 평가받는 자가 된다. 이렇게 스스로를 성적 대상화함에 따라 여성은 자기 자신으로부터 소외된다. 또한 여성의 성적 소외는 여성을 남성의 성적 대상물로 규정함으로써 남성의 성적 주목을 받기 위하여 여성들끼리 경쟁하도록 만듦으로써 이루어진다. 이는 임금노동자들이 다른 노동자들과 경쟁하게 함으로써 자신들이 서로 같은 이해관계를 갖는다는 사실을 잊어버리게 하듯이, 여성들 간의 성적 경쟁은 그들이 이해관계를 같이 한다는 사실을 인식하지 못하게 한다.

둘째, 여성은 임신과 출산과정에서 소외되고 있다. 과거에 여성은 노동력을 충당하기 위하여 자신이 원하는 이상으로 임신을 해야만 했지만, 아이가 경제적 부담이 되고 있는 자본주의 사회에서는 자신이 원하는 만큼의 아이를 가질 수 없게 되었다. 여성이 어머니가 되거나 되지 않거나, 혹은 몇 명의 아이를 가질 것인가를 결정하는 것은 여성이 아니다. 즉 여성은 자신의 생식과정을 통제하지 못하고 있다. 현대의 의학으로 해산의 위험과 고통은 줄어들었지만, 이것 때문에 여성은 남성의 의학기술의 통제에 놓이고 해산과정에서 여성의 통제권을 잃게 되었다. 여기에 여성은 인간으로 취급되기 보다는 산물을 생산해내는 원자재로 취급되어, 어머니가 아이를 낳는 것이 아니라 의사가 아이를 생산하는 것이 된다.

현대의학의 발달로 해산에 있어 여성의 통제가 감소하였듯이, 육아에 있어서 과학의 도입은 어머니의 통제를 감소시켰다. 산업화 이후 상품과 서비스는 더 이상 가정에서 생산되지 않고, 아동노동이 없어짐으로써 육아는 여성들의 중심적인 일거리가 되었다. 어떻게 아이를 양육해야 하는가의 문제를 해결하기 위해 과학적인 육아방식이 도입되었는데, 그것은 아이는 명시된 대로 정확하게 길러져야 하는 산물이고, 아이의 양육은 전문가(대개는 남성)가 지시한 대로 해야 한다는 것이다. 즉 육아과정이 과학적으로 통제됨에 따라 어머니의 역할은 소외되게 된다.

셋째, 여성은 문화적 생산으로부터 소외되고 있다. 여성은 문화적 생산에 참여하지 못함으로써 여성 자신의 이해관계와 상반되는 여성상이 만들어지고 있다는 것이다. 또한 여성은 남성편향적인 과학과 학문으로부터 소외되고 있으며, 남성지배적인 정치에의 여성 참여나 임금노동에서의 성별 노동 분업과 성적 희롱도 여성소외를 창출한다고 보았다.

사회주의 페미니즘의 소외이론은 여성억압을 남성지배의 자본주의 사회에서 나타나는 특수한 현상으로 보고 있다. 즉 현대의 여성소외는 자본주의적 생산양식의 역사적 산물로서, 역사적으로 특정한 자본주의의 특성으로부터 유래된 것이다. 그러나 여성억압이 자본주의에 의해서만 발생된 것이 아니므로 자본주의의 철폐가 여성억압을 종식시켜준다고 보장할 수는 없다. 따라서 사회주의 페미니즘에서는 여성해방을 위해서는 모든 생산형태를 전적으로 새로운 형태로 변화시킬 필요가 있다고 본다(Jagger, 1983/1992). 사회주의 페미니즘에서 생산활동이란 상품과 서비스의 생산뿐만 아니라 가정에서 여성에 의해 수행되는 가사노동 및 성과 생식에 관련된 활동도 포함된다. 즉 여성해방을 위해서는 성과 생식의 변화가 중요함을 주장하고 있다.

이와 같이 사회주의 페미니즘의 이론은 다른 페미니즘 이론이 발견하지 못한 사실을 새롭게 말해주고 있지는 않지만, 소외 개념을 통해 이들 이론이 말하는 사실들을 체계적으로 연결하고 있다. 즉 성과 생식영역을 단순히 생물학적인 것으로 보기보다는 사회적 관계 속에 구축된 사회적 산물로 봄으로써 급진주의 페미니즘이 갖는 몰역사적 시각을 폐기하고 있다. 또한 마르크스주의 페미니즘은 계급철폐를 궁극적인 목표로 삼고 있지만, 사회주의 페미니즘은 계급차별과 성차별을 분리시키지 않고 이를 통합하여 살펴봄으로써 여성억압현상을 보다 정교하게 밝혀낼 수 있다고 본다. 또한 마르크스주의 페미니즘과 달리 사적영역의 가사노동과 성적, 생식적인 일까지 생산 활동으로 간주함으로써, 이 또한 공적영역과 마찬가지로 권력관계가 개입되고 정치적인 것으로 보고 있다.

사회주의 페미니즘은 다양한 페미니즘 이론의 집합체라고 할 수 있는데, 여성에 대한 남성지배의 문제를 사회경제적인 관점뿐만 아니라 정치문화적인 관점에서 살펴봄으로써 여성억압에 대해 이론적으로 더 풍부하고 포괄적인 관점을 제공하고 있다고 할 수 있다.

2) 페미니즘 이론과 미디어 연구

페미니즘 이론가들에게 미디어는 중요한 관심대상이 되어왔다. 왜냐하면 미디어는 기존의 남성중심의 가치나 성차별주의를 재생산하고 강화시키는 주요한 매개체였고, 미디어 속에서 여성은 왜곡되고, 비현실적이며, 부정적인 이미지로 표현되어왔기 때문이다.

페미니즘 이론에서 미디어 비판은 서구 여성운동의 역사의 흐름과 함께 살펴볼 수 있는데, 여성운동을 통한 미디어 비판은 19세기와 20세기 초반 여성의 권리향상을 위해 세계 곳곳에서 일어난 제1기 여성운동에서 시작되었다. 당시 여성들의 참정권 운동과 함께 1960년대 영국과 미국의 페미니스트들은 신문과 잡지들에 대해 여성성에 대한 진취적이고 평등한 정의를 요구했다(이나영, 2013).

여성운동을 통한 보다 본격적인 미디어 비판은 여성의 참정권의 실현과 함께 제1기 여성운동이 점차 소멸되면서 새롭게 시작된 제2기

여성운동과 함께 일어났다. 1960년대 후반부터 시작되어 1970년대를 가로지르는 이 시기는 소위 '미디어에 점령당한 세상'(Gill, 2007: 9)으로서, 당시의 여성운동가들은 대중매체와 성 불평등의 관계에 관심을 갖기 시작했다. 이 시기에 논의된 미디어 연구들은 앞서 살펴본 페미니즘 이론들을 근간으로 대중매체의 역할에 대해 서로 다른 가정을 만들어내고 있다. 그러나 페미니즘 이론들이 비판과 보완의 과정에서 발전되었으며 이러한 시각의 미디어 연구들 역시 인식론적 자원을 공유하고 있는 경우가 많다는 점에서, 미디어에 대한 각 페미니즘의 연구들은 상호보완적인 측면이 있음을 고려할 필요가 있다.

(1) 자유주의 페미니즘의 미디어 연구

자유주의 페미니즘에서 미디어는 사회의 주도적인 가치관을 반영하는 강력한 도구로서, 미디어는 여성에 대한 부정적이고 정형화된 이미지와 성차별적인 편견을 재생산한다는 문제가 있다고 본다. 미디어 조직 종사자의 대부분을 차지하는 남성들이 남성 중심적인 메시지를 만들어내며, 이러한 메시지가 결국 사회내의 지배적인 가치로 지속된다고 설명한다.

여성에 대한 편견과 정형화된 이미지를 그려내는 미디어와 관련하여 1960년대 미국 여성운동의 주도적인 인물인 베티 프리던Betty Friedan은 여성의 이미지가 일종의 사회적 편견에 의해 일그러져 있으며 그로 인해 여성에 대한 사회화가 발생하고, 여성에게 불이익을 초래한다고 비판한다(Friedan, 1963/1996).

자유주의 페미니즘에서는 미디어에서의 여성의 재현이나 성역할의 묘사 등에 관심이 있으며, 전통적인 사회과학 조사방법을 채택하여 주로 양적인 내용분석 연구들을 수행하고 있다. 이에 따라 미디어에 나타난 여성상에 대한 내용분석과 성역할의 사회화에 대한 논의가 미디어 연구의 주요 연구주제가 되었다.

이러한 연구들에서는 미디어에서 여성이 주요인물로 등장하는 경우가 남성의 경우보다 훨씬 적으며, 주로 어머니, 아내, 딸, 여자 친구 또는 성적대상자 등으로 그 역할이 한정되거나 비서나 간호사, 접대부 등 고정관념적인 직업에 종사하는 것으로 나타났다고 밝혔다. 그리고 여성은 남성에 비하여 어리석고 미숙하며 덜 사회화된 존재로 묘사되었다(Kearney, 2011: 35). 또한 여성 등장인물은 남성보다 덜 눈에 띄고, 더 약한 성으로 묘사되며, 덜 교육받고 덜 성숙하며 낮은 지위의 직업을 가지고 있는 것으로 나타났다. 또한 여성은 주로 가정, 개인적인 관계 및 성이라는 사적 영역에 한정되는 반면 남성은 직장, 사회적 관계 등의 공적 영역에서 나타나는 경향이 있다(원용진 외, 1993: 132). 즉 미디어 속의 여성 등장인물들은 일반적인 실제 여성들과 달리 열등하고 저급하게 다루어지는 경향이 있으며, 성역할 고정관념이나 성에 따라 행동의 규범, 용모, 취미, 기술 및 자아개념 등이 차별적으로 묘사되었다. 또한 미디어에서 묘사되는 정형화된 여성상은 남성이 여성에 대해 가지고 있는 이미지로서, 첫째, 남성을 위한 아내이자 어머니 그리고 가정주부이거나, 둘째, 남성에게 상품을 파는데 이용되는 성적 객체, 셋째, 남성에게 아름답게 보이려는 한 개인이라는 것이다(Hole and Levine, 1971).

주로 반영모델과 사회화 모델을 근거로 한 이러한 연구는 미디어에서 여성이 상징적으로 부재하거나 왜곡되어 묘사되고 있음을 드러내고, 변화하고 있는 사회 속 여성들의 역할을 제대로 반영하지 않고 전통적인 성 역할을 강조하거나 성차별적인 방식으로 여성들을 재현하고 있음을 비판하고 있다. 아울러 이러한 재현 방식은 어린이들의 젠더 사회화에 영향을 미쳐 왜곡된 여성상과 성역할을 당연한 것으로 수용하고 일상 속에서 재생산할 우려가 있다는 것이다(이나영, 2013).

따라서 자유주의 페미니즘에서는 미디어가 여성들을 제대로 재현할 수 있도록 법적, 제도적 장치를 마련해야 한다고 주장한다. 이를 위해서는 여성들이 사회 및 대중문화영역에 적극적으로 참여하는 것이 필요하다고 본다. 여성들이 미디어 조직에 진출하여 제작 과정에서 주요 의사결정자로 참여하게 되면 왜곡된 여성 재현의 문제를 극복할 수 있다고 믿는다. 또한 이러한 문제는 여성에 대한 잘못된 인식이나 편견에서 비롯된 경우가 많기 때문에 제작자 및 수용자를 교육하고, 시청자 집단이나 시민단체와 같은 사회적 기구들을 조직해서 감시와 압력을 행사하는 방법을 제시하고 있다. 즉 자유주의 페미니즘에서는 국가의 법적, 제도적 보완을 통해 성차별적인 이미지와 편견을 제거할 수 있다고 믿는다.

자유주의 페미니즘의 연구는 미디어에 나타난 성차별적 표상 방식에 대한 문제를 제기하고 미디어 제도의 변화를 촉구했다는 점에서 의의가 있다. 그러나 자유주의 페미니즘이 해결책으로 제시한 법적, 제도적인 개선은 미봉책에 불과하며 근본적인 해결책이 되기는 어렵다는 한계가 있다. 즉 사회와 미디어조직에 대한 여성의 진출이 확대된다고 해서 성차별적인 사회구조와 조직의 문화가 변화될 것인가는 의문이며, 여성과 남성이 동등한 기회를 갖고 여성에 대한 묘사가 보다 현실적으로 반영된다고 해서 성 불평등이 해소된다고 보장할 수는 없다. 실제로 미디어에 종사하는 여성의 숫자는 증가하였지만 미디어 내용은 크게 달라지지 않고 있다. 미디어에서 여성 이미지의 변화는 오히려 다른 요인, 예컨대 상업적 요인에 의해 더 민감하게 작동하는 것으로 보인다.[7]

또한 미디어에 대한 자유주의 페미니즘은 양적인 내용분석 방법을 활용하여 미디어 속의 여성 이미지를 밝혀내는 데 주력하여, 미디어가 여성을 어떻게 묘사하는지를 수량화하는 데 집중하고 있다. 그러나 이러한 연구는 왜곡된 여성묘사에 숨겨진 의미와 그 원인을 설명하지는 못하며, 실제의 성차별은 단순한 수치로 환원하기에는 훨씬 더 복잡하다. 아울러 자유주의 페미니즘에서 내용분석을 많이 활용하는 이유는 이러한 연구방법이 객관성에 대한 전통적인 사회과학의 요구를 충족시킨다고 보기 때문이다. 이는 기존의 남성 중심의 과학에 저항하지 않고 그 기준을 받아들이는 것이라 할 수 있는데(van Zoonen, 1994), 이와 관련 급진주의 페미니스트들은 이 연구방법이 남성편향적이라고 주장하기도 한다. 이러한 맥락에서 자유주의 페미니즘의 이와 같은 연구방법의 채택은 남성성을 합리적인 인간으로 제시하는 자유주의 이론의 한계가 드러나는 지점이라 하겠다(이나영, 2013).

결론적으로, 자유주의 페미니즘의 미디어 연구는 여성들이 미디어에서 재현되는 방식의 문제를 드러내는 데는 성공했으나 그러한 문제의 원인을 드러내는 데는 실패했다고 할 수 있다. 이들의 연구는 앞

---

7 예를 들어, 여성의 사회경제적인 지위가 향상되고 대중문화의 중요한 소비자로 등장하면서, 미디어는 이들 여성 소비자의 욕구와 취향에 부응하는 여성상, 남성상 그리고 남녀관계의 변화를 적극적으로 수용하고 있는 것으로 보인다. 그러나 미디어 산업이 상업적인 이유로 새로운 여성상을 반영하는 것은 일시적인 변화일 뿐, 근본적으로 여성에 대한 인식과 성차별적 구조가 변화된 것으로는 볼 수 없다.

서 자유주의 페미니즘에서 살펴보았던 한계를 그대로 가지고 있다고 할 수 있는데, 예컨대 미디어 내용에 나타난 성차를 사회적 구조나 관계 속에서 파악하기 보다는 개인적 차원의 특성으로만 바라봄으로써 성차별적인 표상이 지속되어온 보다 근본적인 원인 즉 보다 포괄적인 정치, 경제, 문화적인 권력관계를 분석하지 못하고 있다. 그리고 미디어에 나타난 여성에 대한 왜곡된 표상이나 편견이 이성적인 논의를 통해 해결될 수 있다고 봄으로써 사회경제적인 권력구조가 갖는 힘을 간과하고 있는 점은 한계라 할 수 있다.

(2) 급진주의 페미니즘의 미디어 연구

성 불평등의 원인으로 가부장적 문화와 성 계급 제도에 주목한 급진주의 페미니즘의 시각에서 미디어는 성적 대상으로서 여성을 묘사하고 여성들의 경험을 억압함으로써 가부장제를 재생산한다고 비판받는다. 이 시각에 의하면 대부분의 미디어는 여성의 몸을 비하하고 성적 대상화하여, 남성의 쾌락과 만족을 위한 성적 존재로서 여성을 재현함으로써 남성의 폭력성을 유발하고 가부장제를 존속시킨다는 것이다.

급진주의 페미니즘 이론을 기반으로 한 미디어 연구는 그리 활발하지 않지만, 미디어에서 여성의 성적 대상화 특히 포르노그래피 연구에 관심이 많다. 포르노그래피는 여성을 남성의 욕구와 필요에 따른 성적인 대상으로 보여주는 하나의 극단적인 사례로서 남성이 여성을 멸시하기 때문에 존재한다는 것이다. 포르노그래피는 여성에 대한 성차별이나 성폭행의 직접적인 원인이라고 가정하면서(Brownmiller, 1976/2018), 남성지배의 가부장제를 재생산하는 주요 도구라고 주장한다. 급진주의 페미니스트들은 포르노그래피의 폐해로서 포르노그래피는 제작에 참여한 여성들에게 해롭고, 남성의 성폭력을 부추기며, 여성에 대해 열등한 이미지를 만들어 여성가치를 저하시키고 여성의 존엄성과 독립성을 침해한다는 점을 지적한다. 포르노그래피는 여성의 종속을 조직적으로 실천하는 정치적 행위로서, 단순한 성적 표현물이 아니라 남성 중심적인 섹슈얼리티를 제도화한 것이라고 본다(Mackinnon, 2000). 이에 따라 급진주의 페미니스트들은 남성의 개별적인 성에 관련된 행동을 포르노 산업이나 섹스산업, 인신매매 등의 사회문제로 연결시켜 이를 정치적으로 다루고자 하였다. 이들은 포르노그래피에 대한 반대 캠페인을 통해 반포르노법 제정을 촉구하거나, 나아가 여성주의 시각의 재현물을 만들어 남성지배적인 미디어에 대항하고자 하였다.

또한 여성억압의 해결을 위해 남성 지배적인 사회로부터 분리주의를 주장한 급진주의 페미니스트들은 미디어와 관련해서도 남성 지배언론과 분리된 여성들만의 독립된 커뮤니케이션 수단, 종사자, 수용자 집단을 만들자고 제안하였다. 이러한 분리주의 페미니스트들은 미디어 내용과 수용에 대한 연구에서 여성과 남성의 언어에 대한 연구를 시도하기도 하였는데, 이들은 여성에 대한 언어가 억압의 수단으로 작용한다고 보았다. 또한 여성의 언어 즉 남성의 언어와는 다른 별개의 언어가 존재한다고 설명하면서, 여성이 사용하는 언어로서 여성의 가십, 수다, 유머, 글쓰기에 대한 연구들을 수행하거나, 남성과는 별개의 글과 화법 양식을 개발하기도 하였다.

한편 흑인과 레즈비언 페미니스트들은 분리주의의 시각을 통해 백인과 이성애적인 페미니스트들이 배타적인 자신들만의 문학적 전통을 형성하고 있음을 지적한다. 이는 성차별주의 뿐만 아니라 인종 차별주의와 이성애주의에 대한 비판으로 페미니스트 내부에서의 차별에 주목하는 것이라 하겠다(원용진 외, 1993).

그러나 급진주의 페미니즘의 미디어 연구는 많은 비판적인 의문점들, 예를 들어 여성은 주체적으로 포르노그래피를 즐길 수 없는지, 실제 많은 여성들은 왜 성차별적인 미디어를 즐기는지, 남성들과 분리된 여성들만의 평등한 미디어 조직문화가 가능한지 그리고 여성주의 시각의 재현물들이 왜 일반 관객에게 호소력을 갖지 않는지 등등의 의문점들을 남기고 있다. 또한 급진주의 페미니스트들에게 있어 포르노그래피는 남성의 여성에 대한 차별이나 억압 그 자체로 인식된다는 점에서 현실과 재현을 구별하지 못한다는 비판을 받기도 한다.

그럼에도 불구하고 급진주의 페미니즘은 미디어 연구와 여성운동에 중요한 영향을 미친 이론 중 하나로 평가받고 있으며, 포르노그래피를 통해 재현의 속성과 사회현실 간의 관계를 중요한 화두로 제시하고 있다는 점에서 의미가 있다(이나영, 2013). 즉 포르노그래피와 같은 재현은 여성을 성애화하고 물상화함으로써 여성 종속에 대한 하나의 사회적 실천방식이라는 점을 지적함으로써, 재현과 사회현실 내지는 사회적 실천 간의 관련성을 중요한 문제로 제기한 것이다.

아울러 성 평등을 위한 대안으로서 여성공동체를 주장한 급진주의 페미니즘은 대중문화 영역에 있어서 여성들만의 채널, 여성들만의 문화적인 수단을 만들고 여성들의 경험을 표현하는 산물들을 생산하고자 함으로써, 이후 여성 문학, 여성 비평, 여성 문화 등이 발전하는 기초를 마련하였다는 점에서도 그 의의를 찾을 수 있다.

(3) 마르크스주의 페미니즘의 미디어 연구

마르크스주의 페미니즘은 여성억압을 자본주의 사회의 계급 억압에서 비롯된 것이라고 믿고 있으며, 미디어는 이러한 자본주의를 존속시키고 계급을 재생산하는 중요한 수단이 된다고 본다. 미디어는 자본주의 사회에서 여성들의 허위의식을 조장하고 대중문화의 소비의 객체로 전락시킴으로써, 자본주의 사회에서 여성의 불평등한 지위를 재생산하는 도구가 되고 있다는 것이다.

마르크스주의 시각에서 이데올로기로서의 대중문화는 철저히 계산된 자본의 논리로 파악된다(원용진 외, 1993). 따라서 미디어와 여성에 대한 마르크스주의 페미니즘의 접근은 자본주의적 제도로서의 미디어라는 위상이 여성을 어떻게 지배하는가에 관심을 두고 있다. 이 시각에 따르면 여성은 대중문화의 주체적인 소비자가 아니라 자본주의 시장에서 객체로 존재하고 있는데, 여성의 관심은 문화산업의 자료가 됨으로써 여성 수용자는 광고주에게 상업적 이윤추구의 수단이 된다는 것이다. 이는 결과적으로 자본주의 체제를 공고히 하는 기제가 된다.

따라서 마르크스주의 미디어 연구는 자본주의 체제의 유지 혹은 자본 계급의 이익 향상을 위한 문화산업의 구조나 위상을 분석하는 데 주목하면서, 미디어 조직의 자본주의적 속성이 여성의 이미지 묘사에 미치는 영향에 주목하였다. 이들에 따르면 미디어는 상업적인 이윤을 추구하는 조직으로서, 미디어 수용자를 광고 상품을 구매하는 소비자로 보고 소비자들의 숫자를 늘리는 데 관심이 있다는 것이다. 따라서 미디어는 오락지향적인 특성을 가질 수밖에 없고, 이러한 지향점에 맞추어 여성 이미지가 만들어진다고 설명한다.

이와 관련하여 텔레비전 연속극에 나타난 여성 이미지와 현실 속의 여성 이미지를 비교한 연구에 따르면, 텔레비전은 여성과 직업에 관한 특정한 신화를 발전시켜왔다고 주장한다. 텔레비전에서 일하는 여성의 이미지는 성적인 존재로서 묘사되어 있지만, 실제 사회에서 일하는 여성은 자신을 직업, 상사, 봉급, 일의 조건을 가진 직업인인 동시에 인간으로 인식한다는 것이다. 즉 현실의 여성과 비교해볼 때 텔레비전 속의 일하는 여성의 이미지는 매우 왜곡되어 있음을 보여준다. 아울러 텔레비전에 나타난 여성의 고용가능성은 실제 여성들의 고용가능성의 절반 수준이며, 텔레비전 속에서 일하는 여성이 하는 일의 종류와 현실 사회에서 여성의 일의 종류에도 큰 차이가 있음을 밝히고 있다. 이러한 연구는 텔레비전에서 보여주는 여성의 직업은 주로 '여성적인 일'에 종사하는 것으로 나타나며, 여성들의 직업이나 일에 대한 동기, 여성들의 업무수행 등을 종종 어리석은 것으로 묘사함으로써 여성의 일은 비생산적이고 사회적으로 쓸모없는 것으로 인식되는 분위기를 만들어내는 것으로 나타났다(Kaplan, 1987/1992).

이와 같이 마르크스주의 페미니즘은 미디어가 산업구조와 이윤의 동기에 따라 메시지를 어떻게 만들고 그 안에서 여성억압이 어떻게 나타나는지를 분석하는 데 초점을 두었다. 미디어는 자본의 논리에 의해 여성의 불평등한 지위를 재생산하고 있으며, 이에 대한 해결방안은 앞서 마르크스 페미니즘 이론에서 살펴보았듯이 자본주의 모순을 타파하는 것이 된다. 여성억압을 자본주의 체제의 계급억압에서 비롯되는 것으로 이해한 마르크스주의 페미니즘에서 미디어의 여성문제 역시 지배계급의 이데올로기와 경제논리에 한정하여 설명하는 한계를 드러내고 있다고 하겠다.

(4) 사회주의 페미니즘의 미디어 연구

사회주의 페미니즘은 마르크스주의 페미니즘이 여성억압의 원인을 자본주의의 계급억압에서 찾은 것에서 나아가 자본주의와 가부장제 모두를 중요한 원인으로 보고 있다. 이러한 점에서 사회주의 페미니즘의 연구는 대중문화 속에서 가부장제라는 문화적 의미가 재생산되는 방식에 중점을 두고 있으며, 미디어 속에 담겨진 지배이데올로기를 드러내고 변화를 모색하고자 한다.

이데올로기에 대한 이해에 있어 사회주의 페미니즘은 알튀세르Althusser의 이론에 의해 많은 영향을 받았는데, 알튀세르는 사회가 세 가지 수준, 즉 경제적인 것, 정치적인 것 및 이데올로기적인 것이 복합적으로 구성된 총체이며, 각 수준은 다른 수준으로부터 상대적인 자율성을 가지고 있다고 주장한다(원용진 외, 1993). 따라서 가족, 학교, 종교, 미디어 등의 이데올로기적 국가 기구(Ideological State Apparatus/ISA)[8]는 경제적 조건으로부터 상대적 자율성을 지닌다는 점에서 자본으로부터 문화의 상대적 자율성을 인정한다. 또한 이데올로기는 마르크스주의와 사회주의 이론에서 자본주의의 계급 구별이 유지되기 위해 필수적인 요건인데, 사회주의 페미니즘은 미디어 연구

---

8 알튀세르는 국가는 억압기구이며 지배계급의 이익에 부합한 억압적 집행과 개입세력이라는 이론을 발전시키고, 국가의 복잡성을 설명하기 위해 국가권력과 국가기구 사이의 구별 뿐 아니라 국가기구를 정부, 행정기관, 군대, 경찰, 법정, 감옥 등의 억압적 국가기구와 종교, 교육, 가족, 법, 정치, 노조, 커뮤니케이션, 문화 등의 이데올로기적 국가기구로 구별한 다음 이데올로기적 국가기구의 기능을 강조한다. 알튀세르는 국가기구의 뒤에서 자본주의적 생산관계의 재생산을 일반적으로 보장하고 있는 것은 이데올로기적 국가기구이며, 지배 이데올로기를 통해 통일성을 확보하게 된다고 본다.

에서 계급뿐만 아니라 젠더를 이데올로기와 연관하여 분석할 수 있는 핵심적인 요소로 삼고 있다. 이들에 의하면 미디어는 자본주의 체제와 가부장제를 당연한 질서로 표현하는 하나의 이데올로기적 기구라고 할 수 있다.

사회주의 페미니즘의 미디어 연구에서는 미디어 텍스트 분석을 통해 계급이나 성역할 지배이데올로기를 어떻게 재생산하고 있는지를 보여주는 데 초점을 맞추고 있다. 미국의 인기 텔레비전 드라마를 분석한 한 연구를 예로 들면, 텔레비전 인기프로그램의 대부분이 남성, 중간 및 상류계급의 사람들로 채워져 있는 반면, 여성들은 낮은 지위의 직장 여성들이거나 또는 부유하지만 소비와 성적 매력에만 집착하는 존재로 묘사되고 있다. 또한 텔레비전 드라마는 노동계급 여성을 거의 등장시키지 않고 있는데, 이는 대부분 저임금 종사자이거나 성별 분업화된 사무직, 서비스직 종사자인 현실세계의 여성들을 제대로 보여주지 못하고 있는 것이다. 다시 말하면 텔레비전 드라마는 성별, 계급별 사회문제를 외면하고 있다고 할 수 있다(김선남·정현욱, 1999).

이러한 분석을 시도하는 데 있어서 사회주의 페미니즘 연구는 앞서 살펴본 마르크스주의 페미니즘과 더불어 비판적, 현상학적 및 기타 질적인 연구방법을 선호한다. 그 이유는 전통적인 조사연구방법은 이러한 방법론을 발전시켰던 19세기 자본주의 이데올로기를 반영한다는 믿음을 가지고 있었기 때문이다(원용진 외, 1993). 즉 조사연구를 위해서는 조사원의 네트워크와 협력을 촉구하기 위한 물질적 내지 정신적 보상체계가 필요하고, 여기에는 자본주의 논리가 분명하게 나타난다는 것이다. 또한 표집된 모든 단위가 똑같다는 가정은 자본주의 하에서 성, 계급, 인종 및 다른 불평등성에 대한 실재와 모순되며, 나아가 여성의 경험에 적합하지 않은 다른 표준화된 사회학적 측정 범주 및 측정 체계를 비판하기도 한다.

이러한 조사연구방법에 대한 사회주의 페미니스트들의 비판은 논란의 여지가 있지만, 이들의 연구는 질적 비평과 텍스트 분석이 연구방법의 주류를 이루고 있다. 또한 사회주의 페미니즘의 미디어 연구는 마르크스주의 연구와 더불어 영국의 버밍엄 현대문화연구소(Birmingham Centre for Contemporary Cultural Studies)의 대중문화 연구의 영향을 받아 다양한 논의를 전개하고 있다. 문화연구는 여러 학문분야의 이론들로부터 영향을 받아왔는데, 사회주의 페미니즘의 미디어 연구는 특히 프랑크프루트학파의 마르크스주의적 시각, 기호학과 구조주의 언어학, 정신분석학, 구조주의적 마르크스주의 등의 이론들이 포함된다.

영국 문화연구의 영향을 받은 사회주의 페미니즘 연구는 여성억압을 강화하는 미디어의 방식을 드러내기 위해 미디어 텍스트의 질적 분석을 주로 활용하고 있다. 예를 들어 텔레비전에 관한 문화연구는 대중적인 솝오페라 등을 대상으로 수용자들의 생활에 있어 텔레비전 드라마의 역할, 제도적인 제작 과정, 가부장제 자본주의 사회에서 여성의 억압과 텔레비전 이미지와의 관계 등을 분석하였다(원용진 외, 1993). 미디어에 대한 많은 사회주의 페미니즘 연구들이 텍스트에 나타난 젠더 관계와 젠더가 표상되는 방식에 주력하고 있는데, 그에 따라 계급과 젠더의 묘사에 관한 종합적 분석을 시도한 연구는 많지 않다는 한계가 있다. 또한 사회주의 페미니즘 연구가 텍스트의 지배적 의미를 분석하는 데만 집중하여 텍스트의 저항적 해독의 가능성을 놓치고 있다는 평가를 받기도 한다.

그러나 사회주의 페미니즘은 계급과 더불어 가부장제의 불평등한 성별 권력관계를 주요한 여성 억압적 요소로 포함하여 미디어에서 젠더가 재현되는 방식과 그러한 재현방식을 사람들이 수용하는 데 중요한 요인으로 이해했다는 점에서 의미가 있다. 또한 텍스트에서의 이미지, 기호로서 여성의 의미에 대한 연구가 '이미지 자체에 관한 연구'에서 '이미지가 위치하고 있는 재현 체계 내의 맥락에 의해 의미가 생산되는 방식에 관한 연구'로 전환하는 데 기여했다는 점에서도 그 의의가 크다고 볼 수 있다(이나영, 2013: 37).

3. 제3기 페미니즘 또는 포스트페미니즘과 미디어 연구

포스트페미니즘은 1980년대 이후 사회적, 정치적 변화에 따라 이전 세대 여성운동에 대한 반동적 현상과 더불어 많은 포스트 이론들의 등장으로 형성되었다. 포스트페미니즘은 기존의 페미니즘과의 차별성을 부각시키기 위해 등장한 새로운 페미니즘이라기보다는 1980년대의 정치, 문화, 인식론적 전환에 따라 나타난 문화적 현상이라고 볼 수 있다. 이와 관련, 포스트페미니즘이란 용어가 등장하게 된 배경은 두 가지 측면에서 볼 수 있는데, 하나는 대중매체가 성적 욕망과 개인적 선택을 옹호하는 신세대 여성들의 탈페미니즘적 개인주의를 읽어내면서 채택한 용어이고, 다른 하나는 페미니즘 진영 내부에서 여성을 전통적 역할로 회귀시키는 1980년대의 신보수주의적 움직임을 지칭하기 위해 명명한 것이다(이명호, 2010). 이에 덧붙여, 포스트페미니즘은 제2기 페미니즘을 계승하면서도 그에 도전하는 제3기 페미니즘(the third wave feminism)으로 불리기도 한다.

유사한 맥락에서, 브룩스(Brooks, 1997/2003)는 80년대 이후의 페미니즘을 두 개의 조류로 구분하는데, '대중적 포스트페미니즘(*popular postfeminism*)'과 '학문적 포스트페미니즘(*academic postfeminism*)'이 그것이다. 대중적 포스트페미니즘은 신자유주의와 보수주의의 정치적 맥락 속에서 미디어에 의해 추동된 것으로 페미니즘의 종말 혹은 페미니즘을 지나간 과거로 치부하는 현상이라면, 학문적 포스트페미니즘은 페미니즘과 포스트모더니즘, 포스트구조주의, 포스트식민주의 등의 이론적 접점에 의해 '평등'에서 '차이'로 강조의 순위를 바꿔온 문화적, 정치적, 이론적 분화를 한 묶음으로 통칭한 것이다(백미숙·이종숙, 2011: 170).

전자와 관련, 포스트페미니즘 현상을 거론할 때 자주 등장하는 대중문화 텍스트인 〈섹스 앤 더 시티〉(Sex and the City, 1998-2004), 〈브리짓 존스의 일기〉(Bridget Jones's Diary, 1996), 〈앨리 맥빌〉(Ally McBeal, 1997-2002) 등을 예로 들 수 있다. 이 텍스트들은 동시대 젊은 여성들의 정서에 소구하며 대중적 성공을 거두었을 뿐 아니라, 텍스트에 등장하는 여성상들은 새로운 문화적 아이콘이 되기도 하였다. 이러한 여성 캐릭터들은 경제적 독립과 결혼에 얽매이지 않는 성적 자유를 향유하면서도, 로맨스에 대한 환상과 미래에 대한 두려움을 지니고 있는 젊은 여성들이다. 이들은 과거 여성운동에서 다져놓은 제도적 평등의 수혜자이지만 페미니스트로서의 집단적 정치의식보다는 개인의 독립성과 성적 선택에 몰입하는 개인주의적 성향을 보여준다. 대중매체가 주도하는 이러한 재현에 대해 '페미니즘의 파멸(undoing of feminism)'을 가져오는 가장 효과적인 방법이 될 것이라는 비판이 있다(McRobbie, 2004: 255). 왜냐하면, 대중문화를 통해 확산되는 포스트페미니즘은 여성의 직업선택에서의 평등, 경제적 독립, 성적 자유, 선택의 권리와 책임 등을 보여주며 이전 세대의 페미니즘의 의제들이 이행되었음을 나타내고 있다는 것이다. 그리고 이는 '더 이상 과거와 같은 페미니즘은 필요하지 않다'는 의미를 갖기 때문이다.

이와같이 페미니즘의 성과는 이행되었으므로 더 이상 페미니즘이 필요없다거나 혹은 페미니즘이 여성의 삶을 오히려 억압하고 있다는 입장[9]들을 대중적 포스트페미니즘 현상으로 볼 수 있다. 즉 대중적 포스트페미니즘은 서구사회에서 신보수주의 정권의 등장 그리고 문화산업이 성장하는 신자유주의의 체제에서 미디어의 반동과 역행을 지칭하는 것으로 나타났다. 맥로비McRobbie는 이러한 현상이 페미니즘의 위기로 진단되기도 하지만, 젊은 세대들이 보여주고 있는 반페미니즘적 혹은 탈페미니즘적 현상은 오히려 새로운 시대의 페미니즘의 방향성을 제시해줄 수 있는 기회로 보고 포스트페미니즘 속에서 페미니즘의 재정립 가능성을 살펴볼 필요가 있다고 본다(McRobbie, 2004: 255). 즉 대중문화 상품의 소비가 확산되고 있는 신자유주의 시장에서 나타나는 새로운 의제들에 대한 페미니즘의 개입이 필요하다는 것이다.

국내에서 대중적 포스트페미니즘 현상은 2000년대 중반 이후 '칙

9 팔루디(Faludi, 1992)는 이러한 입장을 신보수주의와 연결시키고 있는데, 신보수주의의 관점에서 페미니즘은 현대 사회의 가정의 붕괴나 범죄의 증가와 같은 사회적 불안정을 가져온 원인으로 본다. 이러한 사회적 불안정은 여성들이 성폭력을 당할 가능성을 높이고 가정의 붕괴에 따른 경제적 부담과 심리적 압박감을 여성들에게 부과한다는 점에서 페미니즘의 성과가 오히려 여성의 삶을 고통스럽게 하고 있다는 것이다.

릿[10] 소설', '칙릿 드라마' 등이 확대되면서 나타나기 시작했다. 이때 생산된 포스트페미니즘 텍스트는 문학작품에서 시작되어 영화, 드라마 등의 장르에서 다양하게 생산되었다.[11] 이러한 텍스트들은 기존의 남성 중심적 가치관에 억압되어왔던 여성의 욕구를 드러내고 보다 독립적이고 폭넓은 선택을 하는 여성의 삶을 묘사한다는 점에서 긍정적인 평가를 받기도 한다. 하지만 화려한 소비와 유행을 쫓으며 자유주의 소비문화가 생산하는 새로운 여성성의 질서에 구속되고 있다는 부정적인 평가도 있다. 즉 젊은 여성들의 새로운 정체성과 주체성의 구현이라는 시각과 혹은 상품논리에 충실하고 트렌드에 편승하는 상업적 문화라는 이중적 시각이 혼재되어 있는 것이다(이정연·이기형, 2009). 국내에서 칙릿 장르가 유행하던 시기는 공교롭게도 '된장녀'의 논란이 불거졌던 때와 일치한다. 이 당시에 젊은 여성들의 소비문화에 대한 사회적 비난과 함께 칙릿 장르는 소비를 부추기는 된장녀들의 교과서라고 단정짓는 부정적인 담론들이 쏟아졌다(이화정, 2012). 이러한 담론들은 젊은 여성들의 취향이나 정체성에 대한 고려없이 이들의 소비문화를 사치와 향락으로 규정하면서 여성의 소비에 대한 비판적인 시각을 고수하였다. 그러나 후기 자본주의 사회에서 젊은 여성들의 일상생활에서 소비문화에 대한 논의가 심도있게 이루어질 필요가 있으

10 '칙릿(chick lit)'이란 젊은 여성을 가리키는 속어(chick)와 문학(literature)의 합성어이다.

11 칙릿 소설로는 『달콤한 나의 도시』(정이현, 2006), 『마이 짝퉁 라이프』(고예나, 2008), 『냉장고에서 연애를 꺼내다』(박주영, 2008) 등이 있고, 영화로는 〈처녀들의 저녁식사〉(1998), 〈싱글즈〉(2003), 드라마로는 〈내 이름은 김삼순〉(MBC, 2005), 〈여우야 뭐하니〉(MBC, 2006), 〈연애시대〉(SBS, 2006), 〈커피프린스 1호점〉(MBC, 2007), 〈달콤한 나의 도시〉(SBS, 2008), 〈스타일〉(SBS, 2009) 등이 있다.

며, 그러한 논의에서 이들의 경험, 주체성, 정체성 등은 중요한 고찰의 대상이라 할 수 있다.

이와 관련한 국내 미디어 연구는 디지털 미디어의 성장과 함께 이를 소비하는 수용자연구나 칙릿 장르에 대한 여성주의 연구 등이 주요 관심영역으로 나타났다. 이러한 연구들의 경향은 가부장제 이데올로기 비판이 중심이 되었던 2기 페미니즘 연구와 달리, 포스트페미니즘 대중문화 현상을 긍정적으로 받아들이는 연구가 많았다(백미숙·이종숙, 2011). 이들 연구는 그동안 가부장제에 억압되거나 욕망의 대상으로 간주되어왔던 젊은 여성들을 성적 욕망의 주체로 드러내고, 이들의 미디어 이용을 즐거움이나 욕망의 표출 그리고 가부장제 질서에 대한 저항으로 해석하고 있다. 그러나 대중적 포스트페미니즘 현상에 집중하는 이러한 연구들은 신자유주의와 초국적 자본주의라는 수용맥락을 고려하지 않거나 계급, 인종과 민족 등이 교차되어 구성되는 여성 주체의 문제 등을 놓치고 있다는 점에서 비판의 여지가 있다.

한편 학문적 포스트페미니즘은 1990년 초반 페미니즘이 학문, 정치, 문화를 비롯한 다양한 분야에서 반성적 자기성찰과 검증이 이루어지면서 나타난 페미니즘의 이론과 비판적 실천의 흐름을 모두 포괄하는 것이다. 페미니즘이 내·외부로부터의 비판을 통해 새로운 변화에 직면하게 되면서, 바렛Barrett이 페미니즘 이론화의 패러다임의 전환이라고 언급한 포스트페미니즘이 출현하게 되었다. 페미니즘에 대한 비판은 다음과 같은 이유에서 비롯되는데, 먼저 유색인종이 갖는 정치적 영향, 2기 페미니즘에서 충분히 논의되지 못한 영역인 성적 차이와 주체성의 영역, 페미니즘 이론의 다양성과 차이의 이슈, 마지막으로 페미니즘에 미친 포스트모더니즘과 포스트구조주의의 영향이다(Barrett and Phillips, 1992; Brooks, 1997/2003: 36 재인용).

포스트페미니즘은 이전의 페미니즘이 지녔던 정치적, 이론적 개념과 전략을 비판하고, 가부장적이고 제국주의적인 틀 속에서 모든 여성의 경험을 보편적인 것으로 보는 전제에 도전한다. 페미니즘 내부에서는 그동안 당연시되어왔던 억압, 가부장제, 젠더, 섹슈얼리티, 정체성과 같은 개념들에 의문을 제기하며 자성과 비판의 목소리가 나오게 되었다. 이는 특히 유색인종 여성들이 주도한 페미니즘 운동 안에서 나타났는데, 이들은 백인, 중산층, 이성애 여성 중심의 페미니즘이 계급, 인종, 민족, 섹슈얼리티 등의 차이와 다양성을 인식하지 못하고 자신들의 경험을 일반화하고 있음을 비판했다. 여기서 포스트식민주의 페미니즘[12]은 유색인종 페미니즘과 입장을 공유하는데, 포스트식민주의 페미니즘은 젠더를 인종차별주의, 민족주의, 제국주의, 식민주의 등과의 연결지점에서 살펴보고자 한다. 즉 여성 주체는 역사적 맥락에 따라 다르게 형성되고 다양한 정체성의 요소들이 교차되는 지점에 따라 규정된다(Butler, 1990)는 점에서, 여성 정체성 구성의 구체적이고 맥락화된 탐구가 필요하다는 것이다. 이에 따라 성차에 근거한 억압을 넘어 여성들이 처한 다양한 억압의 양상에 관심을 갖고, 성, 계급, 인종, 섹슈얼리티뿐 아니라 종교, 문화, 민족, 지역 등에 따라 구성되는 정체성의 다양성과 차이에 대한 지속적인 이론화작업을 발전

12 포스트식민주의는 식민지가 종식된 이후에도 지속되는 지배와 종속의 권력관계를 비판적으로 탐구한다. 포스트식민주의는 신제국주의가 확대되는 방식에 관심을 가지고 식민주의에 근거한 서구 중심적 지식 생산양식을 비판하고 있다. 포스트식민주의 페미니즘은 주체로서의 서구와 제3세계 타자들이라는 이분법이 주변화된 타자로서의 식민주체를 재생산하는 기제가 되어왔다고 지적하고 이를 해체하고자 한다(백미숙·이종숙, 2011).

시켰다. 이러한 작업으로 페미니즘 내부에서 여성들 간의 차이에 주목하게 되고, 미디어 연구에서도 젠더와 함께 인종, 계급, 민족 등의 요소들에 대한 탐구가 필요함을 인식하게 되었다. 포스트식민주의 페미니즘의 미디어 연구는 유색인종이나 소수자 등의 미디어 재현에 대한 문제나 미디어 텍스트의 초국가적 수용 등에 관심을 기울여왔다.

한편 1980년대와 1990년대의 페미니즘은 포스트모더니즘과 포스트구조주의와의 접목을 통해 확장되고 변화되어갔다. 라캉Lacan의 정신분석, 푸코Foucault의 담론이론과 데리다Derrida의 해체주의 등에서 영향을 받은 포스트모더니즘은 서구중심의 지식체계, 백인 남성중심의 역사 그리고 과학, 심리학, 생물학과 같은 학문들은 물론 남과 여, 이성과 감성, 문명과 자연, 자아와 타자와 같은 전통적인 이분법적 구도에 도전하였다. 이런 관점에서 포스트모더니즘과 포스트구조주의는 정체성과 주체의 전통적 가정에 이의를 제기하고 담론, 해체, 차이와 같은 비판적인 개념을 통해 페미니즘의 탈근대적 인식론 형성에 기여했다. 즉 2기 페미니즘이 여성성과 남성성이라는 본질을 전제하고 여성억압의 기원을 계급이나 가부장제 등 단일한 요인에서 찾으려한다고 보고, 성적 차이의 문화적 구성을 인식하고자 하는 비본질주의적 페미니즘을 제안했다(Kaplan, 1987; 김훈순·김명혜, 1996 재인용). 즉 생물학적 성은 주어진 본질이 아닌 특정한 담론적 실천의 산물이며 사회문화적 성과 분리될 수 없다는 것이다(Foucault, 1978/2004).

포스트구조주의 페미니즘은 본질적이고 통일된 것으로서의 여성주체의 개념을 거부하고, 버틀러가 언급하듯이 젠더는 수행적(performative)이자 수행의 결과이며 수행 안에서 구성되는 것이라고 본다. 따라서 젠더는 남성과 여성의 두 개의 틀에서 벗어나 복수의 젠더들이 경연을 벌이는 '젠더 트러블gender trouble'의 시대로 접어들었다(Butler, 1990). 보편적이고 고정된 정체성의 개념에 도전한다는 점에서 포스트구조주의 페미니즘은 앞서 언급한 포스트식민주의 페미니즘과도 인식을 공유한다. 또한 여성의 경험에 있어서 역사적, 문화적 특수성을 다루기 때문에 2기 페미니즘으로부터 상당한 진전을 보이면서 개인에게 관점과 선택권을 제공하고 정치적 변화의 가능성을 열어주고 있다(Weedon, 1987/1996). 이와 같이 포스트구조주의 페미니즘은 주체와 여성의 경험을 획일적이고 단일한 것으로 치부하는 페미니즘을 거부하면서 차이의 정치학을 제시하고 있다.

이러한 포스트구조주의의 관점은 미디어 연구에도 중요한 기여를 했는데, 이는 크게 다음과 같이 요약된다(이나영, 2013: 49-51). 먼저, 미디어 연구의 관심이 정체성, 주체성, 욕망으로 확대되었다. 남성성, 여성성이 고정된 것이 아닌 유동적인 구성물이라는 점에서 미디어 연구에서 젠더와 섹슈얼리티의 담론적 구성에 대한 관심이 나타났다. 둘째, 텍스트의 의미에 대한 개념이 변화되었다. 텍스트의 의미는 필연적으로 다의미적이며 지속적인 협상의 결과물이라 할 수 있다. 즉 미디어는 의미를 둘러싼 투쟁의 장으로 개념화된다(van Zoonen, 1991/2011). 셋째, 쾌락에 대한 관심의 전환이 나타났다. 포스트모더니즘의 영향으로 백인, 남성, 엘리트 중심의 문화적 개념에 의한 평가기준이 무너지고, 기존에 무시되어왔던 소위 여성장르에 대한 재평가가 이루어졌다. 텍스트 연구의 성별화된 이데올로기에 대한 관심은 성별화된 쾌락에 대한 탐구로 전환되었다. 그러나 이는 텍스트 결정론이라는 비판과 더불어 젠더에 관한 본질론적 사고에 기반하고 있다는 점에서 포스트구조주의에 의해 재인식된 젠더, 주체, 정체성 등의 개념과도 모순을 일으키는 문제를 갖는다. 마지막으로 페미니즘 이론이 유색인종 페미니즘 등을 통해 내부적으로 비판받았듯이 미디어 연구 내에서도 비판이 일어났다. 서구의 제국주의적 패권 확장과 신제국주의에 동원되는 미디어의 재현방식, 신자유주의 속에서 거대화된 초국적 미디어 기업들의 문제 등에 대한 미디어 연구의 사회적 역할과 책임이 제기된다.

이상에서, 포스트페미니즘은 제2기 페미니즘의 본질주의에 대한 비판과 포스트구조주의, 포스트모더니즘과의 만남으로 탈근대적 비본질주의적 인식론을 제안하고 있다. 포스트페미니즘은 거대담론이 해체되는 포스트모더니즘의 흐름 속에서 기존 페미니즘의 거대담론이었던 가부장제와 남성/여성의 이분법적 구속에서 벗어나 젠더, 인종, 계급, 섹슈얼리티를 비롯한 다양한 사회적 범주들이 교차하면서 새롭게 발생하는 문제들에 관심을 갖게 되었다. 2기 페미니즘이 남녀의 평등이라는 분명한 목적을 가지고 있었다면, 포스트페미니즘은 보편화나 일반화를 거부하고 상황적이고 복수적인 진리라는 개념을 들여옴으로써 평등의 문제에서 차이의 문제로 인식의 전환을 만들어갔다.

또한 앞서 대중적 포스트페미니즘에 대한 설명에서 보았듯이 포스트페미니즘은 신자유주의 사회를 살아가는 젊은 여성세대의 탈정치화를 의미하는 것으로 개념화되기도 했는데, 젊은 여성세대는 사회적 목표나 정치적 이슈보다는 개인의 선택을 중요시하고 소비성향의 라이프스타일을 보인다. 신자유주의는 개인을 '기업하는 자아(enterprising self)'로 호명하면서 개인의 선택과 자유를 강조하고 자기계발을 중시하는 이데올로기를 유포하였다(이명호, 2010). 기업하는 자아의 자유로운 선택은 소비공간에서 가장 잘 나타나며, 소비행위는 자신의 주체성을 드러내는 수단이 된 것이다. 이를 통해 젊은 여성들은 신자유주의 소비문화가 생산하는 규범적 여성성의 신화에 몰입함으로써 탈페미니즘적인 개인주의를 지향하게 되었다고 본다.

그러나 포스트페미니즘은 페미니즘에 대한 사망선고나 혹은 극복이라기보다는 페미니즘의 지속적인 변화와 성장의 과정 중에 나타나는 한 단계라 할 수 있다. 2기 페미니즘이 자본주의적 가부장제에 대립, 저항하는 집단주의적인 해방의 정치학이라면, 포스트페미니즘은 페미니즘이 후기 자본주의 소비 대중문화와 '협상'하는 문화적 현상이라 할 수 있다(이명호, 2010). 여기서 대중문화는 재현과 정체성을 다루는 투쟁과 저항의 장소로서, 새로운 의미와 새로운 정체성을 창조할 수 있는 가능성과 기회를 제공한다. 반면 대중문화는 규율 권력으로 작동함으로써, 신자유주의 소비문화가 생산하는 새로운 여성성의 질서에 맞춰 여성 스스로가 자신을 통제하는 현상을 가져오기도 한다. 이렇게 볼 때, 미디어 연구의 방향은 미디어의 재현이 현실을 어떻게 재구성하며, 그 속에서 현실에 대한 어떤 점을 역설적으로 포착해낼 수 있을 것인지 그리고 이를 통해 페미니즘이 소비자본주의 사회에서 어떤 정치학을 취할 수 있을 것인지에 대한 고민이 필요하다고 하겠다.

제2부

미디어 텍스트에 재현된 여성과 남성

페미니스트 미디어 연구에서 텍스트 연구의 주요 과제는 미디어에서 성에 대한 지배적인 의미와 성차별적 가치 등이 어떻게 재현되고 있으며, 이러한 성에 대한 표상이 갖는 문제는 무엇인지를 밝혀내는 것이라 할 수 있다. 즉 2부에서는 미디어가 여성을 어떻게 다루는가의 문제를 논의하고자 한다. 앞서 살펴보았듯이 각 페미니즘 이론들(27])은 이러한 문제에 대한 관심의 정도나 방향에 있어 차이를 드러내는데, 이러한 연구경향은 크게 두 가지로 나누어 볼 수 있다. 하나는 현실반영적 입장이며, 다른 하나는 현실구성적 입장이다.

먼저, 현실반영적 입장은 미디어가 여성과 관련된 현실을 어떻게 반영할 것이냐의 문제에 초점을 맞춘다. 이러한 입장의 대표적인 이론은 자유주의 페미니즘이론이다. 자유주의 페미니즘에서는 미디어에 나타난 성차별적인 이미지와 고정관념 등에 대해 관심을 가지고, 미디어에서 왜곡되고 평가절하된 여성의 이미지를 바로잡고 여성생산자를 확산시킴으로써 문제를 해결할 수 있다고 주장한다.

그러나 이러한 입장은 미디어가 사회적 삶에 대한 현실을 있는 그대로 보여준다고 단순히 전제하고 있으며, 미디어가 여성에 대한 표상을 변화시키는 것이 가능하다고 봄으로써 지나치게 낙관적이라고 할 수 있다. 즉 미디어에 대해 여성에 대한 좀 더 현실적인 묘사와 이미지의 변화를 요구하고, 이것이 성불평등의 문제를 극복하는 방법이라고 생각한다. 그러나 이는 사회구조적이고 경제적인 보다 본질적이고 복잡한 측면들을 탐구하지 못하고 있다는 점에서 매우 근시안적인 입장이라고 할 수 있다.

한편, 현실구성적 입장에서는 미디어가 현실을 거울처럼 반영한다는 입장을 비판하고, 미디어 텍스트에 나타난 성의 지배적인 의미와 차별적인 성역할과의 관계를 밝힘으로써 미디어가 현실을 어떻게 재구성하고 있는지에 관심을 둔다. 대표적으로 마르크스주의 페미니즘과 사회주의 페미니즘에서 이러한 문제에 주목하여, 여성억압의 근원인 자본주의와 가부장제를 재생산하는 미디어의 지배이데올로기를 드러내는 데 집중한다.

미디어 텍스트에 대한 현실반영적 입장은 이를 반증하는 많은 연구로부터 도전을 받아왔다. 미디어가 보여주는 현실은 현실 그 자체라기보다는 다양한 요인들(언어, 영상과 같은 텍스트적 요인 뿐 아니라 미디어 조직 및 사회적, 정치적 환경 등의 맥락적 요인)에 의해 매개되어 구성되는 현실이라 할 수 있다. 미디어는 현대사회의 다양한 사회적 현실을 매개하고 재현하는 데 있어 중요한 역할을 하고 있으며, 젠더와 관련된 현실에 대해서도 마찬가지다.

본 장에서는 미디어텍스트에 나타난 젠더의 문제에 초점을 맞추어, 뉴스, 드라마, 광고 등 다양한 미디어 장르별로 각 장르의 개념과 특성을 살펴보고, 젠더와 관련한 주요 문제의식과 연구경향들을 통해 각 장르별 텍스트에서 성역할이나 성별화된 고정관념, 정형화된 시각 등이 어떻게 나타나고 있는지를 알아본다.

제3장

뉴스

1. 뉴스의 개념과 특성

복잡하고 다양한 현대사회에서 사람들은 세상에서 일어나는 일들에 대한 많은 정보를 직접적인 경험보다는 매스미디어를 통한 간접적인 경험에 의존하게 되었다. 매스미디어의 내용 중 특히 뉴스는 직접적인 경험영역 밖의 현실을 인지하고 받아들이는 데 중요한 역할을 한다. 따라서 뉴스의 일차적인 기능은 세상에서 일어나는 일들에 대한 정보전달에 있다고 하겠다. 이런 점에서 뉴스는 '세계를 향해 열린 창'이라고 표현된다(Tuchman, 1978/1995).

뉴스는 개인과 개인을 연결시켜주고 사회현실에 대한 간접경험을 제공함으로써 질서를 유지하고 사회통합의 기능을 한다. 또한 사회구성원에게 필요한 정보를 제공하고 특정한 사회적 이슈를 강조함으로써 중요한 사안으로 부각시키기도 한다. 뉴스는 사실성, 객관성, 현실성, 현장성 등의 특성에 의해 사실 혹은 진실로 받아들여지게 되는

데, 뉴스를 통한 현실 인지에 있어서 특히 텔레비전 뉴스는 매체 고유의 시청각적 소구력 때문에 수용자의 현실인식 과정에 커다란 영향력을 갖는다. 텔레비전 뉴스는 영상과 음성의 결합으로 생동감이 넘치는 보도가 가능하며, 전파를 통해 빠른 시간 내에 소식을 전할 수 있고, 원하는 모든 사람이 동시에 시청할 수 있다. 즉 사실성과 현장성, 해독의 용이성 및 속보성과 동시성 등으로 요약되는 이러한 텔레비전 뉴스가 갖는 특성들은 여느 매체에 비해 텔레비전이 갖는 영향력을 증가시키는 요인이 되고 있으며, 그만큼 사회적 책임도 높게 부여된다.

영상매체인 텔레비전과 인쇄매체인 신문은 뉴스가 전달되는 방식이나 수용자의 현실인식에 영향을 미치는 방식에 분명한 차이를 보이고 있다. 즉 텔레비전 뉴스는 헤드라인을 보고 뉴스를 선택할 수가 없지만, 신문은 독자가 헤드라인을 보고 관심있는 뉴스만 골라서 읽을 수 있다. 또한 텔레비전 뉴스 배열은 '시간적'이지만 신문의 뉴스 배열은 '공간적'이어서, 텔레비전 뉴스는 시간의 흐름에 따라 뉴스가 배열, 제시되는 반면 신문의 뉴스는 모자이크 식으로 공간에 배열된다. 텔레비전 뉴스는 시간의 제약을 받지만 신문은 필요에 따라 지면을 늘릴 수 있으므로 텔레비전보다 융통성이 상대적으로 높다. 또한 텔레비전 뉴스의 중요한 특성 중의 하나는 뉴스를 전하는 앵커나 아나운서 등의 퍼스낼리티가 뉴스를 듣는 시청자에게 큰 영향을 미칠 수 있다는 점이다. 텔레비전 뉴스는 시각적 미디어의 특성 때문에 뉴스전달자가 중심이 되기 쉽다. 따라서 뉴스를 전달하는 사람의 외모와 표정 등의 시각적 요소와 함께 어조나 어감과 같은 청각적 요소 하나하나가 메시지화될 수 있고, 뉴스전달자가 스타화될 수 있다. 이러한 뉴스전달자의 이미지를 통해 텔레비전 뉴스는 더 강한 호소력을 지닐 수 있음과 동시에, 뉴스전달자는 뉴스를 독자적으로 책임지고 전달하는 사람으로 시청자들에게 인식됨으로써 뉴스의 권위나 신뢰성을 판단하는 데 큰 영향을 준다(Morse, 1986).

전통적으로 뉴스가 갖는 특징들 혹은 장단점들은 미디어 기술의 발전과 함께 변화되고 수정되어 왔다. 미디어 기술의 발전은 뉴스의 취재와 기사작성, 전달방식에 새로운 변화를 가져오고 있는데, 특히 디지털 기술의 도입은 매체 간의 융합현상을 가속화시켜 뉴스의 생산, 관리, 유통 과정에 급속한 변화를 유발시켰다. 새로운 디지털 기술로 전 세계가 연결되는 매체 환경으로 인해 뉴스의 취재와 유통이 지구화(globalization)되고 있으며, 보도국과 뉴스제작 시스템도 바뀌고 있다. 이러한 매체 환경의 변화로 뉴스 생산자와 수용자의 경계가 불분명해지고 정보유통의 쌍방향성이 높아졌으며, 뉴스 콘텐츠 자체의 성격 변화 및 소비자의 정보 노출방식의 변화 등이 나타남에 따라 뉴스는 위기와 동시에 변화의 길을 모색하게 되었다. 또한 미디어 기술의 변화로 인해 등장하고 있는 뉴미디어와 새로운 채널의 도입으로 매체 내, 매체 간의 경쟁이 더욱 치열해지고 있다. 이는 결국 수용자 확보 경쟁으로 귀결되면서 뉴스의 형식과 내용적 특징에도 지속적인 변화를 예고하고 있다.

2. 뉴스에 대한 시각: 뉴스의 현실구성

앞서 미디어 텍스트 연구경향의 두 가지 입장과 유사한 맥락에서, 뉴스에 대한 시각은 크게 두 가지로 요약될 수 있다. 하나는 뉴스가 사회적 현실을 가감없이 그대로 전달할 수 있다는 믿음을 가지고 있는 시각이다. 이러한 시각은 뉴스는 다른 픽션 장르와는 다르다는 점을 강조하여, 허구적 세상이나 가공된 세상을 다루는 드라마나 코미디 등과 달리 뉴스는 실제 세상, 있는 그대로의 세상, 비가공적 세상을 다룬다는 점에서 차이가 있다는 것이다. 이러한 시각에서 뉴스는 객관적이고 공평하게 사회적 현실을 전달할 수 있는 능력이 있고, 만약 뉴스가 사회적 현실을 제대로 전달하지 못한다면 그것은 뉴스 과정을 왜곡하는 요인들 탓이라고 믿는다. 따라서 이 시각에서는 객관적이고 공평한 뉴스 전달을 해치는 요인들이 무엇이고 그것을 어떻게 제거할 것인가에 관심을 갖는다. 여기서 뉴스를 왜곡시키는 요인들은 뉴스 기자 개인, 뉴스 조직, 뉴스 조직 외부에서 나타날 수 있다(원용진, 2000). 예를 들면 기자 개인의 편견이나 미숙함 등에서, 또는 뉴스 조직 내부의 뉴스생산 과정에서 나타나는 지나친 간섭이나 다단계결정 등의 과정에서 사회현실의 전달에 왜곡이 나타날 수 있다고 본다. 또한 뉴스조직 외부의 요인으로서, 방송사 소유주의 자신의 이익에 부합한 뉴스왜곡이나 취재원의 의도적인 왜곡된 정보제공, 또는 권력집단이나 사회 내 여러 이익집단의 의도적인 취재방해나 뉴스 내용에 대한 간섭 등이 있다. 이러한 시각에서 뉴스는 사회적 현실을 전달하는 임무를 수행할 수 있으며, 이를 방해하는 여러 요인들은 다양한 제도와 장치[1]를 통해 제거해야 되고 또 제거될 수 있다고 믿는다.

1 예를 들면 방송기자의 윤리의식을 촉구하는 윤리강령의 작성, 방송 외부로부터 뉴스를 독립시키는 법제적 장치 등이 있다.

그러나 뉴스에 대한 또 다른 시각은 뉴스가 '만들어지는' 혹은 '제작되는' 것이라는 점에서 드라마와 같은 허구적 장르와 크게 차이가 없다고 본다. 뉴스에서 보여지는 현실은 일정한 제작과정을 거쳐 의미 있는 것으로 만들어진다는 점에서, 뉴스란 이 세상의 수많은 사건과 무한한 세부사항들 가운데 단편들을 선택하고 해석한 것이며, 따라서 뉴스는 단순한 사실들의 집합이나 사회상의 반영이 아닌 '구성된 현실(constructed reality)'이라고 본다(Tuchman, 1978/1995). 앞서 뉴스를 '세계를 향해 열린 창'이라고 표현한 바 있다. 이 때 뉴스라는 '창'을 통해 바라보는 현실은 창의 색깔과 모양, 크기, 그리고 창이 향해 있는 방향 등에 따라 달라진다. 즉 뉴스는 현실을 있는 그대로 보여주기 보다는 특정한 모양과 색을 지닌 창을 통해 현실을 보여준다고 할 수 있으며, 그에 따라 사람들이 세상을 바라보는 시각과 세상에 대한 인식은 달라지게 된다. 이런 점에서 뉴스란 뉴스가치가 있는 사건 그 자체가 아니라, 사건에 대한 '보도' 및 '설명'이라고 정의내릴 수 있다(Hartley, 1982).

이러한 맥락에서, 뉴스는 현실을 있는 그대로 수동적으로 전달하는 것이 아니라 현실에 대한 우리의 인식을 능동적으로 규정하며, 매체 나름의 특유한 뉴스구성과정을 거쳐 사건이 선택, 변형, 제거되어 제시되는 것으로 '현실의 사회적 구성(the social construction of reality)'(Fowler, 1985)이라고 할 수 있다. 뉴스에 대한 이러한 관점은 우리가 현실로 자연스럽게 받아들이는 뉴스가 객관적인 사회적 현실을 그대로 반영해 준다기보다는 뉴스가치나 언론의 구조적 논리가 부여되어 선택과 배제와 같은 의미화 작업을 통해 재구성된 현실이라는 기본 인식에서 출발한다. 언론의 구조적 논리란 언론조직, 조직의 구성원, 언론의 외적 환경, 사회제도, 경제적 환경 등에 의해 자연스럽게 생긴 언론의 관행이라 할 수 있다.

이러한 시각에서 뉴스는 현실에 대한 객관적인 정보만을 전달하는 것이 아니라 특정한 관점이나 가치관에 따라 현실을 해석하는 것이고, 어떤 사회적 현실이 지니는 의미를 차별적으로 분배하고 상징적인 환경을 조성하는 것이라고 할 수 있다. 또한 뉴스의 상징적 현실은 사회적 권력구조 안에서 재현됨으로써, 특정 사회집단을 위하여 보도되는 뉴스를 객관적인 뉴스로 포장함으로써 일반 공중에게 보편적 지식으로 수용되게 한다고 본다. 즉 이러한 관점에서 뉴스의 객관성이라는 것은 언론이 외부의 비판으로부터 자유롭기 위해 만든 '절차적 의례'에 가깝다(Tuchman, 1978/1995). 따라서 가부장적인 사회에서 객관주의 저널리즘이라는 신화는 뉴스에서 여성이 소외되는 현실을 감추기 위한 장치라고 할 수 있다(이영자, 2006). 뉴스는 가치중립성으로 위장된 남성 중심적 기록으로서, 가부장제에서 당연시해온 여성에 대한 차별과 배제를 사실 그 자체인 것처럼 인식하도록 하는 것이다. 따라서 뉴스에서 젠더와 관련하여 구성되는 현실은 성차별적 사회현실과 성역할 이데올로기 등이 개입되어 있으며, 이는 다시 뉴스를 통해 지배적인 가치로 재생산된다고 할 수 있다.

또한 이 시각에서 뉴스는 공정하거나 객관적이기 어렵다는 사실을 인정하고, 뉴스가 왜곡되었느냐 아니냐 하는 것보다는 뉴스가 현실을 어떻게 재현하였으며 그것이 갖는 사회적 효과는 무엇인가에 관심이 있다. 즉 사회에서 뉴스가 현실을 인지하고 경험하는 매개로서 핵심적인 역할을 수행할 뿐만 아니라, 나아가 현실에 대한 평가에도 막대한 영향을 미치고 있음에 주목한다. 왜냐하면 뉴스에 의해 현실이 어떤 맥락에서 구성되어 어떤 의미를 부여받는지에 따라 수용자가 갖는 현실에 대한 인식도 크게 달라질 수 있기 때문이다. 따라서 뉴스를 통해 성별 고정관념이나 부정적인 여성의 이미지가 노출된다면 이는 수용자의 성별 정형화된 인식, 태도 및 행위에 영향을 미칠 수 있으며, 이런 점에서 페미니스트 뉴스 연구의 중요성이 있다고 하겠다.

3. 뉴스와 젠더

1) 남성장르로서의 뉴스

뉴스 연구에서 여성에 대한 관심이 생겨난 것은 다른 분야에 비해 그리 오래되지 않았다. 뉴스와 관련하여 여성 연구가 부족했던 이유는 뉴스가 남성적인 장르로 인식되어왔다는 점에서 찾을 수 있다. 뉴스는 남성에 관해서, 남성에 의해서 그리고 전적으로 남성의 시각을 통하여 재현되는 것(Hartley, 1982)으로 규정되거나, 혹은 남성의 드라마(Fiske, 1994)로 정의되기도 한다. 뉴스가 남성적 장르라는 점은 우리사회의 성별 공사영역 구분과 밀접히 관련된다. 뉴스는 주로 공적영역을 다루고 있으며, 공적영역은 남성의 영역으로서 이는 지배계층이나 남성의 활동과 관련된다. 실제로 사회 지배계층이나 공적 영역에 진출하거나 활동하는 여성의 숫자는 적으며 이에 따라 뉴스에서 여성의 보도가 적을 수밖에 없다고 할 수 있다. 이에 따라 뉴스에는 여성이 잘 등장하지 않거나 혹은 뉴스에서 여성이 다루어지더라도 비중이 적고 사소한 것으로 취급되는 경향이 있다.

또한 뉴스는 흔히 하드뉴스와 소프트 뉴스로 구분되는데, 이러한 구분이 성별 측면에서 분류됨으로써 뉴스에서의 여성소외를 강화시킨다. 하드뉴스는 사회구성원으로 살아가는 데 유용하고 필수적인 정보를 제공하는 뉴스로서 주로 남성이 등장하고 남성의 시각에 의해 처리된다. 반면 사건, 사고, 가십, 인간적인 흥미나 건강, 소비, 인간생활의 이야기를 담은 가벼운 뉴스인 소프트뉴스는 여성의 뉴스로서 다루어진다. 즉 정치, 경제 등 심각하고 중요한 하드뉴스는 남성 영역으로, 가볍고 흥미위주의 생활 뉴스들은 여성 영역으로 취급됨으로써, 여성의 관심사와 활동영역을 제한할 뿐만 아니라 뉴스에 재현되는 여성의 이미지도 특정한 방향으로 왜곡시킬 수 있다.

이와 같이 뉴스는 남성의 영역으로, 남성의 장르로 인식되어 온 탓에 이와 관련된 여성 연구가 소홀했다고 볼 수 있다. 뉴스에 있어서의 이러한 여성의 소외현상은 매스미디어 전반에 나타나는 현상이라고 할 수 있는데, 매스미디어에서 여성이 부재하고, 여성이 주변화되며 평가절하되는 현상을 터크만 등은 '상징적 소멸(symbolic annihilation)'이라고 설명하고 있다(Tuchman, Daniel & Benet, 1978; 김경모, 2003 재인용)[2]. 뉴스에서 여성의 상징적 소멸은 뉴스가 여성을 잘 다루지 않고 여성을 중요하지 않은 존재로 묘사하는 현상으로서, 결과적으로 여성은 사회에서 말할 위치에 놓여있지 않으며 영향력이 없다는 것을 보여주는 것이라 하겠다. 또한 뉴스가 이와 같이 여성을 과소재현하는 것은 여성을 실제보다 더 소수자로 만들고 여성의 역할을 주변화시킴

2 매스미디어의 묘사에 있어 '상징적 소멸'은 특정 집단을 등장시키지 않거나(omission), 부정적으로 묘사하여 비하 혹은 비난하고(condemnation), 사소하고 의미없는 존재로 주변화하는 것(trivialisation)을 말한다.

으로써 남성중심의 가부장적 현실을 정당화하는 효과를 갖는다(유선영a, 2002).

이와 같이, 뉴스는 남성이 남성에게 전하는 메시지이며, 남성의 정치적·경제적 이해관계의 산물로서, 남성에 의해서, 남성에 관해서, 남성의 시각을 통해서 재현된 것이다(김선남·장해순, 2011). 따라서 페미니스트들은 뉴스에서 여성이 소외되고 배제되어 왔다는 점에 관심을 갖고, 언론이라는 사회적 권력을 통해 어떻게 기존의 젠더질서가 재생산되는지를 논의해왔다. 뉴스에 대한 연구는 뉴스의 생산, 수용 및 텍스트 영역에서 다양하게 이루어져왔는데, 본 장에서 다루고자 하는 뉴스텍스트와 관련하여, 페미니스트들은 뉴스에 나타나는 부정확하고 왜곡된 여성 이미지를 밝히거나 차별화된 성별 재현문제 등을 밝히는 데 초점을 맞춰왔다.

2) 뉴스의 등장인물로서 여성과 남성[3]

최근에 발표된 한 연구결과에 의하면 세계 141개국의 언론의 뉴스에서 등장인물 10명 중 여성이 차지하는 비중은 2명에 불과하다고 한다(이세아, 2015).[4] 뉴스에서 여성이 제한적으로 다루어지고 있는 현상

---

3 뉴스의 등장인물은 본 절에서 다루고 있는 뉴스원(news source) 외에 기자, 앵커 등이 있지만, 기자와 앵커는 뉴스생산에 관여하는 제작자이기도 하다는 점에서 3부의 미디어 생산에서 논의하고자 한다.

4 본 결과는 글로벌 미디어 모니터링 프로젝트(The Global Media Monitoring Project, GMMP)의 발표에 따른 것이다. WACC(2015). 〈The Global Media Monitoring Project 2015 : Highlights of Findings〉. URL; http://cdn.agilitycms.com/who~makes~the~news/Imported/reports_2015/highlights /highlights_en.pdf.

은 국내외 많은 연구들에서도 이미 밝혀진 바 있다. 예를 들어 뉴스에 등장하는 여성의 비율은 남성의 절반에도 훨씬 미치지 못하고 있으며, 뉴스원으로서 혹은 기자나 앵커로서도 남성의 비중이 여성보다 높고 그 역할도 더 중요한 것으로 나타났다(김경희·강혜란, 2016; 김훈순, 1997; 유선영a, 2002; 이수연, 2002; Gilliam and Iyengar, 2000; Rakow & Kranich, 1991; Tuchman, 1978; van Zoonen, 1988). 기존 연구들은 뉴스에 등장하는 여성에 대한 묘사에 있어서 남성과 다른 이중잣대가 적용됨으로써 성차별적이고 왜곡된 이미지가 재현된다고 비판한다. 예컨대, 여성은 주부, 어머니, 소비자, 피해자와 같은 사적 영역으로 주변화됨으로써 정형화된 성별 이미지를 표상한다는 것이다(양정혜, 2002; 유선영a, 2002).

뉴스에 등장하는 대표적인 인물은 뉴스의 정보를 제공하는 뉴스원이라고 할 수 있다. 뉴스원에 있어서 여성의 빈도는 매우 낮은데, 방송 3사의 저녁종합뉴스의 취재원을 분석한 한 연구는 전체 취재원 중 남성이 약 80%를 차지함으로써 극심한 성차가 나타나고 있음을 보여주고 있다(김경모, 2003). 뉴스원에 있어서의 성차는 양적인 측면에서 뿐만 아니라 질적인 측면에서도 드러나는데, 여성 뉴스원은 주로 소프트한 영역에 치중되어 있으며 사회적 지위나 역할에 있어서도 여성 뉴스원과 남성 뉴스원은 차별적인 존재로 묘사되고 있다. 앞서 언급했던 하드뉴스와 소프트뉴스의 측면에서 봤을 때, 남성 뉴스원은 하드뉴스에, 여성 뉴스원은 소프트 뉴스에 주로 등장함으로써 뉴스원에 있어 전형적인 성별 공사영역 구분이 반영되고 있음을 알 수 있으며, 이를 통해 뉴스는 성역할 고정관념을 재생산하고 있다고 할 수 있다. 또한 뉴스원의 직업이나 사회적 지위와 관련, 뉴스원으로 등장한 여성들은 대부분 일반시민, 소비자 혹은 피해자로서 주변적인 인물로 재현되는 반면, 남성은 엘리트, 권위자, 전문가로서 상대적으로 중요한 인물로 등장하고 있는 것으로 나타났다.

뉴스에 등장하는 인물 중 많은 비중을 차지하는 인터뷰 참여자에 대한 연구들에서도 이와 유사한 특징이 발견된다. 기존 연구들에 의하면 인터뷰 참여자로서 여성의 숫자는 예전보다 점차 늘어나고 있지만 인구학적 통계 현실과는 달리 남성들과 일정한 격차를 보여주고 있는 것으로 나타났다. 즉 여성 인터뷰 참여자의 평균연령은 남성보다 낮고, 직업에 있어서도 여성은 '알 수 없음'이 가장 많은 것으로 나타나 남성 인터뷰 참여자의 경우 전문직이 가장 많았던 것과 큰 차이를 보였다(김경희·강혜란, 2016). 즉 인터뷰 참여자의 양적인 측면에서나 연령, 직업과 같은 질적인 측면에서 모두 성별화된 재현이 이루어지고 있음을 알 수 있다.[5]

이는 단순히 뉴스에 등장하는 뉴스원의 역할이나 직업에 있어서의 성별 차이로 그치는 것이 아니라, 재현방식에 있어서도 성차가 드러나고 있다. 예를 들어, 범죄뉴스의 경우 여성은 주로 범죄사건의 피해자로 등장하는데, 여성 피해자가 묘사되는 방식에 있어서 첫째, 남성 생산자의 가부장적인 시선으로 접근되고, 둘째, 가해자의 입장만 강조되고 피해자는 수동적이고 무력한 존재로 그려짐으로써 여성 피해

5 여성과 남성 인터뷰 참여자에 대한 차별적인 인터뷰 내용에 대한 문제도 제기된다. 예를 들어, 남성에게는 상대적으로 일과 관련된 질문이 많은 반면, 여성에게는 외모 관리, 다이어트, 결혼, 가정생활에 대한 질문이 자주 포함된다. 이는 사회활동을 하거나 전문직 등에 종사하는 여성의 경우에도 예외는 아니다. 일하는 여성에 대한 인터뷰에서 일과 가정생활의 균형에 대한 질문이 흔히 발견되는데, 이는 남성에게는 거의 주어지지 않는 질문이라 할 수 있다.

자가 타자화되며, 셋째, 피해여성의 문제점을 비난하고, 넷째, 범행대상으로서의 여성의 신체적 취약성과 수동성을 강조하고, 다섯째, 불필요한 자극적인 세부묘사를 통해 선정적, 자극적인 보도가 이루어진다는 것이다(김훈순, 2004).

여성이 범죄뉴스에서 때로 피의자 내지는 가해자로 등장하는 경우에는 가부장적 사회에서 여성의 미덕으로 부각되어온 모성이나 도덕성을 위반하는 행위가 부각되는 경우로 한정되는 경향이 있다. 또한 여성 가해자는 남성 가해자와는 다른 접근방식으로 보도되는 경우가 많은데, 여성 가해자의 경우 범죄의 이유보다는 발생 사실만 강조되거나 사건이 극화되어 자극적으로 표현되는 반면, 남성 가해자의 경우는 범죄의 이유를 설명하고 객관적이며 담담한 어조로 사건을 묘사하는 경우가 많다.

또한 뉴스에서 수행하는 역할에 있어서도 남성은 주체로 등장하는 경우가 많은 데 반해 여성은 객체로 등장하는 비율이 훨씬 높다. 뉴스에서 여성이 주체로 등장하여 긍정적인 이미지로 묘사되는 것은 주로 사적 영역에서 전통적인 성역할(예컨대 가사노동, 육아, 가족에 대한 헌신 등)과 관련된 경우가 많다(김선남, 2003). 또한 뉴스에서 객관적 진술, 이성적 판단이나 전문적 설명을 제시하는 평가를 하는 취재원은 남성이 많은 반면, 여성 취재원은 호불호나 감정을 표현하는 태도를 나타내는 경우가 많음으로써, 상대적으로 남성은 이성적인 존재로, 여성은 감성적인 존재로 이미지화되는 경향이 있다(김경모, 2003).

이렇게 볼 때, 뉴스원으로서 남성은 여성에 비해 더 권위적이고 전문적인 역할을 수행하며 더 중요한 뉴스에 등장함을 알 수 있다. 뉴스원은 뉴스를 구성하는 데 필수적인 요소로서, 어떤 뉴스원을 선택하고 이용하느냐는 사건이나 이슈를 누구의 관점에서 어떤 방향으로 구성하느냐에 있어 중요한 영향력을 행사한다고 할 수 있다. 이런 점에서, 뉴스는 사회적으로 영향력이 있고 전문능력을 지닌 남성엘리트에 의해 통제되고 만들어지고 있으며, 이들의 관점에 의해 뉴스 및 관련 정보가 선택되고, 사건이 정의되며, 뉴스내용에 대한 정당성을 확보하고 있다고 할 수 있다. 또한 앞서 살펴보았듯이 뉴스에 나타난 여성과 남성 등장인물의 차별적인 재현방식은 뉴스가 기존의 젠더 체계를 옹호하면서 정형화된 여성 이미지를 생산하는 데 기여하고 있음을 알 수 있다.

3) 공적 영역의 여성에 대한 뉴스보도

뉴스는 기존 체제를 정당화하는 의미들을 체계적으로 생산하고 이를 자연스럽고 당연한 것으로 제시함으로써 이미 확립된 사회질서를 재생산하는 데 기여한다. 젠더 질서와 관련하여 뉴스는 기존의 가부장적 체제를 뒷받침한다고 볼 수 있는데, 많은 선행 연구들은 뉴스가 남성 중심의 그리고 남성 우월적인 의미를 생산하고 있음을 밝히고 있다(양정혜·이현주, 2005). 전통적인 성 고정관념을 강조하는 뉴스의 보도방식은 학계나 여성운동 집단으로부터 비판의 대상이 되어왔는데, 뉴스에서 보여지는 성역할에 대한 편견과 고정관념은 크게 나아지지 않은 것으로 보인다.

뉴스에서 여성에 대한 정형화된 이미지를 잘 드러내는 보도사례로서 전문직 여성과 같은 공적 영역의 여성에 대한 뉴스를 들 수 있다. 이들 여성은 남성의 영역인 공적 영역에 진출한 여성으로서 뉴스에서 관심의 대상이 된다. 앞서 보았듯이, 뉴스에서 여성은 대부분 익명의 시민이나 피해자 혹은 사적 영역의 인물로 주변화 되는 데 반해, 공적 영역의 여성인물은 뉴스의 중심인물로 주목을 받는다. 그러나 뉴스는 이러한 여성들의 현실을 제대로 보여주지 못하고 있을 뿐만 아니라 과소표상 하거나 왜곡하고 있다는 비판을 받고 있다(현경미·김원용, 2005).

예컨대 전문직 여성에 대한 뉴스는 소위 '잘 나가는' 여성, '상품성' 높은 여성에만 초점을 맞추고 있는데, 이들은 주로 '금녀의 영역'에 도전한 여성들이라 할 수 있다. 이들 여성은 고위공직자에 오른 여성이라든가 여성 정치인들이 대표적인 경우라 할 수 있다. 뉴스에서 이러한 여성들을 다루는 방식 중의 하나는 희소성의 강조이다. 희소성을 강조하는 것은 이들이 해당 분야에서 '최초'의 여성이라는 점에서 뉴스가치를 갖는 것과 관련된다. '최초' 혹은 '첫 번째'를 부각하는 것은 이들 여성을 진취적이고 도전적인 여성으로 묘사하는 것이 될 수도 있지만, 희소성에 주목하는 것은 해당 분야에 진출한 여성이 갖는 능력, 장점이나 사회적 의미 등을 희석시키게 된다. 또한 희소성의 강조는 여성의 성취가 예외적인 것이며 자연스럽거나 일반적이지 않은 것임을 드러냄과 동시에 본래는 남성의 자리임을 확인하는 효과를 갖는다(김세은, 2013).

전문직 여성의 보도에 대한 연구결과는 전문직 여성에 대한 보도량도 적을 뿐만 아니라, 정치인 등 특정 여성인물에만 치우쳐 다양한 전문직 여성을 다루지 못하고 있음을 보여주고 있다. 또한 사실 위주의 단순보도에 그치는 등 일회적이고 분절적인 뉴스가 대부분인 것으로 나타나 전문직 여성의 위상과 역할에 대한 깊이 있는 보도의 부족은 물론 전문직 여성이 급증하고 있는 사회현실의 모습조차 제대로 반영하지 못하고 있다(허명숙, 2007).

아울러 전문직 여성들은 공적 영역에 진출했지만 뉴스에서 여전히 사적 영역의 테두리 내에서 호명되거나 여성성이 부각되는 경우가 많다. 예를 들어 공직에 진출한 여성들을 묘사하면서 '○○여왕', '○○공주', '처녀 장관', '미모의 대표' 등 여성성이나 성적 고정관념을 담는 명칭이 붙거나, 누군가의 어머니, 아내, 며느리 혹은 딸로서 언급되어 가족 이야기가 강조되기도 한다.[6] 이러한 보도에서 전문직 여성은 주체가 되지 못하고 부차적인 존재가 될 뿐만 아니라, 여성성을 부각하는 보도는 이들 여성에 대한 왜곡된 이미지를 만들 우려가 있다. 이와 관련, 미국 선거에서 여성과 남성후보에 대한 신문 기사를 분석한 연구에 따르면, 여성후보에 대해서는 상대적으로 결혼이나 부모역할 수행에 대한 보도를 더 많이 하는 것으로 나타났는데 이는 뉴스에서 정치인이라 하더라도 여성은 결혼과 가정 등 사적 영역에서의 역할이 중요함을 보여주는 것이라 하겠다(Major & Coleman, 2008). 국내의 경우에는 여성 총리지명자에 대해 여성임을 강조하면서 총리로서의 의구심을 드러내거나 가족과 관련한 사적 영역의 이야기를 중심으로 뉴스

6 이에 대한 사례로서 박근혜 전 대통령의 별명이 '수첩공주'라거나, 김숙희 전 교육부 장관의 동생이 김용옥이라는 사실이 크게 부각된 것을 들 수 있다. 또한 윤진숙 전 장관의 인터뷰 기사에는 외모나 옷차림에 대한 내용이 제목에 포함되어 있으며, 동생과 어머니가 등장하기도 한다. 여성 공직자에 대한 뉴스에서 가족에게 주목하는 것은 그 여성의 자리가 공적 영역이 아님을 노골적으로 보여주는 것이다. 또한 여성으로서의 '본분'인 사적 영역의 수행자(어머니, 아내, 딸, 며느리)로서 불완전한 존재임을 드러내는 동시에 여성의 '바깥일' 때문에 가족이 희생됨을 보여줌으로써 여성의 성공이 바람직하지 않다는 것을 암시한다(김세은, 2013: 168-169).

를 구성함으로써, 남성 총리지명자와는 다른 태도를 보인 언론에 대해 형평성의 문제가 제기되었고 여성계와 시민단체로부터 성차별이라는 비판을 받기도 했다(나미수, 2002).

또한 공직자에 선출된 여성들은 '여장부', '억순이' 등으로 호명됨으로써 여성이지만 억세거나 대장부와 같은 남성적 특성을 갖추는 것이 성공의 준거로 평가되거나, 반대로 여성적인 특성을 희화화하거나 조롱하는 표현을 통해 이들의 성취가 사소한 것 혹은 잘못된 것으로 축소되기도 한다.[7] 또한 직업인으로서의 역할수행과는 아무 상관없는 외모나 옷차림, 행실이나 몸가짐 등에 초점을 맞춤으로써 전문직업인이 아닌 '여성'으로서 이들을 대상화하는 경우도 많다.[8] 즉 뉴스는 여성을 묘사할 때 여성임을 우선적으로 강조하면서 그들이 수행하는 임무나 역할보다 결혼 여부, 복장, 신체묘사 등 사적인 정보나 주변적

7 이와 관련된 언론의 보도로서 다음과 같은 사례를 들 수 있다. "시라크 첫 내각 스커트 파워… 여전히 바지가 스커트보다 많지만 여성 판쓸이 내각이라고 할 수 있다."(프랑스의 시라크 내각에서 여성장관을 대거 기용했을 때 국내 보도). "민선 첫 여성시장 억순이 만세. 남성 빰치는 불꽃의욕의 소유자"(전 광명시장인 전재희 시장의 당선에 대한 보도). "눈물의 장관"(전 환경부 장관이었던 황산성 장관의 별명). "처녀장관. 아이를 키워보지 않은 여성이 교육을?"(김숙희 전 교육부 장관의 당선에 대한 보도). "젊은 여성변호사를 당의 입으로 활용하는 흥미로운 형국이 조성되었다. 아무튼 살벌한 선거전쟁 속에서도 국민들은 사례 없던 립스틱칠한 입들의 설전을 지켜보게 됐다."(모 정당의 여성 부대변인 임명에 대한 보도). (출처: 김양희, 여성관리자 리더십 워크샵 자료, https://documents.tips/ documents/2-548e958db479599a358b4caa.html)

8 예를 들어, 황산성 전 환경부장관이 국회답변 도중 바지주머니에 손을 넣은 사진이나 박양실 전 보사부장관이 국무회의에서 신발을 벗고 앉아있는 사진 등이 당시 언론에 보도되면서, 해당 이슈보다도 이들의 '여성답지' 못한 몸가짐이 언론의 주목을 받기도 했다. 또한 박근혜 전 대통령의 경우 해외순방이나 휴가 등에서 입었던 옷차림이 늘 언론의 관심대상이 되었던 것은 이전의 남성 대통령의 보도에서는 찾아볼 수 없었던 현상이다.

인 단서로 표현되는 경우가 많다. 공적 영역에 진출한 여성이라 할지라도 그들이 어떤 직업에 종사하든, 어떤 이유로 뉴스의 대상이 되든지 성적 대상으로 간주되는 경향이 있다는 것이다(Kahn & Goldberg, 1991; 허명숙, 2007 재인용).[9]

이는 남성에 대한 보도에서는 거의 찾아볼 수 없는 보도태도로서, 언론이 전문직 여성과 전문직 남성을 각기 다른 잣대로 평가하고 있음을 보여주는 것이라 하겠다. 즉 여성의 경우에 공직자 또는 전문직업인으로서의 자질이나 능력 등은 일관성 있게 주변화 시키는 반면, 외모, 인간성, 여성다움 등과 관련된 측면에 비중을 두고 있다. 즉 전문성보다는 여성성을 부각시키고 정형화된 성별 이미지를 고착화시키고 있는 것이라 하겠다. 이로 인해 전문직 여성은 직업인으로서보다는 한명의 여성으로서 제시되며, 이는 여성의 사회진출에 장애로 작용하게 된다. 즉 희소성과 호기심으로 공적 영역의 여성을 다룸으로써 여성에게 공적 영역은 어울리지 않으며 익숙하지 않은 영역이라는 시각을 드러낸다. 이와 같이 뉴스에서 재현되는 공적 영역의 여성에 대한 이미지는 남성의 시선에 의해 혹은 가부장적인 사회질서에

9 미디어에서 여성의 성적 대상화는 장르에 관계없이 나타나고 있는 문제라 할 수 있지만, 그것이 남성적 영역인 경우에는 여성의 성적 대상화가 특히 노골적으로 나타난다. 즉 남성 영역에 여성이 등장할 때는 남성 주체의 욕망의 대상으로 객체화되는 경향이 강화된다. 대표적인 예로 스포츠 신문을 들 수 있다. 스포츠 신문은 일종의 남성 신문으로서 남성의 시각에서 다루어진다. 스포츠 신문 혹은 일반 신문의 스포츠 섹션에 등장하는 여성은 연예인이든 운동선수이든 자신의 분야에 관계없이 외모에 초점이 맞추어지거나 성적 대상으로 재현되는 경우가 많다. 스포츠 신문에서 여성 연예인이나 운동선수의 몸매가 강조되는 사진이라든가 '화장도 못하는 여자, 축구 국가대표 심서연(《스포츠서울》, 2008.12.1)', '김연아, 올림픽 달굴 10명의 섹시스타(《스포츠조선》, 2010.9.6.)' 등과 같은 기사 제목이 그 예라 할 수 있다.

의해 구성되고 있으며, 이러한 뉴스를 통해 언론이 성역할에 대한 편견과 고정관념을 강화하고 있는 것이라 하겠다.

4) 여성이슈에 대한 뉴스보도

선행연구들은 언론에서 여성관련 뉴스의 비중은 매우 낮을 뿐만 아니라 가정·생활부문에 치중되어 있음을 밝히고 있다. 국내 일간지의 여성관련 뉴스를 분석한 한 연구는 여성뉴스의 약 80%가 여성·가정면에 배치됨으로써 여성과 다른 공적 영역들을 서로 분리하거나 무관한 것으로 다루어 여성문제를 고립화시키고 있음을 보여주고 있다(한국여성유권자연맹, 1994). 이는 신문에서 여성 섹션을 별도 배정하여 여성관련 정보, 육아, 미용, 패션, 식생활 등을 다루어왔던 것과 유사한 현상이라 볼 수 있다. 이러한 배치방식은 여성의 영역에 언론이 주목해주는 것으로 볼 수도 있지만, 그보다는 여성의 관심사를 사적 영역에 한정하고 있다는 점에서 성역할 고정관념을 반영하는 것이라고 할 수 있다.

한편 언론이 여성의 인권, 환경, 소비자 등 본격적인 여성이슈를 뉴스로 다루기 시작한 것은 1990년대 이후이다. 여성이슈 보도에 대한 기존 연구들은 뉴스가 여성이슈를 심층적이고 깊이 있게 보도하기 보다는 단편적이고 일회적인 사건사고 위주의 보도에 치중하고 있으며, 이로 인해 여성이슈를 중요한 사회적 의제로 환기시키거나 문제의식을 제기하지 못하고 있다는 비판을 하고 있다. 이와 관련, 언론은 역사적, 문화적 설명이 필요한 여성이슈를 단순히 드러난 사실과 사건중심으로 보도하여 수용자의 오해를 부추기거나, 스트레이트성으로 다루면서 충격성과 선정성에 주목하고, 민감하고 복잡한 여성이슈를 남녀 대결구도의 프레임으로 보도함으로써 남성들의 거부감과 반발을 자극한다는 문제가 있다(유선영, 2003). 이는 언론이 여성이슈를 상업적인 가치로 판단함으로써 이슈를 일회적이고 흥미로운 사건으로 처리하여 오히려 여성이슈에 대한 잘못된 편견과 왜곡을 불러일으키고 있는 것이라 할 수 있다.[10] 따라서 언론이 여성이슈를 단발적인 사건으로 단순화하고 축소시키기 보다는 사회구조나 문화적 배경 등 전체적인 맥락 속에서 보다 심도 있는 사회문제로 다룰 필요가 있다고 하겠다.

또한 성폭력이나 성매매 범죄와 같은 뉴스에서는 사건의 본질과 무관하게 피해자인 여성을 성적 대상화하는 선정적이고 성차별적인 보도태도가 종종 드러난다. 성매매 관련 뉴스를 분석한 연구에 따르면, 성매매 뉴스는 성매매산업에 대한 비판보다 은밀한 공간에서 벌어지는 성매매행위에 대한 관음적 호기심에 더 초점을 맞추고 있다는 것이다(홍지아, 2015). 이에 따라 성매매여성의 나이가 어릴수록, 성매매 행태가 변태적일수록 관심의 대상이 되며, 성매매여성은 성적 대상화됨과 동시에 범죄공간의 일탈되고 오염된 존재로 전시된다.

---

10 생리대 부가세 면제 이슈에 대한 보도에서 언론은 이를 공공적 차원의 모성보호의 측면에서 다루기보다는 생리대 가격인하 캠페인 등을 일회적인 이벤트로 보도하거나, '정부와 여성계의 맞대결', '생리대 부가세 논쟁 2라운드', '유아용 기저귀 면세도 대상, "전선" 확대', '생리대 과세공방', '재경부의 반박' 등의 표현을 통해 여성계와 정부의 대립과 충돌을 중심으로 극화하여 흥미위주로 보도하였다. 이러한 보도는 이슈의 원인과 배경이나 사회적 의미가 배제된 채 피상적인 접근을 통해 해당 이슈를 남성우월주의자와 여성이기주의자 간의 다툼과 같은 흥미진진한 구경거리로 전락시키고 있는 것이라 하겠다(유선영, 2003).

이러한 보도태도는 성폭력과 같은 여성이슈에 대한 뉴스에서도 유사하게 나타난다. 성폭력은 우리 사회의 젠더인식이나 구조에서 비롯됐음에도 불구하고 뉴스에서 성폭력은 일부 몰지각한 남성의 일탈적 행동으로 규정됨으로써 개인의 문제로 치부되는 경향을 보이고 있다. 언론의 성폭력 보도에 대한 연구들은 성폭력 뉴스에서 가해자 남성은 비정상적이고 병리적인 존재로 재현되어 젠더불평등에 따른 권력관계, 남성중심의 성문화 등 성폭력의 사회구조적인 원인에 대한 질문이 차단되고 있음을 지적하였다(김은경·이나영, 2015). 또한 성폭력 뉴스는 여성 스스로 경계하고 조심해야 할 개인적인 문제로 축소하고, '안전한' 공간에서만이 취약한 여성들이 보호받을 수 있다는 관념을 생산함으로써 여성들 스스로 자신을 규율하고 통제하는 효과를 야기한다는 것이다. 이러한 재현방식은 성폭력의 원인으로 피해자인 여성의 행태—예컨대, 노출되는 여성의 옷차림, 늦은 시간의 외출, 혼자 사는 여성 등—를 문제 삼거나 피해 여성에게 성폭력 유발의 책임을 돌림으로써 성폭력의 실제를 왜곡하게 된다. 아울러 육하원칙에 의거한 기사작성 관행은 성폭력 가해자인 남성이 언제, 어디서, 왜, 어떻게 범죄를 저질렀는가에 초점을 맞춤으로써, 사건의 본질과 무관한 피상적인 행태 위주로 보도하게 된다. 여기서 피해 여성은 수동적이고 일방적인 피해자로 전형화됨과 동시에 성적대상물로 나이, 외모, 성적 행위가 전시되는 모순적 상황에 처한다(홍지아, 2016).

이와 같이 성폭력 뉴스는 문제를 개인화할 뿐만 아니라 선정적인 측면에 초점을 맞춤으로써 성폭력의 본질을 희석시키고 2차 피해[11]를

11 2차 피해는 성범죄, 학원폭력, 인종차별 등 혐오성 범죄 전반에서 피해자가 겪는 부

가져오기도 한다. 2018년 초부터 사회적으로 중요한 이슈가 되었던 미투 운동[12]의 경우에도 언론의 무분별한 보도로 2차 피해가 야기되고 있는 것으로 나타났다.

이와 관련 미투 운동의 보도 실태를 분석한 한 연구는 다음 여섯 가지의 문제를 지적하고 있다(한국YWCA, 2018). 첫째, 피해자의 신상(실명, 직업, 활동내역, 배우자 등)에 대한 과도한 노출의 문제로, 피해자나 가족의 사생활은 알권리 대상이 되어서는 안 되고 언론은 피해자의 보호를 우선할 의무가 있다. 둘째, 가해자 편에 선 보도의 문제로, 가해자 입장에서 사건을 전달하여 가해자에게 감정이입을 하도록 유도하여 가해자에 대한 동정여론을 이끌고 있다. 셋째, 미투 운동에 대한 부정적인 묘사의 문제로, 미투 운동의 영향력과 익명성에 기대어 이를 악용하는 사례가 늘고 있다는 보도 등은 미투 운동을 인민재판과

정적인 처우를 아울러 일컫는 말이다. 한국성폭력상담소는 '성폭력 이후 사법기관, 의료기관, 가족, 친구, 언론 등에서 보이는 피해자에 대한 부정적인 반응으로 피해자가 입는 정신적·사회적·경제적 불이익이나 심리적 고통을 겪는 것'을 2차 피해라고 정의한다. 성범죄 피해자를 향해 '피해자에게 문제가 있거나 여지를 주었기 때문에 피해를 입은 것이다'라는 등의 잘못된 통념이 피해자들에게 큰 상처와 고통을 안겨주는 경우가 대표적이다(에듀윌 시사상식 2018년 04월호, http://100.daum.net/encyclopedia/view /201XXX1804004).

12 미투 운동(Me Too movement)은 미국에서 시작된 해시태그 운동으로, 2017년 10월 할리우드 유명 영화제작자인 하비 와인스타인의 성추문을 폭로하고 비난하기 위해 소셜 미디어에 해시태그(#MeToo)를 다는 행동에서 출발했다. 국내에서는 2018년 1월 29일 현직 검사 서지현이 JTBC 뉴스룸에 출연하여 검찰 내의 성폭력 실상을 고발하면서 미투 운동을 촉발시켰으며, 이후 각계각층으로 미투 운동이 확산되었다(https://ko.wikipedia.org/wiki/%EB%AF%B8%ED%88%AC_%EC%9A%B4%EB%8F% 99). 미투(Me Too)란 '나도 피해자다'라는 뜻으로, 성폭력 피해 경험을 공유하며 피해자들에게 '당신은 혼자가 아니며 우리는 함께 연대할 것'이라는 메시지를 전달한다는 의미가 있다.

마녀사냥으로 몰아가고 있다. 미투 운동에 대한 이러한 부정적인 보도는 피해자를 움츠러들게 하고 미투 운동의 의미를 폄하하는 것이라 할 수 있다. 넷째, 성폭력을 사소화하는 표현의 문제로, 중대한 범죄인 성폭력을 부도덕한 개인의 일탈로 축소시키고 있다. 다섯째, 선정성을 부각한 낚시성 제목의 문제로, 제목부터 선정적인 내용을 연상시키며 독자들의 클릭을 유도하고 있다. 여섯째, 성폭력 상황을 필요 이상으로 상세하게 보도하거나 선정적으로 표현하는 문제로, 피해자가 서술한 성폭행 장면을 걸러냄이 없이 그대로 묘사하고 있다. 이러한 자극적이고 선정적인 보도로 인해 2차 피해를 낳고 있다. 이러한 문제에 비추어 볼 때, 언론은 미투 운동이 개인들의 폭로전이 아니라 일상적인 성폭력을 묵인하고 방조해온 사회구조에 대한 고발이란 점을 상기하고, 우리 사회의 남성중심적 문화와 가부장적 시선을 점검하고 성 평등 관점에서 젠더 폭력의 구조적 원인을 밝히는 데 중점을 둘 필요가 있는 것으로 보인다.

마지막으로, 90년대 이후 성장한 대중주의 저널리즘에서 여성관련 보도의 변화에 대해 짚어보고자 한다. 언론이 시장 지향적, 수용자 지향적인 특성을 보이는 대중주의 저널리즘으로 방향을 선회하면서 여성의 관심사나 여성 영역을 주류화하는 경향을 보이고 있다. 대중주의 저널리즘은 객관주의나 추상주의와 같은 전통적인 뉴스가치 기준이나 저널리즘 관행을 지양하고, 마케팅 전략에 의해 대중의 필요와 욕구를 반영하여 대중이 익숙하고 이해하기 쉬운 방식으로 뉴스를 만들고 있다(유선영, 2002b). 이에 따라 뉴스의 주제영역에서 여성영역, 남성영역의 구분이 사라지고 주변적이던 연성뉴스가 중심으로 편입됨으로써, 기존에 여성적이라고 폄하되었던 영역들을 뉴스로 취급하는 경향이 증가하고 있다. 때로는 언론에서 대담하고 파격적인 여성이슈들이 다루어지는 것도 종종 볼 수 있다.

그러나 이러한 언론의 변화가 여성관련 뉴스에 대한 보도에 있어서 근본적인 변화를 보인 것이라고 보기는 어렵다. 언론의 대중지향적인 태도는 채널 증가로 인한 매체 간의 치열한 경쟁에서 비롯된 것이며, 여성관련 뉴스의 증가 역시 여성 소비자가 미디어의 소비자로서 대거 진입한 현실적인 변화에 부응한 것이라 할 수 있다. 이는 앞서 살펴보았듯이 여성 관련 뉴스가 증가된 만큼 언론에서 여성이슈를 다루는 방식은 크게 나아진 점이 없다는 점에서 찾아볼 수 있다. 즉 뉴스에서 여성이슈의 보도방식은 여성주의적 관점에서 진지한 사회적 문제로 다루어지기보다는 선정주의를 통해 수용자를 확보하기 위한 전략적 성격이 더 큰 것으로 보인다. 이렇게 볼 때, 대중주의의 표방 아래 여성에 대한 뉴스는 상업적으로 포장된 피상적인 유사 페미니즘을 유포하고 있는 것은 아닌지 점검할 필요가 있다고 하겠다.

제4장

드라마

1. 드라마의 특성과 이데올로기

드라마는 중요한 텔레비전 장르의 하나로서 프라임타임대에 편성되어 시청률 경쟁의 중심이 되고 있다. 시청 선호도가 높은 드라마는 우리 주변에서 일어나는 이야깃거리를 제공하는 일상적인 스토리텔러로서 시청자들에게 공통적 정서를 형성하고 가치관에 영향을 미치기도 한다. 즉 드라마는 허구적 구성물이지만, 일상적인 소재를 다루고 리얼리티를 높여주는 다양한 서사적 장치를 통해 시청자를 몰입시킴으로써 강력한 사회화 도구로서의 역할을 한다. 드라마의 이러한 흡입력으로 시청자의 반응 혹은 관여가 확대되어 때로는 시청자가 드라마 내용에 적극적으로 개입하는 현상이 나타나기도 한다. 시청자는 드라마를 자신이 살아가는 사회적 조건의 일부로 인식하면서 적극적인 반응을 보이기도 하는데, 이는 드라마 시청이 단순히 개인적인 소비로 그치는 것이 아니라 사회적 시청으로서 공동의 이슈를 형성하고 여론화 과정을 촉발하는 등 그 사회적 영향력이 매우 크다는 점을 보여주는 것이기도 하다.

이와 같이 드라마는 우리 삶의 의미와 가치에 영향을 미치는 중요한 역할을 함에도 불구하고 종종 저급한 오락으로 치부되는 경향이 있다. 특히 드라마의 반복적이고 유사한 갈등구조나 상호 모방, 그리고 흥미를 최대화하기 위한 과장이나 자극적인 소재, 개연성 없는 스토리텔링 등은 드라마의 질적 저하에 대한 비판의 중심이 되기도 한다. 소위 '막장드라마'로 불리는 드라마들은 저급한 감수성을 자극하거나 남의 불행 엿보기를 통한 부정적 카타르시스 또는 현재의 불만족스러운 삶으로부터의 현실도피를 조장한다는 비난을 받기도 한다.

그러나 드라마는 우리의 일상의 삶과 근접해 있다는 점에서 친밀감을 형성하고, 때로는 우리가 현실에서 경험할 수 없는 일들을 간접 경험하게 함으로써 판타지와 대리만족을 제공하기도 한다. 이러한 과정에서 드라마는 단순히 즐거움을 제공하는 데 그치는 것이 아니라 우리 사회의 규범과 가치들을 규정하고 재생산하는 데 일조한다. 이는 드라마가 갖는 이데올로기적 역할과 관련되는데, 즉 문화산업의 상업주의 논리로부터 자유로울 수 없는 텔레비전 드라마는 가능한 많은 시청자를 확보하기 위해 사회의 지배적인 가치를 담아낼 수밖에 없다. 하나의 문화상품으로서 텔레비전 드라마가 갖는 상업성과 이데올로기적 작용은 다음과 같은 드라마의 서사구조의 특성을 통해 살펴볼 수 있다(김훈순, 2013). 첫째, 최소 비용으로 최대의 효과를 얻기 위해 동일한 배역과 무대장치를 계속 사용하는 연속극 형식을 갖는다. 둘째, 보편적인 정서와 가치에 부합하는 소재와 주제에 호소한다. 셋째, 이질적인 시청자를 최대한 확보하기 위해 예측 가능한 단순하고 보편적인 이야기 구성과 정형화된 인물을 선호한다. 넷째, 도식적인 이야기와 동일한 배역, 단조로운 무대장치로 인한 긴장감의 결여를 보완하고 시청자의 흥미를 끌기 위한 서사장치들을 사용한다. 예를 들어 개성적이고 호소력 있는 배역을 볼거리로 등장시키거나, 많은 등장인물들을 통해 그들의 상호관계나 갈등을 강조한다.

이와 같이 문화산업으로서 최대의 이윤을 얻기 위해 보편적인 소재와 이야기구성을 채택하는 드라마의 서사구조는 사회 공동체의 지배적이고 선호하는 가치를 재생산하게 된다. 또한 시청자는 드라마에서 보여지는 현실과 동떨어진 허구적인 세계의 이미지를 보편적인 현실로 수용함으로써 현실세계에 대한 올바른 인식과 사회적 비판능력을 상실하게 될 수 있다(김훈순, 2013). 이러한 드라마의 사회적 기능은 궁극적으로 기존질서에 순응하는 것으로 보수적이며 안정 지향적인 체제유지에 기여하는 것이라 할 수 있다.

2. 드라마와 젠더

텔레비전 드라마는 여성들이 가장 선호하는 장르로서 대표적인 여성장르라 할 수 있다. 페미니스트 미디어 연구자들은 텔레비전의 여러 장르들 중에서도 특히 드라마를 중요한 연구대상으로 삼아왔는데, 그것은 드라마의 주요 시청자가 여성일 뿐만 아니라 여성이 가장 빈번하게 표상되는 장르가 드라마이기 때문이다. 즉 여성들의 삶을 주소재로 하고 다양한 여성상을 생산하는 텔레비전 드라마는 여성의 사회문화적 경험에 직접적 혹은 간접적으로 개입하면서 여성의 일상적 삶에 상징적 환경(symbolic environment in everyday life)을 제공한다(김훈순, 2003).

여성이 주시청자인 텔레비전 드라마가 구현하는 여성에 대한 담론은 여성의 경험과 현실을 이해하는 틀을 제공함과 동시에 여성의 정체성을 형성하고 여성으로서 살아가고 행동하는데 지표로 작용하기도 한다. 따라서 페미니스트 미디어 연구자들은 여성에 대한 담론을 생산하는 장으로서 텔레비전 드라마에 주목하고, 드라마에서 묘사되는 여성의 이미지나 여성의 재현방식 등에 관심을 기울여왔다.

1) 드라마 속 여성이미지

앞서 언급하였듯이, 텔레비전 드라마는 사회화의 도구로서 우리의 가치관과 행동양식에 영향을 미치며 이는 젠더의 영역에서도 예외는 아니라고 볼 수 있다. 따라서 텔레비전 드라마에 대한 많은 연구들은 드라마에서 성역할이 어떻게 재현되며 그 학습적인 효과는 무엇인가에 대해 관심을 가져왔다.

이러한 연구의 대부분은 드라마에서 여성이 어떻게 묘사되고 있는지에 집중되어왔는데, 서구에서는 1960-70년대 여성운동을 기반으로 등장한 자유주의 페미니즘 연구자들이 대중매체에서 표상되는 여성 이미지를 주요 연구대상으로 설정했다(김선남·정현욱, 1999). 이 시기에 미국 텔레비전 드라마를 중심으로 이루어진 여성 이미지에 대한 연구는 여성들을 정형화된 이미지로 묘사하고 있음을 지적하고 있는데, 즉 드라마 속 여성들은 감성적, 수동적, 의존적으로 묘사되어 주체적이지 못한 존재로 나타나고 있으며, 주로 가정 영역에서 가사와 육아를 담당하는 전통적인 여성상으로 묘사되고 있음을 밝혔다(Heath & Skirrow, 1977; Meehan, 1983). 그러나 1980년대 미국사회에서 기존의 가족 관계가 점차 해체되고 개인적인 사회적 성취가 중요해지는 사회 변화를 겪으면서 드라마에서 여성의 이미지도 달라지기 시작했다. 독신여성, 이혼여성 등 다양한 여성들이 표현되고 1990년대에는 전문직 여성들도 등장하였다(Press, 1991).

이와 같이 시대에 따라 드라마에서 묘사되는 여성상의 변화가 있었다하더라도, 서구의 연구결과들(Baehr & Dyer, 1987; McNeil, 1975; Seggar, 1975 등)은 텔레비전에 나타나는 여성상 및 여성의 경제적·사회적 지위를 다음과 같이 요약하고 있다(한국여성개발원, 1996). 첫째, 등장인물에서 여성의 비율은 남성보다 낮고 특히 주요 역할에서 남성의 비율이 높다. 둘째, 여성이 남성보다 더 젊게 나온다. 셋째, 여성은 기혼자로서의 위치가 더 명백히 묘사되지만 남성은 결혼여부가 모호하게 나타나는 경우가 많다. 이는 여성이 남성에 비해 전통적인 가정적 역할로 그려진다는 것을 보여준다. 넷째, 남성은 여성에 비해 더 많이 직업을 가진 것으로 나타나고, 직업을 가진 여성도 일에 대한 열망보다 개인적인 문제에 관심을 두는 것으로 그려지는 경향이 있다. 혹은 가정과 직장의 일을 완벽하게 수행하는 슈퍼우먼이 등장하는 경우도 많은데, 이는 일반 여성들에게 비현실적인 결핍감을 줄 수 있다. 또한 여성은 전통적인 여성 직업에 종사하며 지위도 남성보다 낮은 것으로 나타났다. 다섯째, 여성은 문제해결에 있어 타인에게 의존하는 수동적인 인물로 묘사되며, 남성에게 의존하고 운명에 순종하는 나약한 인간으로 그려지고 있다. 반면 남성은 독립적이고 합리적이며 야망이 있으며 여성보다 지적 수준이 높은 것으로 묘사된다. 여섯째,

여성의 성에 대한 왜곡이나 폭력적 요소의 문제가 있다. 여성은 종종 자신의 성취나 권력을 위해 직간접적으로 성을 도구화하는 것으로 묘사된다. 또한 여성의 성적 권리가 무시되고, 여성에 대한 언어적, 성적, 신체적 폭력 등이 빈발하여 여성이 상품화된다. 일곱째, 여성운동이 제대로 조명되지 못하고, 오히려 여성 운동가의 분노에 초점을 맞추는 등 감정적 여성 집단의 이미지를 강화하는 경향이 있다.

이와 같이 서구의 연구결과를 통해 텔레비전 드라마가 여성의 역할과 이미지를 정형화시키고 있음을 알 수 있는데, 국내에서도 1980년대 이후 드라마에 나타나는 여성상에 대한 연구들이 이루어져왔다. 초기 국내 연구들은 드라마에서 표상되는 여성의 이미지와 역할에 대한 연구에 집중하여 주로 내용분석 연구, 수용자와 효과연구를 수행하였다. 1990년대까지 국내 드라마에서 여성은 의존적, 순종적, 수동적, 희생적인 존재로서 전통적인 여성상으로 그려지며, 남성에 비해 나이가 젊은 여성이 많고, 주로 전업주부로 등장하면서 가정을 지키는 전통적인 성역할을 수행하고 있는 것으로 나타났다(남명자, 1984; 송유재, 1990; 이경자, 1986). 여성의 직업과 관련해서는 주로 무직이나 비전문 직업인으로 등장하고 교육수준이나 사회적 지위가 남성보다 낮은 것으로 묘사되었다(고찬희, 1984). 또한 사회적 변화와 함께 여성의 취업이 증가하고 사회적 역할이 강화되는 현실과는 달리 드라마 속 여성들은 가족 내 역할과 현모양처상이 강조됨으로써, 텔레비전이 다양한 여성의 현실을 반영하지 못하고 성별분업의 구조를 재생산하고 있는 것으로 나타났다(최상진, 1995).

1990년대 이후의 연구들에서도 드라마의 여성 이미지는 여전히 가부장적인 고정관념을 드러내고 있지만, 여성 직업의 묘사에는 변화의 양상을 보이기 시작했다. 1990년대 중반의 드라마를 분석한 연구(김명혜·김훈순, 1996)에 따르면 여성 등장인물의 절반 정도가 대학졸업의 고학력자이며 직업을 가지고 있고, 상당수의 여성이 여성적 직업 외에 디자이너, 의사, 교수, 변호사 등의 전문직에 종사하는 것으로 등장하여 여성의 직업이 다양하게 나타났다. 또한 2000년대 상반기의 드라마와 시트콤을 분석한 연구(강익희·하윤금, 2001)에서는 텔레비전에서 여성 전문가는 실제보다 3배, 서비스 종사자는 6.5배 많은 반면 사무직 종사자는 실제보다 2.5배 적게 등장한 것으로 나타나 드라마가 여성 전문가를 과장해서 보여주는 등 현실의 여성을 제대로 반영하지 못하는 있는 것으로 나타났다. 이러한 연구들은 드라마에서 사회변화를 반영해 직업여성을 보여주는 횟수가 증가했지만 여전히 여성은 독립적인 주체이기 보다는 가정이나 남편을 더 중요하게 생각하는 존재로 묘사되고 있음을 비판하였다.

한편 1990년대 중반부터 국내의 여성이미지 연구는 양적 연구에서 나아가 구조주의 기호학, 정신분석학, 포스트모더니즘 등의 다양한 이론적 틀을 통해 드라마에서 여성에 대한 성차별적인 이미지가 어떻게 생산되고 의미를 갖게 되는지에 관심을 가지게 되었다. 이러한 연구들에서 미디어의 재현은 의미를 선택하고 부여하는 능동적 과정으로서, 미디어에 재현된 여성이미지를 구성된 문화적 의미체계로 보고 미디어가 어떻게 젠더차이를 재현하는가에 주목한다(김훈순, 2013). 이러한 연구경향의 예로서, 1990년대 중반 국내 지상파 드라마에 대한 서사분석을 시도한 한 연구는 드라마에서 여성상의 의미와 가치를 부여하는 서사전략을 살펴보았다(김훈순·김명혜, 1996). 그 결과 드라마의 주요 서사전략으로서 선택과 배제전략, 권력부여 전략, 대리인 전략, 폄하전략 등 네 개의 가부장적 서사전략을 밝히고 있다. 선택과 배제전략은 남성이 여성에 대해 권한을 갖는 것으로, 남성 주인공에 의해 순종적이고 희생적인 가부장적 여성이 선택되고 강하고 주체적이며 목표의식이 뚜렷한 여성은 거부되고 배제된다. 권력부여 전략은 가부장적인 전통적 지배가치를 지닌 여성인물에게 권력을 부여하는 것으로, 가정의 행복과 안정을 위해 자신을 희생하는 여성을 이상적인 여성으로 규정함으로써 가부장적인 전통가치를 지지하게 된다. 대리인 전략은 가부장제의 대리인으로서 여성을 내세우는 것으로, 이러한 대리인으로서 시어머니, 나이든 할머니들이 드라마에서 현명하고 지혜롭게 그려진다. 폄하전략은 가부장적인 질서를 위협하는 여성을 어리석고 유아적으로 그리면서 이런 문제를 해결하는 남성과 대비시켜 부정적으로 묘사한다. 이러한 서사전략을 토대로 드라마는 사회의 지배적 가치체계인 가부장적 사회질서를 재생산하고 이를 자연화하는 이데올로기적 작용을 하는 것으로 나타났다.

또한 드라마 〈파리의 연인〉의 서사구조와 캐릭터 분석을 통해 신데렐라 콤플렉스의 문제점을 살펴본 연구(김명혜, 2004)는 시대의 변화에도 매력적인 외모의 착한 여자, 낮은 사회적 지위 등 신데렐라의 품성은 변화되지 않았으며, 현실적인 계급 불평등을 로맨스로 봉합하려는 신데렐라 스토리는 시청자들에게 대리만족의 판타지 기능을 수행하고 있음을 밝히고 있다.

이렇게 볼 때 드라마 속 여성 이미지는 전통적인 여성상과 가부장적인 성역할이 여전히 중요시되는 것으로 보인다. 물론 사회가 변화하면서 드라마의 여성이미지에도 변화가 나타나고 있기는 하지만, 그것이 여성의 현실을 제대로 담아내고 있는 것인지 또는 이러한 변화가 어떤 사회적 의미를 갖는 것인지에 대한 성찰이 필요하다.

2) 사회변화에 따른 드라마 속 여성상 그리고 남성상

(1) 드라마 속 여성상의 변화

텔레비전 드라마가 시작된 초기부터 여성들의 삶을 소재로 한 다양한 드라마들이 제작되었는데, 드라마 속 여성상은 시대의 흐름에 따라 변화를 겪어왔다. 드라마에서 여성이 삶이 드라마의 소재가 되기 시작한 것은 1970년대라고 할 수 있는데, 이 시기에는 한국전통의 여인상을 주인공으로 하여 자기희생을 미덕으로 삼고 운명에 순응하는 순종적이고 순애보적인 여성상이 대표적이었다(예를 들어, TBC 〈아씨〉, KBS 〈여로〉). 1980년대에는 가부장적 제도가 흔들려가는 시대상과 함께 전통에 순응하지도, 완벽하게 독립적이지도 못하는 이중적이고 모순된 여성상이 등장하기도 하였고(예를 들어, MBC 〈사랑과 야망〉), 1990년대에는 당차고 씩씩한 여성상(예를 들어, MBC 〈아들과 딸〉, SBS 〈모래시계〉)이 등장하면서 여성의 사회활동 참여욕구를 반영하기도 했다.[1] 그러나 1990년대까지 텔레비전 드라마에서 묘사된 여성은 전통적인 여성상이 지배적이며 사적인 관계에 주로 몰입하는 것으로 나타났다.

2000년대에 들어서면서 우리사회가 여성의 교육수준 향상과 사회진출 및 경제활동 참여율의 증가 등 급격한 변화를 겪으면서 드라마

1 윤진석(2015), 드라마 여성 캐릭터 변천사. http://www.everynews.co.kr/news/articleView.html? idxno=28975

의 여성상에도 많은 변화가 나타나기 시작했다. 여성 중심의 사극(예를 들어, MBC 〈대장금〉, 〈선덕여왕〉, 〈동이〉)이나 여성 직장인이 주인공으로 등장(예를 들어, KBS 〈직장의 신〉)하면서 사회적인 성취와 더불어 보다 주체적인 여성상이 나타났다. 특히 이 시기의 드라마에는 가부장적 질서에 저항하는 여성들이 주인공으로 등장하기도 하였는데, 예를 들면, 여성들 간의 연대 혹은 자매애를 보여주는 여성들이나 자신의 성적인 욕망을 드러내는 여성 또는 전통적 가족형태가 해체되고 여성들이 남성의 개입 없이 주체적으로 행동하는 대안가족의 여성 그리고 전문직 여성으로서 일에 대한 열정을 보여주는 여성 등이 여주인공으로 등장하였다(김훈순·김미선, 2008).[2] 또한 금기된 사랑에 대한 도전이나 기존의 성, 사랑, 결혼의 전통적인 관계를 해체하고 순결이데올로기를 폐기하는 등 여성의 성에 대한 관점에 있어서도 새로운 시도들도 나타나고 있다.

이러한 변화는 우리사회에서 이혼율이 증가하고 가족형태가 다양해지며 직업을 갖는 여성들이 늘어남에 따라 여성 등장인물들의 유형도 달라지고 있음을 보여주는 것이라 하겠다. 이러한 새로운 여성인물들의 등장은 기존의 남성 중심적 고정관념에 역행하는 담론들을 보여줌으로써 드라마에서 다양한 그리고 대안적인 여성상을 제시한다는 점에서 의미가 있다. 특히 적극적이고 진취적인 사회활동을 하는 여성 주인공들의 등장은 그동안 드라마에서 보여주었던 전형적인 여성상에서 탈피하여 자신의 일을 삶에 주요 부분으로 인식하면서 적극

2 김훈순과 김미선의 연구는 30대 미혼여성을 주인공으로 그린 2000년대 드라마들을 대상으로 하였는데, 이러한 드라마의 사례로서 MBC 〈결혼하고 싶은 여자〉(2004), 〈내 이름은 김삼순〉(2005), 〈여우야 뭐하니〉(2006)를 들고 있다.

적으로 고민하고, 여성의 영역을 사적 영역에서 나아가 공적 영역으로 확장시키고 있음을 보여주고 있다.

이와 같이 사회가 급격한 변화를 겪으면서 기존의 정형화된 성역할 개념에 대한 사회적 인식도 점차 변화되고 이에 따라 드라마의 여성상에도 변화를 가져왔다고 할 수 있다. 그러나 이러한 변화와 동시에 드라마가 여전히 여성을 정형화하고 가부장적 가치를 재생산하고 있다는 비판도 함께 제기되고 있다. 예를 들어 변화된 여성상의 대표적인 이미지로서 진취적이고 적극적인 여성주인공을 들 수 있는데, 이와 같이 목표의식이 뚜렷하고 주체적인 여성인물의 특성은 종종 가족의 화합을 해치는 갈등요인으로 작용하는 것으로 묘사된다. 이때 갈등해결은 가족구조와 가부장적 이데올로기의 변화를 통해서가 아니라 여성주인공의 적극적이고 진취적인 개성을 부정함으로써 해결되는 것으로 그려진다. 또한 가족드라마에서 모성을 강조하고 가부장적 가치에 복종하던 중년 여성이 가부장제 권위의 허상을 깨닫고 결혼생활에 반기를 드는 모습이 묘사되더라도, 이러한 여성인물의 모습은 종종 희화화됨으로써 주체적 여성의 성장과정의 의미가 희석되기도 한다(김민정, 2001).[3]

그리고 여성의 취업이 늘어남에 따라 드라마 속 여성인물의 사회적 활동에 대한 묘사도 증가하고 있는데, 드라마의 주요 여성인물들이 예전보다 직업상의 상승은 있지만 대부분 부도덕하고 권력을 휘두르는 여성 CEO라든가, 여성들 간의 갈등을 일으키거나 자신의 능력

3 이러한 드라마의 예로서, MBC 〈아줌마〉(2000), KBS 〈엄마가 뿔났다〉(2008), SBS 〈인생은 아름다워〉(2010) 등이 있다.

과 관계없이 가문의 대를 잇는 여성기업인 등이 대부분으로서 역할의 한계는 여전한 것으로 나타났다(한국여성민우회, 2010). 또는 드라마가 전문직 여성을 주인공으로 설정하더라도 감정적으로는 미숙하고 보살핌이 필요한 인물로 묘사하고 있으며, 남녀관계에서는 남성 중심적 사랑관과 결혼관을 여전히 고수함으로써 기존의 여성상을 답습하고 있었다(김훈순·김미선, 2008).

이렇게 볼 때, 2000년대 이후의 드라마들은 전문직 여성, 이혼녀, 미혼모, 연상녀·연하남 커플, 30대 미혼여성 등의 다양한 인물들이 등장하면서 전통적인 고정관념에 대항하는 보다 독립적이고 주체적인 여성상이 나타나고 있지만, 기존의 정형화된 성역할도 여전히 보여주고 있는 것으로 보인다. 즉 전통적인 여성상과 현대적인 여성상이 복합적으로 나타나는 과도기적 양상을 보임으로써, 기존의 남성 중심적 특성이 유지되면서 이에 갈등하고 대립하는 저항적 여성 담론이 공존하고 있음을 알 수 있다(김순기·홍종배, 2014).

이와 같이, 드라마의 여성상이 사회변화와 함께 달라지고 있지만 이와 더불어 가부장적인 성역할 역시 여전히 강조되고 있으며, 이러한 현상은 오히려 여성에게 이중적인 억압으로 작용하기도 한다. 앞에서 살펴보았듯이 여성의 사회적 진출의 확대와 함께 드라마에서 직업을 가진 여성이 많이 등장하고 있으나, 이들은 동시에 가정의 일과 역할도 완벽하게 수행하도록 요구됨으로써 슈퍼우먼 콤플렉스를 조장하는 경우가 그 예라 할 수 있다. 또한 앞서 연구사례들에서 보았듯이 드라마에서 전문직 여성들의 등장이 급속하게 증가하고 있지만, 이들은 '무늬만 전문직'으로서 인물의 배경이나 화려한 겉모습을 보여주는 장치일 뿐 대부분 직업의식이 결여되어 있고 남성의 사랑을 추구하는 것이 더 중요한 목표가 되고 있는 경우가 많은 것으로 나타났다. 따라서 최근 텔레비전 드라마에서 나타나는 새로운 여성의 모습이 기존의 가부장적 통념을 바꾸는 것인지는 생각해볼 필요가 있다고 하겠다. 즉 이러한 변화가 본질적인 젠더인식의 변화라기보다는 사회의 새로운 흐름에 적극적으로 부응하는 미디어의 상업적 의도일 수 있다는 점을 간과해서는 안 될 것이다.

(2) 드라마 속 남성상의 변화

한편, 드라마가 재현하는 여성상에 대한 연구들과 함께 남성상에 대한 논의도 이루어져왔다. 그러나 미디어에서 재현하는 성별 이미지나 성역할에 대한 연구는 여성운동의 성장과 함께 이루어지면서 주로 여성에 초점이 맞춰져 왔던 것이 사실이고, 남성성에 대한 연구는 훨씬 뒤늦게 주목받았다. 남성성이 학문적, 대중적 관심을 받게 된 것은 1997년 경제위기와 함께 가장이자 경제부양자로서 남성의 정체성이 흔들리게 되면서 '남성성의 위기' 차원에서 시작되었다(김수아·최서영, 2007). 이에 따라 국내에서 미디어가 재현하는 남성성 및 남성이미지에 대한 연구는 2000년대 이후에 본격화되었다.

전통적인 남성성의 이미지는 산업화 이후 노동생산의 주체로서 남성의 생계부양과 여성의 자녀양육 및 가사라는 성별분업에 따라 구성되어왔다. 국내에서는 근대화 과정을 거치면서 가족 부양자인 가장으로서의 정체성이 남성성의 중요한 요인이 되었으며, 여기에 유교적인 가부장 문화의 영향으로 책임감, 체면, 엄격함 등의 특성이 남성성의 주류를 형성하게 되었다(조한혜정, 1993). 그러나 탈산업사회로 들어서면서 가족과 직업체계의 변화, 여성운동에 따른 젠더 개념의 변화와 더불어, 특히 앞서 언급한 1997년 경제위기 이후 공적 영역에서 사적 영역인 가정으로 남성들의 유입이 생겨나면서 부성애 담론, 남성 위상의 변화 등 새로운 사회적 현상이 나타남에 따라 남성성도 달라지고 있는 것으로 보인다.

2000년 이후 드라마 속 남성성의 변화를 살펴본 한 연구는 남성성의 변화를 다음과 같이 밝히고 있다(이화정, 2013). 남자 주인공의 연령이 30대 이상이며, 미혼 남성이 증가하였으며, 여성을 남성과 동등하게 보거나 남녀의 역할구분을 두지 않고, 자신의 몸을 치장하는 남성성이 증가하였고, 또한 문제 발생 시 타인에게 의존하고, 타인과의 관계에서 수동적인 남성상이 증가하였다. 그러나 남성의 직업과 경제적 수준, 성격과 성의식에는 변화가 없었다. 이러한 연구결과는 남성상의 많은 부분에 변화가 있었으나 남성상이 보다 양성화된 형태로 나타나고 있음을 보여주는 것이라 하겠다.

이와 같이 2000년대 들어 미디어에서 재현되는 남성상에 대한 논의들에 의하면 사회변화를 반영함과 동시에 전통적인 남성성이 여전히 공존하고 있음을 발견할 수 있다. 국내 인기 드라마의 남성성을 살펴본 한 연구는 드라마에서 이상적인 남성상이 자수성가형 성공자에서 재벌 후계자로 변모되어 왔으며, 남성이 가계 부양자로서 능력을 갖추어야 한다는 전통적인 남성성은 크게 달라지지 않았음을 지적하고 있다(이해년, 2006). 남성 전업주부의 이야기를 다룬 드라마 〈불량주부〉를 다룬 연구에서는 남녀 성역할의 전도를 통한 탈가부장적 이데올로기가 내포되어 있음을 밝히면서, 가장으로서의 권위적인 남성성에서 벗어나 동반자적 부부관계와 자녀와의 감정적인 유대관계를 갖는 새로운 남성성을 구축하고 있지만 이것을 가부장적 질서의 해체

징후로 보는 것은 위험성이 있다고 언급하였다(최현주, 2008). 텔레비전에 재현된 새로운 남성성에 대한 또 다른 연구는 그동안 가부장제가 지지하는 지배적인 남성성, 이상적인 남성다움을 재현해오던 텔레비전이 탈권위적이고 감정표현에 익숙한 아버지를 이상적으로 묘사함으로써 새로운 남성상을 제시하고 있지만, 남성들의 육아와 가사는 일종의 놀이로 구현됨으로써 이로 인한 여성들의 억압된 일상과 고통은 배제되는 한계가 드러났음을 밝히고 있다(김미라, 2014).[4] 이러한 연구들은 미디어가 사회적 변화에 따라 다소 달라진 남성상을 보여주고는 있지만, 여전히 지배적인 남성성을 재현하는데 충실하다는 점을 공통적으로 지적하고 있다.

그러나 최근에는 새로운 남성성의 출현을 상업주의 성장에 따른 것으로 보고, 소비자의 취향에 맞는 남성 이미지들이 구축되면서 과거와 달리 남성성이 '연성화'되고 있음을 설명하고 있다(Nixon, 1997). 이러한 현상은 연상연하의 커플이 등장하는 드라마에서 잘 드러나는데, 여기에서 연하의 남성주인공은 기존의 남성상과는 다르게 감성적이고 의존적이며 우유부단한 모습을 보여주는 반면, 연상의 여주인공은 모성애를 바탕으로 연하의 남성을 포용하는 모습으로 묘사된다. 남성이 연상이라면 전통적인 가부장적 질서가 작동하기 쉽지만, 연상연하 커플의 경우 남녀의 권력관계가 변할 가능성이 있다는 것이다(김훈순·김미선, 2008).

---

4 본 연구는 2013년부터 방송되었던 주말 예능프로그램인 MBC 〈아빠! 어디가?〉와 KBS 〈슈퍼맨이 돌아왔다〉를 대상으로, 전통적으로 여성의 역할로 규정되어온 육아와 가사에 도전하는 아빠와 아이들의 이야기를 소재로 하는 프로그램에서 재현하는 새로운 남성성과 이상적인 부성(fatherhood)은 무엇인지를 논의하고 있다.

미디어에서 이러한 새로운 남성상이 나타나는 것은 현실의 반영이라기보다는 남성이미지를 소비하는 여성 수용자들의 욕구가 표상된 것으로 볼 수 있다. 새로운 남성상은 마케팅 전략과 여성들의 욕망 그리고 서구화에 대한 열망으로 인해 만들어진 이미지로 해석될 수 있다는 것이다(김종덕, 2007). 특히 드라마는 여성이 주 시청자인 여성장르라는 점에서 여성에게 호소력이 있는 상품으로서 드라마 속의 남성은 여성 소비자에 의해 구현된 것이라 할 수 있다. 드라마에서 연하남의 등장이 증가한 것도 그러한 예라 할 수 있는데, 연하남의 등장은 여성들의 결혼연령이 늦어진 현실을 반영하는 것이기도 하지만, 젊음, 동안에 대한 선호 현상, 어린 사람과 사귀는 것이 능력으로 치부되는 상황 등이 연하남을 더 매력적인 존재로 만들고 여성 시청자의 판타지를 충족시켜 준다. 그러나 연상연하 커플 드라마에 대한 연구에 따르면, 연하남의 등장이 젠더 관계가 바뀐 것이라기보다는 판타지의 대상이 바뀐 것으로 볼 수 있으며, 이는 로맨스의 문법이 기존과 다르지 않게 묘사되는 점에서 찾을 수 있다(정지은, 2014).[5] 물론 연상연하 커플은 그 자체로서 전통적 성역할을 전복하려는 시도가 될 수 있지만, 드라마 속 커플은 가부장적 고정관념에 근거한 부모의 반대에 부

5 정지은(2014)은 로맨스 측면이 아닌 한 여성의 성장이란 측면에서 볼 때는 직업이나 자신에 대해 부정당하는 시련을 겪은 여성들이 스스로의 각성을 통해 자신과 직업에 대해 재인식함으로써 안정에 도달하고, 이러한 변화의 주체가 여성 자체였다는 점은 주목할 만하다고 언급한다. 그러나 이것 역시 주 시청층이 여성이란 점에서 비롯된 것으로 볼 수 있으며, 여성의 성공을 다루더라도 능력 있는 여성이 그에 못지않은 능력도 있고 재력도 갖춘 남성을 만난다는 판타지가 더 우위를 차지하고 있다는 점에서 여전히 젠더이데올로기가 유효하게 작용하는 것으로 볼 수 있다고 지적한다.

딪히게 되고, 남녀 주인공은 이에 저항하지만 드라마가 제시하는 행복한 결말은 전통적 남성성이 주는 안정에 편입하는 것으로 귀결된다는 것이다. 결국 이러한 로맨스 서사는 기존의 젠더 이데올로기를 재생산하는 것이라 할 수 있다.

유사한 맥락에서 드라마는 아니지만 남성 아이돌그룹에 대한 성인 여성 팬덤 역시 미디어가 재현하는 성역할의 변화와 새로운 남성성에 대해 시사해주는 바가 크다. 성인 여성 팬덤들이 남성아이돌의 이미지를 어떠한 방식으로 소비하는지를 살펴본 연구에서, 권위적이고 지배적인 전통적 남성성과는 달리 남성 아이돌은 무성성에 가까운 소년의 이미지를 구축하여 소위 '누나 팬'들로부터 보호받아야 하는 연약한 이미지(예를 들어, 샤이니)로 소구되거나, 신체노출이나 성적 함의가 분명한 동작 등을 통해 성적 대상화되는 남성 이미지(예를 들어, 2PM)를 소구요소로 삼고 있었다(김수아, 2011). 남성아이돌이 표출하는 보호본능 또는 섹스어필의 이미지는 기존의 남성성과는 다른 연성화된 남성 이미지를 보여주는 것이며, 탈 지배적이고 탈 전통적인 남성성의 징후로 읽을 수 있을 것이다. 그러나 남성아이돌의 성적 대상화나 여성 팬덤의 성애적 표현이 실제적인 사회적 관력관계와는 다르며, 전략적으로 아이돌 스타들에 의해 추동된 것이라는 점에서 여성아이돌에 대한 남성 팬덤의 경우와는 다르다는 점을 지적할 수 있다. 즉 남성의 성적 대상화와 여성의 성적 대상화는 양상이 같을 뿐이지 사회적 권력과 질서의 문제는 여전히 남아있다고 할 수 있다.

3) 드라마 속 신화들: 낭만적 사랑 이데올로기, 모성이데올로기

(1) 낭만적 사랑 이데올로기와 신데렐라 판타지

낭만적인 사랑과 결혼의 개념은 서구 근대사회에서 개인성(Individuality)의 발견과 공사영역 분리가 확고해짐에 따라 시작되었다고 볼 수 있다. 근대의 산업화로 인한 공사영역의 구분은 남녀의 성별분업을 강화하였고, 사랑과 결혼은 사적인 것으로서 여성의 의무영역처럼 인식되어왔다(이박혜경, 1998). 또한 근대에 이르러 결혼은 가족에 대한 통제로부터 비교적 자유로워지고 개인의 선택이 가능해지면서 남녀 간의 성애적 사랑이 중요하게 부상하였고 남녀 간의 사랑은 낭만화 되었다.

텔레비전 드라마에서 남녀 간의 사랑은 오랫동안 주요 소재로 자리잡아왔는데, 한국 사회에서도 근대 이후 낭만적 사랑과 결혼은 드라마의 중심적인 소재가 되어왔다. 사랑과 결혼을 소재로 하는 많은 드라마들은 행복한 삶을 위해 사랑이 필수적임을 강조하고 이러한 사랑은 대부분 결혼으로 이어진다. 드라마의 일반적인 해피엔딩은 사랑의 완성으로 그려지는 결혼으로 마무리된다. 뿐만 아니라 드라마의 조연들의 연애나 결혼도 종종 등장함으로써 결국 인간관계의 대부분을 남녀 간의 사랑으로 귀속시킨다.

드라마에서 낭만적 사랑을 묘사하는 데 있어 몇 가지 공식을 찾아볼 수 있다(한국양성평등교육진흥원, 2005). 첫째는 남성과 여성이 서로에게 끌리는 요인이 다르게 나타나는데, 남성은 능력, 여성은 외모가 그 요인이 된다. 드라마는 능력 있는 남성과 아름다운 여성의 결합을 통해 정형화된 사랑의 공식을 반복적으로 재현한다. 이는 예능 프로그램이나 광고 등 다른 텔레비전 장르에서도 쉽게 찾아볼 수 있는데, 여기에서 재현되는 남성의 경제적 능력을 통한 여성의 풍요로운 삶의 이미지는 낭만적 사랑과 결혼에 대한 판타지를 부추기며, 이러한 판타지는 여성 개인의 능력보다는 그녀의 애인(배우자)의 능력에 따라 여성의 사회적 위치가 결정되며, 능력있는 배우자를 만나기 위해 여성은 개인적 성취보다 외모가 더 중요하다는 잘못된 인식을 심어줄 수 있다.

둘째, 드라마에서 여성은 종종 일방적인 인내와 이해심이 요구된다. 소위 '착한여자 콤플렉스'를 조장하는 드라마의 순종적인 여성 캐릭터는 가부장제 사회가 선호하는 사랑스러운 여성의 모습이다. 남성 혹은 가족을 위한 희생, 순종, 인내 등을 미덕으로 갖춘 착한 여성들이 남성에게 사랑받는다는 이러한 공식은 씩씩하고 진취적인 삶의 태도를 가진 여성 인물에게서도 나타난다. 소위 '캔디렐라'[6]로 볼 수 있는 여성 인물들은 진일보한 여성의 모습을 보여주지만, 결정적인 순간에는 상대 남성의 입장을 먼저 배려하고 사랑하는 남자에게만큼은 약한 모습을 보여줌으로써 사랑을 얻게 된다.

셋째, 드라마에서 사랑받는 여성들은 종종 온실 속의 화초처럼 복잡한 사회의 현실을 철저히 외면한 채 바보스러울 정도로 사랑밖에 모르는 인물로 재현된다. 순진하고 유아적인 여성들, 그리고 그들을 극진히 보호하고 돌보는 남성이라는 설정은 낭만적 사랑을 묘사하는 방

---

6 캔디렐라는 캔디와 신데렐라의 합성어로, 전통적인 여성 이미지와는 달리 씩씩하고 당차며 자신의 일을 개척하고 적극적인 삶의 자세를 견지하는 캔디의 캐릭터와 부유한 남성을 만나 사랑하고 결혼함으로써 신분상승을 누리는 신데렐라가 조합된 캐릭터이다. 이러한 여성 캐릭터가 등장하는 드라마로는 〈파리의 연인〉(SBS, 2004), 〈내 이름은 김삼순〉(MBC, 2005), 〈커피프린스 1호점〉(MBC, 2007), 〈시크릿 가든〉(SBS, 2011), 〈최고다 이순신〉(KBS, 2013) 등이 있다.

식 중의 하나이다.

넷째, 드라마에서 능력 있고 적극적인 여성들은 성적 매력이 부족하거나 무언가 결핍된 냉정한 인물로 그려지곤 한다. 즉 순종적인 여성은 사랑받지만, 자기주장이 강한 여성은 갈등제공자로 표현되고 사회적인 일을 하는 여성은 억세고 모질게 묘사된다. 이는 일에 몰두하거나 자기주장이 뚜렷한 남성들이 긍정적으로 묘사되는 것과는 대조적이다. 물론 사회변화와 함께 드라마의 여주인공으로 전문직 미혼여성이 증가하면서 여주인공의 이미지가 다르게 그려지고 있다. 즉 이들은 미모와 젊음이라는 공식을 벗어난 평범한 직장 여성으로 자신의 일에 대한 열정을 가지고 있거나, 거칠고 과감한 모습을 보여주기도 하며, 때로는 성적인 욕망을 드러내기도 한다는 점에서 기존의 드라마들에서 나타난 전통적인 여성상과는 다른 면모를 보여준다. 그러나 이러한 여성들 역시 능력 있는 남성을 만나 선택받음으로써 가부장적 질서에 편입한다는 점에서 여전히 신데렐라 판타지를 충족시킨다.

다섯째, 이러한 낭만적 사랑의 공식들에 깔려있는 핵심적인 신화는 '남성에게 선택받지 못하는 여성은 불행하다'는 것이다. 즉 결혼하지 않거나 연애하지 않는 여성 혹은 남성의 선택에서 배제되는 여성은 불행하며, 결혼만이 여성의 행복을 보장한다는 이러한 신화는 결국 여성의 궁극적인 행복은 사회적 성취나 자아실현보다는 남성에게 사랑받는 것에 있음을 의미한다.

이렇게 볼 때, 가족관계의 변화나 여성의 지위향상과 같은 시대변화에 따라 드라마의 여성 캐릭터가 전통적인 가부장적 여성에서 나아가 캔디렐라 여성, 30대 전문직 미혼여성 또는 이혼녀, 미혼모와 같은 탈가부장적인 여성 등으로 다양화되었음에도 불구하고, 여전히 남성

주도적인 사랑과 결혼을 하고, 능력 있고 사회적으로 성공한 남성들의 선택을 받는 낭만적 사랑 서사는 시청자에게 대리만족과 신데렐라 판타지를 제공한다. 즉 드라마의 여주인공이 젊고 예쁘지 않은 평범한 여성이거나 전통적인 이미지와는 달리 씩씩하고 당차며 때로는 성적인 욕구를 표출하는 여성이거나 또는 낮은 계층 출신의 천방지축의 여성이라도 이들은 재벌 2세나 성공한 남성을 만나 사랑에 빠진다. 이 과정에서 남성을 일방적으로 사랑하는 상류층 여성의 방해를 받거나 남성의 부모로부터 시련을 받기도 하지만, 결국 여주인공은 모든 어려움을 극복하고 남성의 사랑을 받으며 결혼에 성공함으로써 가부장적 질서에 통합되는 것으로 귀결된다.

이와 같은 낭만적 사랑 이데올로기에 고착된 도식적인 신데렐라 서사는 능동적이고 주체적으로 삶을 개척하는 여성의 노력을 '신데렐라'로 폄하하거나 여성의 사회적 성공이 갖는 의미를 희석시키게 된다. 또한 여성의 성공을 다룬다 하더라도 그것은 여성의 독자적인 성취보다는 조력자들 특히 남성의 힘에 의한 것으로 나타나 온전한 여성의 능력이기보다는 능력 있는 남성과의 사랑에 부수적으로 얻어진 행운처럼 그려진다는 점에서 한계를 갖는다.

(2) 모성 이데올로기와 슈퍼우먼 콤플렉스

한국사회에서 모성에 대한 신화는 매우 확고하다. 모성은 본능적인 것으로서, 당연하고 자연스러운 것처럼 인식되고 있다. 그러나 모성은 하나의 사회적 구성물로서 여성의 역할을 규정짓고 제한하는 개념이 되어왔다. 모성은 여성의 출산과 수유 등 신체적인 특성과 밀접한 관련이 있지만, 사회적으로는 신체적 차원을 넘어 제도적, 상징적,

이데올로기적 의미를 지닌다. 즉 모성의 제도는 시간과 장소, 민족이나 인종에 따라 다른 형태로 존재할 수 있고, 모성의 의미는 특정한 시기나 환경에서 상징적으로 정의되며, 한 사회 안에서도 시기별로 다른 형태의 모성 이데올로기가 존재한다(Lerner, 1987/2004). 즉 모성은 시대와 사회문화적인 맥락에 따라 변화해왔다고 볼 수 있는데, 오늘날과 같은 모성에 대한 담론과 성별분업의 형태가 정착된 것은 근대화 과정 속에서였다. 근대화 과정에서 여성이 육아의 전담자로 규정되면서, 모성은 헌신과 사랑이라는 이름으로 여성의 욕구를 억누르게 하는 이데올로기적 장치로서 작동해왔다는 것이다(Chodorow, 1978/2008).

한국사회에서의 모성에 대한 담론 역시 근대화 과정을 통해 성립되었는데, 산업화 이후 여성이 노동시장에서 배제되면서 육아와 자녀교육에 몰입하는 모성실천이 강조되었다(윤택림, 2001). 또한 1990년대 이후 소비자본주의가 확산되면서 모성은 희생과 헌신을 넘어 과학적이고 전문화된 방식으로 자녀를 교육시키고 자녀의 미래를 관리하는 역할로 변모해 왔다(박혜경, 2010). 특히 출세가 교육과 밀접한 관련이 있는 한국사회에서 자녀교육을 담당하는 어머니의 역할은 더욱 커지게 되었고, 양육과 교육이 지속적으로 상품화, 과학화되면서 이를 효율적이고 체계적으로 활용하는 어머니들의 능력이 중요한 모성실천의 모습으로 나타나기 시작했다. 이에 따라 자녀 돌봄에 관한 주부의 책무는 경감되기 보다는 오히려 정교화하고 강화되었다.

한편 경제성장과 더불어 여성의 교육수준이 향상되고 사회진출이 늘어났으나 모성에 근거한 성별분업의 논리는 여전히 지속되면서, 취업주부들은 가정과 직장에서의 역할을 동시에 수행해야 한다는 이중

부담의 압박을 갖게 되었다. 이와 같이 한국사회에서 어머니노릇은 계속해서 비대화되었고 자아실현과 어머니노릇을 모두 완벽하게 수행하는 '슈퍼우먼'이라는 새로운 모성신화가 탄생했다(윤택림, 2001). 소위 슈퍼우먼 콤플렉스는 전통적인 여성의 역할을 그대로 유지하면서 공적인 영역에서의 역할도 동시에 완벽히 해내야 한다는 억압을 느끼는 것으로, 이를 수행하지 못하면 죄의식과 불안감을 갖게 되는 것을 말한다. 결국 모성 이데올로기나 슈퍼우먼 콤플렉스가 전제하는 것은 여성의 위치는 가정이며 가족을 돌보는 것이 여성의 일차적인 역할이라는 고정관념이라고 할 수 있다.

이와 같이 모성에 대한 신화는 성별 역할분담을 정당화하면서, 여성에게 자신의 행복보다 자녀의 행복이 우선하며 자녀를 애정과 헌신으로 돌보는 것이 타고난 본성으로 인식하게 하는 중요한 기제가 되고 있다. 텔레비전 드라마에서는 이러한 모성신화에 대한 서사를 양산하면서 이를 당연한 것으로 받아들이게 하고 있다. 드라마에서 모성 이데올로기가 구축되는 몇 가지 전형적인 법칙을 찾아볼 수 있는데 이는 다음과 같다(한국양성평등교육진흥원, 2005).

첫째, '어머니는 인내하고 봉사해야 한다'. 드라마에서 재현되는 '좋은 어머니'는 남편과 자녀에게 헌신적이며 희생적이다. 이들은 한국의 전통적인 어머니상으로 여겨지는 인물로서, 그러한 인물이 존경받고 사랑받는 어머니로 그려진다. 드라마 속에서 이러한 어머니는 자기 자신의 문제와 자식의 문제가 대립될 때 자신을 위한 선택을 하지 않고 자식을 위해 자신의 모든 불이익을 감수하는 것으로 묘사된다. 그리고 이러한 재현은 인물의 연령이나 학력, 사회적 지위, 개인적 성향이나 현실적 조건과 관계없이 나타나고 있다. 물론 현실 속의 어머니들도 자녀를 위해 무한한 헌신성을 발휘하지만, 현실의 어머니들은 자신이 원하든 원하지 않든 자신의 욕구와 희로애락을 표현하며 살아갈 수밖에 없다. 그러나 드라마 속의 어머니들은 지나치게 헌신적이며 초인적인 모습으로 그려지고 있으며, 이러한 재현은 현실의 어머니들이 이러한 역할을 제대로 수행하지 못할 경우 끊임없는 죄책감과 죄의식에 좌절하게 만든다.

둘째, '욕망을 드러내는 어머니는 위험하다'. 드라마에서 자신의 욕망에 충실한 여성을 발견하는 것은 쉬운 일이 아니다. 그런데 드물게 좋은 어머니와 훌륭한 아내로 살기보다는 자신의 욕망에 충실하려고 했던 여성들은 대부분 주변 인물들에게 비난을 받거나 불행한 결말을 맞이하는 것으로 묘사된다. 이들의 욕망은 전혀 존중받지 못하며 종종 철부지라든가 괴팍한 성격의 소유자로 그려진다. 어머니도 분명 욕망을 지닌 한 인간이자 여성이지만, 드라마에서 욕망을 지닌 여성들을 있는 그대로, 긍정적인 시각에서 보는 것은 매우 인색했으며 항상 부정적인 시선으로 재현되어왔다.

셋째, '어머니만이 여성으로 떳떳하게 세상에 존재할 수 있다'. 가부장제 사회에서 미디어는 출산을 못하는 여성을 결핍된 여성으로 단정한다. 드라마에서도 남성의 불임은 그다지 결정적인 결격사유로 다루어지지 않지만 여성의 경우 불임을 커다란 갈등의 요소로 부각시키며, 모성을 여성의 본능이자 고유의 능력으로 미화시키고 집착하도록 부추긴다. 모성과 연관된 역할을 부정하거나 모성의 의무를 방기하는 여성들은 불완전하며 결함이 있는 것으로 그려지거나 불행한 결과가 초래되는 것으로 묘사된다. 이러한 재현은 최근 사회문제가 되고 있는 저출산과 같은 문제도 사회구조적 원인이 큼에도 불구하고 여성들에게 책임이 있는 것으로 비쳐지게 할 수 있으며, 아이를 낳은 존재로서의 여성, 즉 생물학적 모성의 강조를 통해 또 다른 여성 억압의 기제로 작용한다.

드라마의 이러한 재현방식을 통한 모성 이데올로기는 여성의 희생을 본질적이고 운명적인 것으로 믿게 함으로써 여성의 위치를 가정에 묶이게 하고 그것을 사랑이라는 이름으로 미화하고 내면화시킨다. 모성 이데올로기는 결혼을 하고 출산을 한 여성뿐 아니라 그렇지 않은 여성들에게도 학습되어, 여성은 모두 본질적으로 모성적 자질을 가진 혹은 가져야 할 주체로 간주되고 그러한 이데올로기를 통해 여성들은 모성적 주체로 구성된다(김현숙·김수진, 2000).

이와 같이 전통적 가부장제가 요구하는 모성에 대한 신화가 공고한 가운데 일하는 기혼여성들은 앞서 언급한 슈퍼우먼 콤플렉스에 시달리게 된다. 취업주부들은 이상적인 어머니노릇과 성공적인 직장생활을 병행하기 위해 끊임없이 노력하지만, 사회적 시스템은 이를 제대로 뒷받침해주지 못하는 것이 현실이다. 두 가지 역할 사이에서 겪게 되는 갈등과 부담은 온전히 여성 개인의 몫이며, 여성들은 일과 가정, 특히 육아 사이에서 오는 심한 딜레마에 빠져 심리적 죄책감을 갖게 된다. 이러한 슈퍼우먼 콤플렉스는 여성을 이중으로 억압하는 기제로서 실현 불가능한 여성 역할에 대한 환상이라 할 수 있는데, 텔레비전 드라마에서는 여성을 슈퍼우먼으로 길들이는 서사를 양산하면서 이를 당연한 것으로 인식하게 하고 있다. 드라마 속에서 슈퍼우먼이 모든 여성의 이상적인 모습인 것처럼 묘사되거나 슈퍼우먼이 되어야만 사랑받고 인정받을 수 있는 것으로 그려짐으로써, 결국 드라마에서 재현하는 슈퍼우먼은 여성에 대한 가부장적 기대를 재생산한다고 볼 수 있다.

이러한 예로, 드라마 속 여성 주인공이 일과 가사를 모두 완벽하게 수행하는 슈퍼우먼이 됨으로써 시댁과 남성의 사랑을 받거나(예를 들어, 〈완전한 사랑〉(SBS, 2003)), 자신보다 사회적 지위가 높은 남성과의 관계에서 신분상승의 정당성을 부여받거나(예를 들어, 〈인어아가씨〉(MBC, 2002)) 혹은 사회적 소외계층에서 제도권에 편입할 수 있게 된다(예를 들어, 〈굳세어라 금순아〉(MBC, 2005)).[7] 이는 독립적이고 주체적인 여성 주인공의 경우에도 유사하게 나타나는데, 이러한 여주인공의 특성은 마찰과 갈등의 원인이 되지만 결국 모성을 회복하고 헌신적인 아내(혹은 며느리)가 됨으로써 행복을 찾게 된다(〈넝쿨째 굴러온 당신〉(KBS, 2012)).[8] 이러한 재현방식은 드라마 뿐 아니라 다른 장르의 프로그램에서도 종종 발견된다. 리얼리티 프로그램인 '수퍼맘 다이어

---

7 〈완전한 사랑〉에서 남자주인공 집안의 반대를 무릅쓰고 결혼한 여주인공은 헌신적이고 초인적인 인내심을 발휘하며 직업과 가사를 훌륭해 해냄으로써 남편의 절대적인 사랑을 받는다. 〈인어 아가씨〉에서는 유능한 방송작가인 여성주인공이 사회적 지위가 높은 남성과 결혼하면서 시댁의 사랑을 받기 위해 가사일도 철저하게 수행함으로써 비로소 상류사회의 일원으로 받아들여지게 된다. 〈굳세어라 금순아〉에서는 사고로 아이 아버지를 잃은 미혼모 여주인공이 시집에 들어가 살게 되는데, 미혼모라는 낙인으로 시집과 사회로부터 끊임없이 고통을 겪지만 성실하고 희생적인 노력을 통해 비로소 시집으로부터 인정받고 미혼모라는 반사회적 행위를 용서받게 된다.

8 〈넝쿨째 굴러온 당신〉의 여주인공은 시집살이를 원치 않아 미국에 입양된 고아남편과 결혼하고 가부장제가 요구하는 출산이나 헌신적인 아내 역할도 거부한다. 독립적이며 개인주의적 삶과 일을 통한 성공과 자아실현을 추구하는 여주인공에게 남편의 대가족이 나타나면서 여주인공의 진취성은 갈등의 원인이 된다. 그러나 자신이 추구하는 가치를 포기하고 대가족의 일원으로 순응하면서 순종적이고 헌신적인 며느리로 거듭나면서 행복하고 성공한 슈퍼우먼의 모습을 보인다. 이는 슈퍼우먼 길들이기의 전형적인 서사라고 할 수 있다(김훈순, 2013).

리'의 모성실천을 살펴본 한 연구결과는 프로그램의 서사전략이 직장과 가정의 양립과정에서 발생할 수 있는 현실적인 문제를 최대한 축소, 배제함으로써 기혼 직장 여성들의 현실적인 상황을 고려하지 않은 채 여성들에게 이상적인 모성 실천만을 강조하고 있음을 밝히고 있다(황경아·홍지아, 2011). 또한 미디어가 성공적이고 행복한 슈퍼우먼의 삶을 부각시키는 것은 슈퍼우먼이 실현 가능한 것이며 여성이 지향해야 할 이상적인 모성 실천의 모습으로 재현하는 것이라 할 수 있다.

모성은 물론 좋은 특성이며 타인에 대한 배려와 보살핌은 성별과 관계없이 필요한 덕목이라고 할 수 있다. 그러나 희생과 헌신이 유독 여성만의 태생적이며 당연한 본성으로 취급되면서 강요된다는 것에 문제가 있다고 하겠다. 전통적인 가부장문화가 요구하는 헌신과 희생이 여성이 추구해야 할 가치임을 강조하는 미디어의 재현은 모성 이데올로기를 재생산하고 더욱 강화시키는 기제가 된다. 모성 이데올로기는 여성간의 차이라든가 개별 여성의 특성과 구체적인 욕망을 인정하지 않기 때문에 사회적 통념에서 벗어난 여성에게는 비난과 압력을 가하게 되며, 이를 기준으로 현실의 여성들의 행동을 평가하게 됨으로써 이들을 억압하는 이데올로기적 장치로 작용하게 된다.

제5장

광고

1. 광고의 특성

우리는 하루에도 수많은 광고를 접촉하며 살아가고 있다. 그만큼 현대사회에서 광고는 일상화되어 있으며 우리 생활과 밀접히 관련되어 있다. 광고에 대한 정의는 경영학 시각과 커뮤니케이션 시각에서 살펴볼 수 있는데, 전자의 입장에서 광고는 마케팅의 한 부분으로 상품이나 서비스의 판매촉진 방법으로 파악되지만 후자의 입장에서는 광고주와 소비자들 간의 커뮤니케이션 현상으로 볼 수 있다. 이러한 두 가지 입장을 통합하여 광고를 정의한다면, 광고란 불특정 다수에게 상품 또는 서비스의 존재, 특징, 편의성을 제시, 설득하여 그들의 욕구나 필요를 자극시킴으로써 구매행동을 촉진하거나 광고주에 대한 신뢰도를 높이기 위해 행하는 유료의 매스커뮤니케이션이라고 할 수 있다(오택섭 외, 2005).

현대사회에서 광고는 단순히 상품을 판매하는 수단에 그치는 것이 아니라 사회적으로 중요한 다양한 특성들을 가지고 있다. 먼저, 광고는 고도로 압축된 커뮤니케이션 유형으로 짧은 시간 혹은 한정된 지면을 통해서 다양한 수용자에게 소구한다. 둘째, 광고는 사회구성원이 지향하는 가치들이나 고정관념을 이용하고 있다는 점에서 대중의 의식, 가치관, 생활양식에도 영향을 미친다.[1] 셋째, 광고는 하나의 중요한 대중문화 현상이라고 할 수 있다. 광고는 언어적, 시각적 메시지 및 형식적 스타일도 매우 다양한 문화콘텐츠이며, 또한 소비대중사회에서 소비는 노동이기보다는 하나의 여가라는 점에서 광고를 통한 새로운 소비문화를 형성하기도 한다. 넷째, 광고는 상품을 통해 다양한 이미지를 창출한다고 할 수 있는데, 그러한 이미지는 시대의 욕구를 반영하는 것이기도 하지만 새로운 욕구나 유행을 만들어내기도 한다. 즉 광고에서 형성되는 다양한 이미지들을 통해 새로운 패션, 외모, 라이프 스타일 등에 대한 유행을 창조하며, 이를 통해 광고는 새로운 문화현상을 이끌어내기도 한다.[2] 다섯째, 광고는 우리 일상의 도처에서 발견된다는 편재성, 가시성 때문에 우리의 사고방식이나 일상생활을 지배한다. 마지막으로, 광고는 사회화의 도구가 될 수 있는데, 광고에서 표출되는 의미나 가치들은 관련된 사회적 인식을 규정하는 데 많

1 예를 들어, 식료품 광고에서 식료품을 구입해서 요리하는 주부나 이를 맛있게 먹는 가족에 대한 묘사는 가족관계나 성역할에 대한 우리사회의 가부장적인 통념을 이용함과 동시에 이를 재생산하게 된다. 또한 이는 사회구성원에게 이러한 고정관념을 학습하게 한다는 점에서 이후 제시되는 사회화의 도구로서의 광고의 특성과도 관련된다고 할 수 있다.

2 젊은 세대를 주제로 한 광고들은 이들 세대의 새로운 문화를 형성하기도 하는데, 예컨대, 이동통신 광고에서 휴대폰은 신세대의 사랑을, 청량음료 광고에서 청량음료는 신세대의 새로운 라이프 스타일에 대한 이미지를 형성한다. 이를 통해 광고는 우리사회의 문화현상을 이끌며 나아가 그러한 문화의 확산을 가속화시키기도 한다.

은 영향을 줄 수 있다.

이와 같이 광고는 현대사회에서 가장 활발하게 소비되는 대중문화 현상의 하나로서 마케팅 수단 내지는 경제적 기능을 넘어서서 다양한 사회문화적 기능을 수행한다고 볼 수 있다. 커뮤니케이션학에서 광고에 대한 관심은 특히 광고의 사회적, 문화적 역할과 관련되는데, 이러한 역할은 긍정적 측면과 부정적 측면을 모두 가지고 있다고 볼 수 있다(오택섭 외, 2005). 먼저 긍정적 측면에서, 광고는 사회구성원들의 생활수준을 높이며 그것의 평준화를 도모하고 소비자 대중에게 상품에 관한 지식을 제공하여 원활한 소비생활 및 문화적 취향을 향유할 수 있도록 하는 역할을 수행한다. 그러나 비판적 관점에서 광고는 지배 이데올로기를 옹호한다는 점에서 부정적으로 평가된다. 즉 광고는 많은 소비자 대중에게 소구하기 위하여 우리사회에서 지배적 위치에 있는 문화적 가치, 제도와 관행들을 활용함으로써 이를 유지, 강화한다는 것이다. 광고의 이데올로기적 기능은 특히 자본주의 사회의 지배적 가치인 소비 이데올로기의 측면에서 많은 논의가 있어왔다. 이러한 논의들은 광고가 자본주의 사회에서 허위욕구를 만들어내고 이에 따라 소비 이데올로기를 확산시킬 뿐만 아니라 물질주의가 팽배한 소비문화를 조장한다는 것이다. 또한 광고는 상품의 차이를 통해 사람의 차이를 만들어내고 그러한 차이를 당연시하는 이데올로기적 기능을 함으로써, 상품소비를 통해 자본주의 사회의 계급적 성격을 은폐한다고 본다(Williamson, 1978).

이러한 논의들은 이미지를 중심으로 소비문화가 이루어지는 현대사회에서 광고의 이미지가 갖는 상징적 의미에 대한 관심으로 연결된다. 현대사회에서 상품은 상품 자체의 기능보다 상징적 특성이 중요시된다. 즉 상품은 유용하게 사용되는 물건으로만 존재하는 것이 아니라 상징적 의미로 받아들여지는 이미지의 성격이 강화되며, 이에 따라 오늘날의 소비는 물리적 상품교환이 아니라 이미지와 상징들로 구성된 의미교환이라고 할 수 있다(한국언론정보학회, 1990). 광고 이미지는 상품에 다양한 의미를 부여하고, 소비자들은 광고에 나타난 이미지를 소비함으로써 자신의 정체성을 확보한다. 즉 소비자는 상품 자체의 기능보다는 그것이 표방하는 이미지를 구매하고 소비하는 것이라는 점에서, 상품의 구매는 단순한 경제적 행위를 넘어서서 이미지를 소비하는 문화적 행위라고 할 수 있다.

2. 광고와 젠더

광고는 사회 변화를 반영하면서 또는 사회 변화를 주도하면서 사회와 함께 변화하는 제도(Pollay, 1983, 1986; Pallay & Gallagher, 1990)라는 점에서, 광고에서 성역할이나 성정체성이 어떻게 묘사되고 정의되는가 하는 것은 젠더와 관련된 그 사회의 가치관이나 규범, 제도 등을 점검해볼 수 있는 자료가 된다. 즉 광고에 나타난 젠더에 대한 재현은 사회 내에 존재하는 여성성과 남성성의 특성을 반영하는 것으로 광고에서 특정한 방식을 통해 구현된 것이라고 할 수 있다(Goffman, 1979).

광고에 나타나는 성역할이나 고정관념에 대한 학문적 성과는 다양한 분야에서 오랫동안 축적되어 왔다. 대부분의 연구는 광고에서 묘사된 여성의 정형화된 성역할이나 이미지에 초점을 맞추고 있으며, 남성의 묘사에 주목하기 시작한 것은 그리 오래되지 않았다. 그러나 사회에서 여성의 지배적인 정체성은 별개로 존재하는 것이 아니라 남성 정체성과 관련되어 형성된다(Connell, 1987)는 점에서 젠더와 관련된 광고 연구는 여성 묘사에 대한 연구와 함께 남성 이미지 연구가 병행되어야 할 것이다.

1) 광고에 나타난 젠더 표상

(1) 광고 속의 여성성

광고는 성 역할 고정관념을 사용하고 여성을 성적 대상으로 구성함으로써 성차별을 고착시킨다는 비판을 받아왔다. 광고에서 여성은 대부분 현모양처인 여성, 성적 대상으로서의 여성, 젊고 아름다운 여성, 단순히 장식적으로 등장하는 여성, 남성에 의존하는 여성 등으로 나타나고 있다. 광고에 나타난 여성의 묘사에 대한 많은 연구들에서 광고에 등장하는 전형적인 여성인물은 주부와 어머니이며 주로 가정에서 활동하고 있음을 밝히고 있다(Dominick & Rauch, 1974; Courtney & Whipple, 1974). 또한 대부분의 광고에서 남자는 중요한 역할을 맡고 있거나 해설자로 등장하고 있으며, 여성보다 두 배 이상 더 직업을 가진 것으로 묘사되었다. 반면, 여성은 권위 있는 남성의 의견에 따르거나 다른 사람과의 관계에서 예속적으로 묘사되고, 아름답게 보이는데 치중하는 것으로 나타났다. 관련 연구결과들을 통해 볼 때, 여성에 대한 가장 전형적인 고정관념은 가정에서의 역할을 강조하고 양육과 가사를 가장 중요한 일로 묘사하는 것이며, 아울러 여성을 수동적이고 의존적이며 연약한 존재로서 또는 성적 대상이나 신체적 아름다움에 몰두하는 존재로서 그려진다는 것이다(Cheng & Schweitzer, 1997;

Sengupta, 1995; Solomon, Ashmore & Longo, 1992).

국내에서 텔레비전 광고에 나타난 여성의 정형화에 대한 연구는 1980년대 들어 시작되었다. 광고에 등장하는 남녀 인물의 이미지 비교연구에 의하면, 남성 등장인물은 전문가로 나오는 반면 여성 등장인물은 장식적인 역할을 하는 것으로 나타났다(문영숙, 1983). 또한 남성이 강하고 독립적인 역할을 하는 것으로 묘사되는 것과 달리 여성은 타인과의 관계에 의해 정의되었고, 인성에 있어서도 남성은 권위적, 적극적, 지적으로 그려지는 반면 여성은 수동적이며 가정에 얽매이는 것으로 묘사되었다. 비슷한 시기의 또 다른 연구도 유사한 결과를 보여주었는데, 여성은 주로 의류, 장신구, 화장품 광고에 등장하였으며 젊은 여성이 많았고, 여성 등장인물 대부분은 주부인 것으로 나타났다(송유재, 1987).

1990년대 이후 우리 사회에서 사회적, 경제적 변화와 함께 여성의 교육기회가 확대되고 사회적 참여가 증가하면서 가부장적 가치관이나 고정관념에도 많은 변화가 일어났다. 이러한 변화와 함께 광고에서는 여성인물의 증가와 더불어 독립적이고 직업을 가진 여성들이 과거에 비해 많이 등장하고 있는 것으로 나타났다. 이 시기의 광고에는 주부 또는 어머니의 전형적인 역할이 줄어들고 전문직이나 남성적인 영역으로 여겨지던 직업에 종사하는 여성의 비율이 높아졌다(리대룡·김희정, 1995; 정기현, 1997). 또한 90년대 텔레비전 광고들이 초반에는 현모양처 이미지가 가장 높은 비율을 차지하였지만 시간이 흐르면서 전문직 여성의 이미지가 증가하고 있는 것으로 나타났다. 표현방식에 있어서도 여성이 다른 등장인물과의 관계에서 대등하거나 주도적인 관계로 표현되는 경우가 늘었는데, 이는 여성이 중요한 소비자가 되었다는 점을 보여주는 것이라고 할 수 있다(한은경, 2000). 그러나 여성이 주도적으로 나타나는 상황은 남성과 함께 등장하는 경우보다는 어린아이나 구매능력이 없는 인물과 함께 등장하는 경우가 대부분이라는 점에서 여전히 한계는 존재한다고 할 수 있다. 아울러 이들 연구는 광고에서 여성 이미지의 변화가 나타나기도 했지만, 반면 성적인 대상으로서의 여성상은 이전보다 더 늘어났으며, 남성과 여성이 함께 등장하는 광고에서는 전통적인 여성상이 여전히 주류를 이룸으로써 기존의 연구결과가 반복되는 경향이 있음을 밝히고 있다.

한편, 텔레비전 광고에 나타난 여성성의 변화추이를 1997년부터 5년 주기로 관찰한 연구에 따르면, 2000년 중반 이후부터 광고에서 독립적이고 자유분방한 여성상 등 비전통적인 여성상이 늘어남과 동시에 주부로서의 모습이나 장식적인 역할과 같은 전통적인 여성상은 감소하였음을 보여주고 있다(정기현, 2007). 그러나 광고에서 여성의 전문직업인 비율이 늘어났다 하더라도 여전히 전업주부가 가장 높은 비중을 차지하였고, 외적인 미를 추구하는 여성상은 과거에 비해 급격히 증가하고 있는 것으로 나타났다. 또한 2000년대 텔레비전 광고를 분석한 연구는 광고에서 전문직 여성의 증가 등 여성의 역할이 다양해지고 있다 하더라도, 성역할 고정관념들 예컨대 현모양처, 미인, 젊음 등에 대한 고정관념의 묘사는 지속되고 있는 것으로 나타나 사회변화를 반영하는 모습과 전통적인 성역할 이미지가 혼재되고 있는 것으로 보인다(김희정, 2007).

이렇게 볼 때, 사회변화와 함께 광고 속 여성의 이미지와 역할이 다각화되고 있음을 알 수 있다. 광고에서 자유롭고 독립적인 여성의 이미지나 사회적 활동과 여성적 유대를 강조하는 이미지 등이 증가되고 있는 것으로 나타났다. 그러나 이는 기존의 가부장적 여성 이미지나 순종적이고 주변적인 역할을 수행하던 여성 이미지의 소멸을 뜻하는 것이 아니라, 그러한 전통적 이미지와 더불어 새로운 이미지들이 추가된 것이라 할 수 있다. 특히 광고에서 전문직 여성의 이미지의 증가는 여성의 사회적 진출과 함께 중요한 소비자로서 여성의 지위가 향상되면서 나타나기 시작하였으나, 이러한 여성 이미지는 남성중심 사회에서 전문직 여성이 겪는 성차별 현실 등은 간과한 채 경제적 풍요로움이나 안정감, 레저 활동 등을 통해 얻는 만족감 등을 피상적으로 보여주고 있는 것으로 나타났다(한은경, 2000). 또한 앞서 표현방식에서도 보았듯이 여성 이미지는 여성이 단독으로 등장하는 경우와 남성과 함께 등장하는 경우에 따라 다르게 묘사되었는데, 여성이 단독으로 등장하는 경우에 여성의 전문성이나 활동성이 두드러진 반면, 남성과 함께 등장하는 경우에는 여전히 성적 대상화되거나 보조적인 역할로 등장하고 있다.

아울러 광고에서 여성상이 다양화되고 변화되었음에도 불구하고 지속적으로 재현되고 있는 여성에 대한 고정관념 유형들로서 현모양처에 대한 고정관념, 미인에 대한 고정관념, 젊음에 대한 고정관념이 있다(김희정, 2007). 이러한 고정관념들은 광고에 나타난 여성상의 변화 속에서도 여전히 중요한 여성의 이미지로 묘사되고 있으며 현재까지도 지속되고 있다. 특히 어머니, 아내, 가정주부로서의 전통적인 여성 이미지는 경제위기를 겪었던 1990년대 후반에는 현명한 주부가 경제를 살릴 수 있다는 사회적 분위기와 함께 광고에서 현모양처 이미지가 부각되는 현상이 나타나기도 했다. 이는 광고가 시대적 맥락과 밀접히 연관되면서 사회에서 통용되는 고정관념과 이미지를 재생산하고 있음을 보여주는 사례라 하겠다.

이렇게 볼 때 광고에서 대표적인 여성성은 어머니 즉 아내, 가정주부로서의 여성이거나 아름다운 여성 혹은 성적 매력을 지닌 여성이라고 할 수 있다. 이러한 여성성은 현실의 여성의 삶을 제대로 보여주지 못하고 있을 뿐만 아니라 여성성 또는 여성의 역할을 특정 영역 내로 제한하는 효과를 갖는다. 이와 같이 광고는 현실세계에서 변화하고 있는 여성상과 달리 여전히 전통적인 여성상이 주류를 이루고 있으며, 여성들의 사회적 역할보다는 전통적인 역할을 강조하고 있다. 이처럼 광고는 오랫동안 정형화되어온 여성에 대한 고정관념을 적극 활용하는 것으로 보이는데, 이는 광고의 상업적 속성상 이미 익숙한 여성 이미지나 사회적 통념들을 고수함으로써 다수 대중에 소구하기 위한 것이라 할 수 있다. 또한 광고에서 많이 활용되는 여성의 성적 대상화 역시 광고의 잠정적인 소비자인 남성의 시각에 소구하기 위해 여성의 섹슈얼리티에 초점을 맞추는 것이라 하겠다. 이와 같이 광고는 관습화된 성 역할과 성 이미지에 의존함으로써 여성에 대한 사회적 편견과 부정적 인식을 부각시키고 재생산하고 있으며, 지배이데올로기가 작동하는 장르라고 할 수 있다.

(2) 광고 속의 남성성

광고에 나타난 성역할 이미지 연구는 주로 여성이 어떻게 묘사되고 있는가에 초점이 맞춰져왔으며 남성의 성역할에 대한 연구는 그다지 주목받지 못했다. 남성성 연구가 주목받지 못한 이유는 남성은 사회의 지배적인 권력자로서 사회문제의 대상이 되기보다는 사회문제를 해결하는 존재로 인식되었기 때문이다. 따라서 광고에 있어 남성의 묘사에 대한 관심은 뒤늦게 시작되었는데 서구에서는 1990년대 중반에, 국내에서는 2000년을 전후로 시작되었다(이귀옥, 2012).

연구들에 따르면, 광고에 나타난 여성의 이미지와 마찬가지로 남성의 성역할 역시 정형화되고 있는 것으로 나타났다. 앞서 광고 속 대표적인 여성상으로서 현모양처라는 가부장적인 이미지가 언급되었듯이, 선행연구들에 나타난 전형적인 남성 이미지는 전통적인 남성적 특성으로서 사내대장부로서의 이미지가 부각되었다. 즉 광고에서 남성은 책임감이 강하고 독립적인 존재, 사회적인 성공을 이루어낸 존재, 건장하고 힘이 세며 성적 매력을 지닌 존재로서의 이미지가 강조된다(정기현, 2002; 한은경, 1996; Cheng, 1997; Kolbe & Albanese, 1996; Sengupta, 1995). 이러한 이미지에는 남성이 여성과 달리 긍정적이고 우월하며, 강인하고 공격적이며, 경쟁에서는 항상 승리해야 한다는 의미가 내포되어 있으며, 이에 따라 광고에서 남성은 활동적이며 권위와 힘을 가지고 주로 전문직에 종사하는 이미지로 그려졌다.

또한 시대별로 강조되는 남성다움에 조금씩 차이가 있는 것으로 나타났는데, 1980년대 말까지는 동적이며 자유롭고 야성적인 모습이 많았으며 특히 부부관계에서 보수적이고 엄격한 남성상이 높게 나타났다. 1980년대 말에는 남편과 직장인의 가치가 분리되어 직장인으로서의 남성은 도전, 힘, 성취라는 남성다움이 강조되었다(윤성희, 1991).

그러나 우리 사회가 후기 산업사회로 이행하면서 남성의 정체성과 역할에 많은 변화가 나타났으며, 이에 따라 새로운 남성상이 등장하고 남성에 대한 고정관념 역시 변화를 보여주고 있다. 이러한 변화의 예로서 남성 잡지광고에 나타난 시대별 남성이미지의 변화를 분석한 한 연구에 따르면, 1970년대는 신체적으로 강한 남성의 이미지가,

1980년대는 성공한 혹은 명성 있는 남자의 이미지가 지배적이었던 데 비해 1990년대 이후로는 외모를 가꾸는 남자의 이미지가 우세하게 나타났음을 밝히고 있다(이귀옥, 2012). 또한 2000년대에는 권위적이고 가부장적인 이미지나 근육질의 사내대장부 같은 전통적인 남성 이미지는 감소 추세에 있는 반면, 꽃미남의 이미지와 가정적인 이미지 그리고 자유분방한 이미지와 같은 비전통적인 남성 이미지가 강화되었다(정기현, 2007). 즉 사회 변화에 따라 광고 속 남성상은 근육질의 터프한 이미지를 대신해 부드러운 이미지나 연약한 남성의 모습이 점차 늘어나고 있으며, 강인하고 권위적인 남성상이나 전문직의 남성상이 여전히 많이 등장하고 있지만 이에 덧붙여 자상한 아버지의 이미지도 점점 증가하고 있는 것으로 보인다. 또한 광고에서 외모를 가꾸는 남성의 모습이 많이 나타난다든가 관음적 시선의 대상이 되는 남성상 즉 성적으로 매력적인 남성이미지가 증가하고 있는 것도 새로운 남성상의 경향으로 나타났다(이귀옥·이원정, 2004; 한은경, 2000). 이러한 다양한 남성성의 표상은 광고 상품과도 관련이 되는 것으로 보이는데, 전체적으로는 전통적인 헤게모니적 남성유형이 많이 존재하고 있지만, 부드럽고 자상한 남성성의 모습은 식품과 생활용품 광고에 많이 등장하고 스트리트 섹슈얼 또는 매트로 섹슈얼 남성성과 같은 새로운 남성성은 대부분 젊은 남성을 대상으로 하는 화장품 광고와 패션 광고에 많은 것으로 나타났다(김종덕, 2007).

이러한 결과를 볼 때, 광고에 나타난 최근의 경향은 강하고 사회적으로 성공한 남성과 같은 전통적인 남성상과 더불어 부드럽고 성적인 매력을 가진 남성과 같은 새로운 남성상이 공존하고 있는 것으로 보인다. 또한 기존에 사회적 능력이 요구되던 남성상과 가정에 충실한 가장으로서의 남성상이 동시에 나타나면서 남성에게 슈퍼맨 이미지가 부각되는 경향도 나타나는데, 이는 여성에게 슈퍼우먼 이미지가 강조되는 것과 유사한 현상이라고 볼 수 있다.

그러나 광고에서 새로운 남성상이 등장한다 하더라도 그 표현방식에 있어서는 여성 등장인물과는 차이를 보이고 있는 것으로 나타났다. 예를 들어 기존에 일반화된 남성상인 성공하거나 명성 있는 남자, 신체적으로 강한 남자 등 지배적인 남성 이미지는 보조적 표현수단 없이 남성 인물만을 단독으로 제시하는 비율이 높은 데 비해, 자상한 남성이나 생활을 즐기는 남성과 같은 새로운 남성상의 경우에는 가정이나 야외 등 특정한 물리적 배경을 바탕으로 등장하는 등 보조적인 표현수단을 사용하고 있다는 것이다(이귀옥, 2012). 또한 앞서 언급했듯이 여성 인물이 남성과 함께 등장할 때는 의존적인 인물로 묘사되었던 것과 달리, 남성 인물은 다른 인물과 함께 등장하더라도 종속적으로 묘사되는 경우가 매우 드물게 나타남으로써, 남성은 새로운 이미지를 제시하는 경우에도 여성묘사와는 달리 여전히 지배적이거나 대등한 관계로 표상되고 있음을 보여준다.

이렇게 볼 때, 광고 속 정형화된 젠더 표상은 여성과 남성 모두에게 나타나고 있으며 또한 사회 변화에 따라 남녀의 성역할 이미지에 새로운 역할과 현상들이 증가하고 있는 것으로 보인다. 즉 광고에 묘사된 성별 이미지는 광고가 속한 사회의 여성성, 남성성을 반영하고 있음을 알 수 있다. 그러나 동시에 사회적 변화와 관계없이 광고에서 성별 고정관념이나 이미지가 여전히 지속되고 있으며 표현방식에 있어서도 성별 차이가 존재한다는 점을 볼 때, 광고에서 전통적인 남성의 이미지가 여전히 지배적이라는 것은 부인할 수 없다.

2) 광고와 몸, 섹슈얼리티

현대 사회에서 다양한 영상매체의 증가와 함께 몸의 가시성이 커지면서 소비문화에 있어서도 몸은 중요한 화두로 등장하였다. 영상매체를 통한 몸의 시각화는 성과 육체에 대한 의미를 실천하고 규범을 형성하는 역할을 한다(이경숙, 2013). 미디어에서 재현되는 몸은 단순히 생물학적이거나 자연적인 것이 아니라 의미를 실천하는 하나의 문화적 구성물이라고 할 수 있다.

우리 사회에서 미디어를 통해 가시화된 몸에 대한 관심은 몸과 관련된 다양한 사회적 담론을 확장시키면서, 몸짱, 얼짱, S라인, 꽃미남, 동안 등의 용어들이 등장하고 이는 하나의 문화현상으로 부각되고 있다. 이러한 몸에 대한 담론들은 우리 사회가 재구성한 몸에 대한 특정한 관념들로서, 미디어는 이러한 담론을 생산, 확산시키는데 중요한 매개체 역할을 한다. 미디어가 재현하는 여성과 남성의 몸에 대한 이미지는 '정상적인 몸'과 '비정상적인 몸'에 관한 기준과 사회적 규범을 제시하고(송희영, 2011), 이는 미용, 성형, 패션, 다이어트 등의 외모관리 산업이나 문화산업의 수익창출 전략과 연계된다. 즉 미디어의 시각적 대상으로서 몸은 상품화되고 섹슈얼리티는 중요한 이윤 창출의 도구가 되고 있으며, 소비문화의 확산과 함께 성의 대상화와 상업화는 더욱 강화된다.

광고에서도 섹슈얼리티는 중요한 소재이면서 가장 많이 사용되는 자원이다. 광고를 통해 몸은 볼거리로 대상화되고 중요한 기호로서 재현되고 소비된다. 광고에서 몸을 매개로 재현되는 인간의 성적인 욕망이나 쾌락을 추구하는 방식은 섹슈얼리티에 대한 사회적 가치나 태도를 형성하고 성별 이미지를 구성하는 데 기여한다. 광고는 문화적으로 정립되어 있는 관습화된 성의 전시(gender displays)를 사용(Goffman, 1979)함으로써, 기존에 형성되어 있는 성적 관계나 성의 모습을 반영함과 동시에 이를 재생산하게 된다.

(1) 광고에 나타난 여성의 외모와 성적 이미지

광고에서 여성의 성적 이미지와 관련하여 논의되는 핵심적인 이슈 중의 하나가 여성을 성적으로 대상화한다는 점이다. 광고에서 여성은 남성의 시선에 의해 보여지는 존재로서 수동적인 객체로 표현된다. 이는 여성의 몸을 남성의 성적 욕망을 자극하는 대상으로 묘사하고, 남성의 시선으로 여성의 몸이 시각적 유희의 대상으로 구성됨으로써 여성을 성 상품화하는 것이라 할 수 있다. 광고에서는 종종 상품의 종류나 기능과 관계없이 여성의 몸이나 성적 이미지를 활용하는 경우가 많다. 특히 주류 광고나 자동차 광고와 같이 남성 소비자를 목표로 하는 상품에 등장하는 여성의 경우 상품과는 무관하게 성적 대상으로 표현되는 경우가 대부분이다. 단순히 여성의 성적 이미지를 활용하여 여성을 대상화하고 객체화시킨 광고는 대중 특히 남성의 시선을 끌고 구매로 연결시킴으로써 경제적 이윤을 취하게 된다. 즉 광고의 경제적 이득과 광고 속 여성 재현방식은 밀접한 연관성이 있다.

앞서 살펴보았듯이 사회 변화와 함께 광고에서 여성의 역할과 모습은 다양해졌지만, 성적 소구는 인간의 원초적 본능을 자극하는 방법인 만큼 항상 등장해왔다. 광고에서 여성의 성적 대상화나 성적 소구는 오히려 양적으로 증가하고 질적으로 대범해졌다고 할 수 있다. 광고에서 여성의 몸을 노출하고 특정 신체 부위를 강조하며, 상품과 관계없이 여성의 몸을 전시하거나, 여성의 몸을 들여다보는 남성 인물의 성적 행위나 성적 의도가 드러나는 특징들이 증가하였다. 또한 여성의 사회적 지위 향상을 반영하듯 자주 사용되는 여성의 당당함과 자신감을 주제로 한 광고의 콘셉트는 여성이 보여지는 존재가 아니라 스스로 육체의 아름다움을 즐기고 만족하는 존재로 묘사된다. 이는 여성이 자기애를 경험하고 정체성을 찾는 것으로 해석될 수도 있으나, 오히려 아름다움에 대한 사회적인 기준이 작동하면서 여성에게 외모와 몸매 가꾸기에 대한 압박으로 작용하게 되었다(정영희, 2013).

광고 속 여성의 외모에서 특히 강조되는 것은 아름다움과 날씬함 그리고 젊음 등을 들 수 있다(한은경, 2003). 광고에서 여성의 아름다움은 하나의 상품으로 취급된다. 광고에서 아름다움이란 노력을 통해 성취될 수 있으며, 아름다움을 추구하지 않는 여성은 자신의 삶에 최선을 다하지 않는 것처럼 그려진다. 광고는 아름다움의 기준(예를 들어, 갸름한 얼굴과 오뚝한 코, 하얀 피부 등)을 제시하면서, 일률적이고 인위적인 미를 강조한다.

광고에서 제시하는 여성에 대한 또 다른 미의 기준은 날씬함이다. 우리 사회에서 다이어트는 일상적인 화두가 되었고, 이와 관련된 건강보조식품, 운동기구, 의료시술 등 다양한 상품들에 대한 광고는 여성의 외모에 대한 특정한 메시지를 전달하고 있다. 광고에서 성공적인 사회생활을 하는 여성 인물은 자기관리를 철저히 하는 여성으로 등장한다. 이러한 광고는 남성 중심적 사회에서 여성의 외모는 결혼이나 취업에서 중요한 결정요인임을 암시하면서, 여성이 자신의 외모를 가꾸고 자기관리를 하는 것을 하나의 소양 내지는 미덕으로 제시한다. 즉 여성의 몸은 생리적이고 자연적인 실체라기보다는 돈과 시간 그리고 노력을 들여서 가꾸어야 할 대상으로 간주되는 것이다.

또한 광고에서 여성의 외모와 관련하여 중요한 가치 중의 하나는 젊음이다. 광고를 비롯한 다양한 대중매체를 통해 젊음이 외모의 중요한 기준으로 제시되고, 사회적으로도 동안 열풍이 불면서 젊음을 유지하는 것은 중년이 추구해야 할 하나의 가치로 자리잡고 있다(한은경, 2003). 노화는 인간이 피할 수 없는 일이며 또한 단순히 늙음, 약함 등의 의미만을 갖는 것이 아니라 풍부한 인생경험이나 성숙함, 인생에 대한 통찰력이나 지혜 등을 의미할 수도 있다. 그러나 광고에서 노화는 반드시 물리쳐야 될 것으로 취급됨으로써, 노년을 타자화 하고 노화를 관리와 통제의 대상으로 의미화 한다. 즉 노화는 생애 주기에 따른 자연스러운 과정이 아니라 변형 가능한 대상으로 간주되며, 변형 가능한 몸과 나이는 기존의 몸을 부정하고 새로운 사회적 기준을 맞추도록 요구된다. 젊음을 중요한 가치로 추구하는 소비사회에서 노화는 감추고 지워야 할 대상이며, 미디어에서는 늙지 않는 몸과 젊음의 이미지를 강조하면서 나이 듦의 징조를 부정적인 것으로서, 하나의 실패로서 규정짓는 연령주의[3]를 부추기고 있다(김송희, 2013).

광고에서 특히 여성의 노화는 추하고 지양해야 할 것으로 강조되면서 희화화되거나 비하되는 경우가 많다. 이러한 노화에 대한 의미가 남성에게 적용되기도 하지만, 남성의 노화는 종종 사회적 부의 축적

3 연령주의(ageism)란 '나이에 대한 차별'을 뜻하는 용어로서, 나이가 어리다는 이유로 차별을 하는 것도 포함하지만 현실적으론 주로 고연령자에 대한 차별을 가리킨다. 연령차별(age discrimination)이 주로 고용과 관련하여 사용되는 것에 반해, 연령주의는 가치관, 규범, 예술, 문학 등 사회, 문화적 영역까지 넓은 의미를 포괄한다(김주현, 2009).

이나 안정된 삶, 여유로움, 인생의 휴식기로 묘사되기도 함으로써 여성의 노화와는 다른 의미를 갖는다. 이는 여성의 외모가 남성과는 달리 성적 매력의 관점에서 평가됨을 보여주는 것으로서 나이가 들면 여성의 매력은 감소한다는 인식이 깔려있다. 예를 들면, 우리 문화에서 중년여성은 '아줌마'라는 사회적 기호로 사회적 편견과 차별의 대상이 되고 있는데, 미디어는 이들의 몸과 정신의 쇠퇴를 강조하는 부정적인 신화를 재생산한다. 광고를 비롯한 미디어에서 나타나는 아줌마에 대한 부정적 지각과 표상은 여성의 가장 큰 가치는 젊음과 육체적 매력이라는 것을 보여준다(최상진·김지영·김기범, 2001).

이와 같이 광고를 비롯한 미디어에서 제시하는 몸에 대한 담론들은 여성과 남성의 외모와 나이를 사회문화적으로 재구성하고, 자연스러운 몸과 나이를 부정하고 극복해야 할 대상으로 제시한다. 광고는 여성과 남성의 외모에 대해 우리가 추구해야 할 가치를 제공하고 있으며, 그 가치는 성별에 따라 이중 잣대가 적용되고 있음을 알 수 있다. 유독 여성에게 강조되는 외모의 중요성과 차별화된 가치는 여성이 주체적으로 자신의 몸을 설계한 것이라기보다는 남성중심 사회의 시선에 의해 결정된 것으로, 여성의 몸은 사물화되고 성적 대상화되는 것이라 하겠다. 또한 이러한 외모에 대한 시각은 광고를 통해 강화, 재생산되고 사회구성원들의 태도나 가치에 영향을 미치게 됨으로써 여성에게 또 다른 압력과 강제로 작용하게 된다.

(2) 광고에 나타난 남성의 외모와 성적 이미지

남성의 몸에 대한 학문적 연구가 시작된 것은 그리 오래되지 않았다. 과거에는 몸에 대한 담론은 주로 여성에게만 국한되어왔으며, 남성은 육체와 무관한 이성적 주체로 파악되었다. 그러나 페미니즘에서 시작된 몸에 대한 담론은 여성뿐만 아니라 남성의 몸에 대한 관심으로 확장되었고, 남성성이나 여성성과 마찬가지로 인간의 몸 역시 사회적으로 구성되는 것으로 파악되었다. 또한 과거 전통적인 산업사회에서 몸은 노동하는 육체로 기능했지만, 포스트모더니즘 소비사회로 들어오면서 몸은 사회문화적으로 보여주는 대상으로 변화하였다. 소비사회에서 몸은 사회적 지위를 나타내는 기호들 중의 하나로 상품화되었다(Baudrillard, 1970/2015). 이에 따라 관련 산업과 미디어에서는 몸에 대한 이미지들이 쏟아져 나오고 몸에 대한 투자와 노력은 성별과 연령을 초월해서 중요해지기 시작했다.

특히 광고에서 남성의 몸은 소비사회의 중요한 담론이 되었고, 광고를 통해 몸을 가꾸는 남성들의 모습을 흔히 볼 수 있게 되었다. 광고에서 재현되는 남성의 몸과 외모는 어떠한 남성의 이미지가 성공적이며 가치있는 것인지를 보여주고 있다. 과거에는 남성의 외모가 중요한 것이 아니었으며, 열등한 외모는 사회적 지위나 경제적 능력 등과 같은 다른 측면으로 보완될 수 있었다(한은경, 2003). 그러나 이제 남성에게 외모는 또 하나의 능력을 나타내는 조건이 되고 있으며, 광고를 비롯한 미디어를 통해서 섹시하면서 잘생긴 외모가 부각되고 있다. 외모나 다이어트에 대한 관심은 더 이상 여성의 전유물이 아니며, 남성의 몸도 평가의 대상이 되면서 몸은 남성들의 주요 관심사가 되었다. 또한 여성과 마찬가지로 취업이나 승진과 같은 현실적인 이유로도 외모 가꾸기는 남성들에게도 중요한 일이 되었다.

앞서 광고에 나타난 남성성의 변화에서 보았듯이 지배적인 남성의 이미지였던 사내대장부로서의 남성상과 더불어 아름답고 성적으로 매력적인 남성상에 이르기까지 남성의 몸에 대한 이미지는 단일하게 규정지을 수 없는 다양한 스펙트럼을 가지고 있다. 힘센 근육질의 남성이나 사회적으로 성공한 남성의 이미지가 전형적인 헤게모니적 남성성에 속한다면 부드럽고 감성적인 남성성 등 사회변화에 따라 남성의 이미지도 달라지고 있다. 상업주의의 성장과 함께 남성도 수동적이거나 몸이 대상화될 수 있다는 인식이 나타나고(Nixon, 1997), 광고와 패션잡지 등을 중심으로 양성적 이미지나 여성적 이미지가 부여된 남성 이미지들도 등장하고 있다. 여성과 같이 외모에 관심을 가지고 자신을 꾸미는 남성의 이미지의 대표적인 사례는 매트로 섹슈얼Metro sexual 이미지라 할 수 있다(Coad, 2008). 매트로 섹슈얼은 도시적이고 성공적이며 세련된 스타일의 남성으로서, 패션, 헤어스타일, 인테리어, 요리 등 여성적인 라이프 스타일에 관심을 가지며 자신의 외모를 적극적으로 가꾸는 남성을 의미한다. 또한 남성 자신안의 여성성을 긍정적으로 보고, 나아가 여성적인 아이템을 적극 활용하는 것을 의미하는 크로스 섹슈얼Cross sexual이란 용어도 새롭게 등장하였다(김희정, 2007). 매트로 섹슈얼이나 크로스 섹슈얼과 같은 새로운 남성성의 등장은 우리 사회에서 남성과 여성의 역할 경계가 모호해지고 남성에 대한 고정관념이 변화되고 있음을 말해주는 것이라 하겠다.

광고에 나타난 남성 이미지의 흐름에 있어 가장 큰 변화는 외모 강조와 대상화 현상이라고 할 수 있다(윤조원, 2010). 이러한 변화된 이미지는 남성 화장품, 남성 의류, 남성 잡지 등의 소비시장이 등장하면서 부각되었다. 이러한 소비산업의 발달과 더불어 광고를 비롯한 미디어를 통해 시각적 대상으로서 남성의 몸이 강조되고, 남성의 외모 역시 여성의 외모와 마찬가지로 대상화되고 상품화되고 있다. 미디어에 등장하는 남성 이미지들은 외모관리 산업과 문화산업의 요구가 반영된 결과물로서(이경숙, 2013), 남성 이미지의 변화는 젠더 정체성의 상징적 경계를 흔들기 보다는 산업의 요구에 충실한 결과라고 볼 수 있다(윤조원, 2010).

이와 같이 소비문화의 확산과 함께 변화된 남성성으로 외모관리와 같이 여성에게 해당되던 정체성 표현방식들이 남성의 외모에도 적용되었다. 남성성에도 외모지상주의가 작동하고 전통적인 가부장적 남성성의 균열을 보이면서 다양한 남성성이 등장하였다. 남성성에 대한 사회적 가치가 다양해졌다는 것은 획일화된 고정관념에서 탈피했다는 점에서는 바람직한 것 일수도 있다. 그러나 미디어가 재현하는 남성성 혹은 여성성의 이미지는 개인의 차이를 인정하거나 존중해주지 않는다는 점에서 여전히 억압적이다. 광고에 나타난 여성과 남성의 몸에 대한 담론을 접한 개인들은 몸 가꾸기를 자기 계발과 경쟁력 제고를 위한 중요한 방식으로 인지하면서 이에 가담하지만 스스로는 자신의 선택이라는 내면화 과정을 거치게 된다. 광고가 끊임없이 제시하는 성역할, 성적 이미지 등에 대한 형식을 수용하며, 사회적 행위나 문화적 가치로서 규정되는 여성다움과 남성다움에 대한 기대를 충족시켜야 된다는 압박을 받게 되는 것이다. 지배적인 사회질서와 전통적인 성 역할의 통념에서 벗어나 성찰적이고 대안적인 문화실천의 노력이 필요하다고 하겠다.

제3부

미디어 생산, 수용과 젠더

앞서 2부가 텍스트 중심적인 논의였다면, 3부는 텍스트를 생산하고 수용하는 사람들에 대한 논의라고 할 수 있다. 텍스트 연구는 텍스트의 성차별적 재현이 지배적인 이데올로기를 재생산함으로써 수용자들이 성차별적 고정관념을 내면화하고 기존의 남성중심 사회체제를 공고히 하는데 기여할 수 있다는 가능성에 주목한 것이다. 그러나 텍스트에 치중한 연구는 그 중요성에도 불구하고 그러한 성차별적 텍스트가 왜, 어떻게 만들어지고 수용자는 이를 어떻게 해석하고 받아들이는가에 대해서는 답하지 못한다. 따라서 미디어 생산과 수용에 대한 연구는 생산자 및 수용자의 실천을 살펴보고자 하며, 텍스트에서 나아가 텍스트를 둘러싼 맥락(context)에 대해 관심을 가지고 텍스트의 생산과 수용과정에 관여되는 다양한 맥락적 조건과 상황들에 초점을 맞추고자 한다. 왜냐하면 텍스트 생산 및 수용은 단지 생산자나 수용자 개인의 실천이라기보다는 사회적, 문화적, 역사적 맥락 내에서 이루어지는 사회문화적 실천이라고 할 수 있기 때문이다. 따라서 텍스트와 미디어산업 그리고 수용자와의 관계 및 이를 둘러싼 맥락에 관심을 가지고 텍스트의 의미가 생산 혹은 수용되는 다양한 협상과정과 이러한 과정에 특히 젠더의 문제가 어떻게 관련되는지를 살펴보고자 한다.

제6장

성별화된 미디어 생산

미디어 생산 영역에 대한 연구는 미디어 텍스트나 수용자 연구에 비해 매우 부족한 편이다. 그러나 미디어 생산자는 미디어 텍스트의 의미 생산에 일차적으로 그리고 가장 핵심적인 역할을 하고 있다는 점에서 그 중요성이 있으며, 특히 미디어 생산자의 젠더의식이 미디어 생산에 어떻게 관련되는가 하는 점은 미디어와 젠더라는 주제를 논의하는데 반드시 필요한 부분이라 하겠다. 이러한 연구는 미디어 텍스트를 만드는 데 있어 미디어 생산자 혹은 생산과정에 직, 간접적으로 관련되는 다양한 구조적, 사회적 요인들의 작동 방식이라든가, 성에 대한 의미화 실천이 특정한 방식으로 조직화되어 텍스트라는 구체적인 실체로 나타나는 과정을 살펴보는 것이라 할 수 있다(나미수, 2011). 미디어 텍스트는 생산자 개인의 산물이라기보다는 집단적 산물이며 텍스트 생산을 둘러싼 다양한 제작환경의 영향을 받는다는 점에서, 이러한 맥락적 특성이 미디어 생산 특히 텍스트에 나타나는 젠더의 표현방식에 어떻게 영향을 미치는지에 대한 논의는 중요하다고 하겠다. 이러한 관점에서 미디어 생산영역에서의 젠더에 대한 문제의식은 성차별적 미디어 텍스트가 생산되는 원인을 탐구하고 미디어 조직에서 성의 문제가 텍스트의 생산과정이나 생산방식에 어떻게 작용하며, 나아가 미디어 생산과정에 나타나는 여성소외 문제 등에 초점을 맞추고 있다.

1. 미디어 조직과 미디어 노동

미디어 조직은 미디어 내용을 제작하는 사회적, 경제적, 제도적인 실체라고 할 수 있다. 미디어 조직이 다른 기업조직과 차별화되는 점은 자본주의 기업조직의 일반성과 더불어 미디어 조직만이 갖는 특수성에서 찾아볼 수 있다. 즉 미디어 조직은 자본주의 시장에서 경제적인 이윤을 추구하는 기업이기도 하지만 공공성과 공익성의 기본 정신에 입각하여 역할을 수행해야 하는 사회문화적인 책임과 의무를 갖는다. 그것은 현대사회를 살아가는 사회구성원들이 미디어를 통해 세상에서 일어나는 일들에 대한 간접 경험과 미디어가 제시하는 각종 사회적 행위들에 대한 평가에 크게 의존할 수밖에 없기 때문이며, 이에 따라 미디어 조직이 생산하는 상품 또는 콘텐츠의 사회적 영향력은 다른 상품들과 다르다.

또한 미디어 조직은 사회변화에 민감하게 반응하고 미디어 종사자 역시 사회로부터 고립된 존재가 아니라는 점에서, 미디어 조직 및 종사자와 이들을 둘러싼 정치적, 경제적, 사회적, 문화적 조건은 긴밀하게 상호작용하면서 끊임없이 변화한다고 할 수 있다. 이에 따라 미디어 생산에 관련된 여러 관행들이나 미디어 노동의 성격도 변화된다. 최근의 커뮤니케이션 테크놀로지의 발달은 미디어 업종간의 구분을 어렵게 하고 있으며 미디어의 융합과 도태가 반복되면서 미디어 노동 현장의 모습도 크게 달라지고 있다.

이러한 변화 속에서 미디어 노동의 특징은 크게 세 가지 측면에서 살펴볼 수 있다(최이숙, 2013: 103-108).

첫째, 미디어 노동의 유연성으로서, 이는 노동 시간의 유연성과 고용 방식의 유연성으로 언급될 수 있다. 미디어 노동자는 출퇴근 시간에서 상대적으로 자유로우며 인터넷 등과 같은 커뮤니케이션 기술 발달로 시공간에 구애받지 않고 일할 수 있게 되었다. 그러나 현실적으로는 사건이 발생하면 취재기자는 시간에 관계없이 현장에 뛰어나가야 하며, 드라마나 영화 촬영은 밤낮없이 이어지는 것처럼, 미디어 노동자에게 출퇴근 시간이란 말이 무의미하며 짧은 시간동안 엄청난 양의 노동을 수행한다고 할 수 있다. 또한 고용 방식의 유연성은 비정규직이나 프리랜서 고용이 많다는 점과 관련된다. 미디어 생산은 미디어 조직에 소속된 정규직 외에 다른 외부 인력들(작가, 배우, 기술직 스태프, 기타 프리랜서들)에 많이 의존해왔다. 프리랜서는 자신이 하고 싶은 일을 하고 싶을 때 할 수 있다는 자유를 부여받지만, 동시에 불안정한 고용과 수입 그리고 불확실한 미래를 감수해야하기도 한다. 현실의 프리랜서들은 대부분 저임금에 생계 문제를 고민하는 경우가 많다고 할 수 있다.

둘째, 미디어 노동의 창조성 내지는 자율성이다. 창조성은 미디어 생산자가 자신의 노동을 통해 느끼는 성취감에서 찾을 수 있으며, 자율성은 노동과정과 생산물에 대한 통제권을 얼마나 행사할 수 있느냐와 관련된다. 미디어 노동은 생산자가 자신의 창조성을 발휘하고 상대적으로 자율성을 많이 보장받을 수 있는 직업으로 여겨지고 있지만, 조직의 내적, 외적인 압력과 통제로부터 완벽히 자유로울 수 없는 것이 현실이다.

셋째, 미디어 노동의 비공식성이다. 이는 일을 시작하는 데 있어 특별한 자격이 요구되지 않으며, 재능이 있다면 누구나 기자나 PD, 작가가 될 수 있다는 점과 관련된다. 물론 미디어 조직에 입사하기 위한 절차가 있지만, 전문직으로 분류되는 미디어 조직의 종사자는 다른 전문직과 달리 특별한 자격/면허 시험을 통과할 필요는 없다. 미디어 노동에 종사하기 위한 교육은 반드시 이수해야 하는 교육과정을 거치기보다는 실제 현장에서 선배들로부터 노하우를 전수받는 것과 같은 실전 교육이 대부분이다. 이는 미디어 생산과정에서 각종 관행들이 생겨나는 요인이 되기도 한다. 또 다른 비공식성의 특성은 사회적 네트워크가 중시된다는 점에서 찾을 수 있다. 기자들의 경우 어떤 정보원을 얼마나 알고 있는가가 중요한 능력이 된다든지, 프로젝트형 고용이 일상화된 문화콘텐츠 산업의 경우에도 누구(특히 인사결정권자)를 알고 있는가에 따라 다음 프로젝트에 참여할 수 있는 기회가 달라진다. 이러한 비공식적 네트워크를 통한 노동방식은 네트워크에서 소외된 사람들을 지속적으로 소외시키거나, 인사결정권자들의 권력을 강화시키는 부작용을 가져오게 된다.

이상에서 살펴본 미디어 조직 및 미디어 노동이 갖는 특성들은 미디어 종사자의 경험과 생산과정에 중요한 요인으로 작용하며, 그들이 생산하는 생산물에도 영향을 미친다고 할 수 있다. 다음 절에서는 이러한 미디어 조직과 노동의 다양한 사회문화적 측면들, 예를 들면 미디어 조직의 규범이나 인력구조 그리고 생산과정에서 나타나는 권력 관계, 각종 관행들과 공식적, 비공식적 네트워크 등이 갖는 젠더적 함의는 무엇인지 살펴보고자 한다.

2. 미디어 조직과 젠더

1) 미디어 조직의 인력구조와 젠더

미디어 생산영역에서 성의 문제를 다루는 많은 연구들은 미디어 조직에서의 인력구조 즉 고용, 임금, 직위, 승진 등에서 성차가 어떻게 나타나는지에 관심을 두었다. 그것은 성차별적인 미디어 내용의 생산은 미디어 조직에서의 여성 배제와 밀접한 관련이 있다고 생각하기 때문이다. 특히 자유주의 페미니즘 이론에서는 성차별적 미디어 내용을 감소시키기 위한 해결방안으로서 여성 인력의 참여를 늘려야 한다고 주장한 바 있다.

이러한 관점에서 미디어 텍스트에 재현된 성별 표상이 이를 만든 생산자의 성과 실질적으로 연관이 있는지에 대한 연구가 꾸준히 진행되어왔다. 이러한 연구들에서는 재현된 텍스트가 생산자의 성에 따라 다르게 나타난다는 결과들을 보고하였다. 예를 들어, 여성 방송제작자는 남성 제작자에 비해 여성인물의 비중을 높인다거나 여성작가를 좀 더 많이 고용하는 것과 같은 경향을 보이고 있으며, 여성작가들이 그리는 여성인물들은 좀 더 주체적인 언어를 사용하거나 인물들 간에 좀 더 성숙한 갈등해결 전략을 사용하고 있다는 것을 발견했다(Lauzen & Dozeir, 1999; 2008).

이렇게 볼 때, 우리나라 미디어 조직에서의 성 구조의 문제는 미디어의 표상과 어느 정도 연관성이 있다고 하겠다. 한국언론진흥재단이 조사한 2016년 언론 산업의 성별 종사자 현황에 의하면, 여성이 17,853명으로 전체의 29.7%를 차지하고 있는 것으로 나타났다.[1] 한편 방송 조직에서의 성별 인력구조에 한정해서 살펴본다면, 지상파 방송사의 여성인력은 2000년의 1,241명(남성인력 대비 12.9%)에서 2010년에는 2,584명(남성인력 대비 23.6%)으로 꾸준히 증가세를 보이며 2017년에는 3,676명(남성인력 대비 34%)에 이르고 있다(과학기술정보통신부·방송통신위원회, 2018). 이렇게 보면 여성인력이 점차 증가추세에 있긴 하지만, 전체 인력의 약 1/3 수준으로 여전히 남성보다 낮은 비중을 보이고 있음을 알 수 있다.

한편 성별 인력구조를 정규직, 비정규직의 고용형태로 살펴보면, 2017년 12월 말 기준 지상파 방송의 정규직의 경우 남성이 78.9%로 여성(21.1%)보다 월등히 높은 반면, 비정규직 종사자의 절반 이상이 여성인 것으로 나타나 여성의 고용형태가 상대적으로 불안정함을 알 수 있다. 또한 직종별로는 아나운서와 기타 직종(작가, 리포터, 제작지원 등)을 제외한 모든 직종에서 남성의 비율이 높게 나타났는데, 특히 기자, PD, 제작관련(카메라, 영상, 조명, 미술 등), 기술직 등 방송제작의 핵심적 직종에서 남성의 비율이 월등히 높게 나타났다. 더구나 임원, 경영직(인사, 재무, 기획, 경영 등) 등 고위직이나 중요한 관리업무에서의 성별 격차도 크게 벌어졌다(과학기술정보통신부·방송통신위원회, 2018).[2]

1 http://www.kpf.or.kr/site/kpf/ex/board/List.do?cbIdx=235.

여성이 방송에 있어서 핵심인력[3]에서 소외된다는 것은 단순히 주류의 업무를 맡지 않는다는 것 이상의 의미를 갖는다. 즉 핵심인력은 방송사의 실질적인 주역으로 '방송인'이라는 사회적 명망과 영향력 및 조직 내 안정적인 위치를 향유 할뿐만 아니라 최고위직 또는 정·관계로 수직 신분상승할 기회를 독점하는 것이다(윤석민·이철주, 2003).

앞서 보았던 인력구조 현황에 비추어 볼 때, 여성은 방송 조직에 진입했다 하더라도 대부분 아나운서와 같은 특정한 직종에 한정되거나 리포터, 제작지원 등 주변적이고 보조적 업무에 주로 배치되어 있음을 알 수 있다. 또한 여성은 비정규직의 비율도 높게 나타남으로써 고용의 안정성에 있어서도 남성보다 불안한 위치에 있다고 하겠다. 이와 같이 방송사 인력에 있어 남성 종사자의 수가 많다는 것을 넘어서서, 고용형태나 직종, 승진에 있어서도 성별 차이가 크게 나타남으로써 방송사 인력구조의 양적, 질적 측면에 있어서 성별 불균형의 심각성을 드러내고 있다.

---

2 2017년 12월말 기준 지상파 방송사의 주요 직종별 여성과 남성의 고용비율을 살펴보면 다음과 같다. 기자는 남성 1,997명, 여성 480명, PD는 남성 1,737명, 여성 708명으로, 여성 기자는 19,4%, 여성 PD는 28.9%의 낮은 비율을 차지하고 있다. 또한 아나운서는 남성 216명, 여성 277명, 기타 직군(작가, 리포터, 제작지원 등)은 남성 344명, 여성 594명으로 여성이 조금 높게 나타났다. 한편 임원은 남성 143명, 여성 12명으로 남성이 압도적으로 높은 비중을 차지하고 있고, 경영직은 남성 1,283명, 여성 448명으로 역시 남성의 비율이 높게 나타났다(과학기술정보통신부·방송통신위원회, 2018). 이렇게 볼 때, 여성이 남성보다 높은 비율로 나타난 것은 아나운서, 작가, 리포터나 보조/지원업무 등과 같이 비핵심적인 직군이며, 고위직이나 핵심직군에서는 남성에 비해 매우 낮은 비중을 차지하고 있음을 알 수 있다.

3 방송사에 있어서 핵심인력은 대체로 보도부문 및 제작부문에 있어서 노른자위로 평가되는 정치, 경제 분야의 기자직 그리고 드라마 제작직(PD)을 의미한다고 볼 수 있다(윤석민·이철주, 2003).

이와 같이 미디어 조직에 성의 불평등이 있으며, 이러한 성차별적 인력구조가 미디어 텍스트 생산에 작용하는 문제점들도 분명히 존재한다. 따라서 여성의 미디어 조직 진출을 법적, 제도적으로 보장할 필요가 있다는 주장이 제기되고 있다. 이러한 노력은 미디어 조직에서의 성비 불균형을 해소한다는 점에서 중요한 의미가 있지만, 성차별적 미디어 내용을 개선하는 데 있어 인력구조의 문제에만 초점을 맞추는 관점은 미디어 제작과정을 지나치게 단순하게 이해한 것이라 할 수 있다. 즉 실질적으로 여성 인력이 늘었다는 것이 바로 성차별적인 미디어 내용의 해소로 연결되지 않는데, 그 이유는 여성인력의 정체성이 다양하기 때문이며 또한 미디어 내용은 제작의 조직적 환경에 영향을 받기 때문이다(van Zoonen, 1994). 여성인력의 증가로 미디어 내용이 변화될 수 있다는 주장은 여성인력이 그들을 다른 집단과 차별화하는 특정한 시각이나 접근방법, 선호나 스타일을 공유한다는 것을 전제로 하는데, 이는 여성인력은 하나의 여성성을, 남성인력은 하나의 남성성을 공유한다는 이분법적 성별론을 전제로 한다는 점에서 문제가 있다. 또한 미디어 제작에 있어 조직적 환경이라는 변수를 무시하고 개별 인력이 자신의 선호를 밀고 나갈 수 있을 만큼 자주적이라고 간주하는 것도 문제이다.

다시 말해서 여성인력이 증가한다 해도 이들이 미디어 조직 내에서 우월한 지위와 영향력을 발휘할 수 없고, 성별 종사자의 객관적 수치만으로는 답할 수 없는 보다 깊이 내재된 문화적, 이데올로기적 요인들이 제작과정에 관여된다. 또한 미디어 조직 내부의 사회적 관계는 생산단위 외부의 더 거시적인 사회적 관계들과 연동(Mosco, 1996)하면서, 이는 미디어 제작에 영향을 미친다고 할 수 있다. 따라서 미디어 제작을 둘러싼 다양한 맥락적 측면들에 초점을 맞추고 이러한 요인들이 미디어 생산자, 그리고 이들이 만들어내는 미디어 텍스트에 어떻게 관련되는지에 대한 고찰이 필요하다고 하겠다.

2) 미디어 생산의 성별분업

앞서 살펴보았듯이 미디어 조직은 남성이 양적으로 우세할 뿐만 아니라 직종이나 업무 및 부서 배치, 직급 등에 있어서도 남성 지배적인 특성을 보이고 있다. 즉 여성 종사자가 늘었지만, 미디어 노동시장은 여전히 성별에 따라 분할되어 있다. 미디어 노동시장에서 여성은 불안정한 고용과 저임금을 감수하면서도 상대적으로 관련성이 부족한 주변적인 업무를 담당하는 반면, 남성은 안정적인 고용과 보수가 보장되고 미디어 제작과 직접적인 관련이 있는 중심적인 시장에 속해 있는 것이 일반적인 경향이라고 할 수 있다. 이와 같이 성별에 따라 미디어 조직 및 노동시장 내에서의 지위와 역할 또는 업무가 구분되는데, 이는 수평적 분리와 수직적 분리로 나누어 볼 수 있다(최이숙, 2013).

먼저 수평적 분리는 여성과 남성이 서로 다른 영역에 혹은 조직 내의 서로 다른 부서나 업무에 종사하는 것으로, 예를 들어 남성은 관리나 영업직에, 여성은 사무보조나 고객 접대와 같은 업무를 맡는 경우를 말한다. 반 주넨(van Zoonen, 1994)은 미디어 노동력의 수평적 분리가 나타나고 있으며, 여성은 소비, 가정, 인간적 흥미, 오락 등의 분야에서 주로 종사하고 있음을 지적하였다. 언론사에서 수평적 분리는 부서배치에서 가장 두드러지게 나타나는데 대표적인 사례로서 여성기자는 생활부에, 남성기자는 정치부나 사회부에 배치되거나, 방송 제작의 경우 남성은 주로 드라마나 예능 프로그램에, 여성은 어린이나 주부를 대상으로 한 교양프로그램에 주로 집중되는 경향 등으로 나타난다. 언론사에서 부서배치는 경력관리의 중요한 요소라 할 수 있는데, 여기자에게는 이른바 여성에게 적합한 분야가 맡겨짐으로써 이는 여기자가 승진에서 뒤처지고 사회활동에서도 불이익을 감수해야 하는 결과를 초래하였다(허명숙·나미수, 2008). 이러한 성별 수평분리는 신문사나 방송국과 같은 전통적인 미디어 조직뿐만 아니라 상대적으로 평등한 분야로 인식되는 문화콘텐츠 영역에서도 발견된다(최이숙, 2013). 예컨대 애니메이션 생산 작업에서 남성은 제작을 전반적으로 통제하는 애니메이션 PD나 시나리오 작가 등의 창작 직종을, 여성은 원화, 동화, 채색 등의 단순 직종을 주로 담당하고 있는 것으로 나타났다.

한편 수직적 성별 분리는 여성이 지배적 분야에서 소외되는 것을 말하는데, 남성은 주요 의사결정자로서의 역할을 담당하는 반면, 여성은 보조적이고 주변적인 역할에 머무는 등 성별에 따른 위계와 권력관계의 차이로 나타난다. 이는 앞서 보았던 미디어 조직의 인력구조에서 임원이나 고위관리직의 대부분을 남성이 차지하고 있었던 결과에서 알 수 있다. 또한 이러한 차별은 우리 사회의 고정관념도 중요한 요인으로 작용한 것으로 보인다. 예를 들어 언론사에서 여성기자들은 남성기자와 비교할 때 부서배치 뿐만 아니라 승진, 승급에서도 차별을 받아왔는데, 이는 거칠고 모험심이 강한 기자직과 같은 직업은 여성들에게는 맞지 않는다는 고정관념이 강했기 때문이라는 것이다(김진경, 2013). 이러한 수직적 성별 분리는 미디어 생산에서 성별 불평등한 관계를 발생시키고, 미디어 조직의 중요한 위치를 남성이 차지함으로써 여성은 권력의 중심에서 지속적으로 배제되는 악순환을 발생시킨다.

이러한 수평적 분리와 수직적 분리는 상호 연관되어 있다고 볼 수 있는데, 예를 들어 방송제작에서 PD는 주로 남성이, 작가는 주로 여성이 담당하는 것은 수평적 성별분업이지만, PD가 제작을 통제하고 진두지휘하는 핵심적인 역할을 하는 반면 작가는 이를 보조하는 역할을 한다는 점에서 수직적 분리의 형태로 나타나기도 한다. 또한 수평 분리는 여성과 남성이 서로 다른 영역이나 일에 종사함으로써 생산 영역에서의 기회와 경험 또는 지식 습득에 있어서 성별 차이를 가져오며, 이는 여성과 남성의 경력 쌓기와 승진에도 영향을 미침으로써 수직적 분리의 효과를 가져 온다고 할 수 있다. 예컨대, 언론사에서 전통적인 저널리즘 영역인 정치, 경제, 사회 등의 부서는 대부분 남성기자들이 많고, 여성기자들은 조사, 생활, 교정부와 같은 특정 분야에 국한되는 경향이 나타났다. 이러한 부서 배치상의 성별 분리는 여성들이 기자로서의 다양한 경험을 할 수 있는 기회를 차단하고, 이에 따라 여성기자들이 간부직에 어렵게 진출한다 해도 특정 영역에 한정될 수밖에 없다는 것이다(김진경, 2013).

이와 같은 성별 분리는 미디어 조직의 남성 중심적 고용체계와 관습이라든가 여성의 능력에 대한 사회적 편견 등에서 비롯되는 것으로, 이는 단순히 미디어 조직 내의 문제라기보다는 우리 사회의 가부장제적 젠더 구조와 가치가 작용한 것이라 할 수 있다. 즉 미디어 조직의 성별분업은 우리 사회의 성별 공사영역 분리와 밀접히 연관되고[4], 자

4 앞서 언급한 바와 같이, 취재영역에서 남성은 정치, 경제, 외교, 국방 등 공적인

본주의 가부장제사회에서 여성의 경제적 위치를 평가절하 시키는 성별분업의 연장선상에서 설명된다. 이에 따라 개인의 교육적, 기술적 능력과 관계없이 여성은 '여성적'이고 부차적인 일을 맡게 되며, 또한 여성은 중심부에서 밀려나게 됨으로써 미디어 조직의 목표나 전략을 결정짓는 권력으로부터 배제된다(박소라·전경란, 2003). 이러한 성별분업은 여성과 남성의 실제 업무능력이나 적성보다는 조직 내 권력이나 역할의 중요성 등에 따라 여성의 일과 남성의 일을 구분하는 것으로서, 성별분업이 어떤 형태를 취하든지 남성에게 부여된 역할과 업무는 더 의미 있고 중요한 것으로 인식된다고 하겠다.

3) 미디어 조직의 남성중심 문화

앞서 살펴보았듯이 미디어 조직 및 노동시장에서 여성들은 주변적인 위치를 차지하고 있으며, 이는 미디어 제작과정에서 통용되는 규범이나 관행, 미디어 조직에 내재된 조직문화 나아가 우리 사회의 젠더 관계 및 인식 등과 관련된다. 이러한 요인들은 각각 독립적인 것이라기보다는 상호작용하며 미디어 제작에 영향을 미친다고 할 수 있다. 이는 미디어 조직에서 여성인력의 증가만으로는 미디어 내용을 개선시키기 어렵다는 관점을 설명해 주는 것으로서, 미디어 제작에 적용되는 직업 문화나 관행, 사회적 인식이 미디어 내용을 결정하는 데 중요한 요인이 되고 있음을 보여주는 것이다.

영역의 부서에, 여성은 생활, 소비와 같은 사적인 영역의 부서에 주로 배치되는 것은 우리 사회의 성별 공사영역 분리의 이데올로기가 그대로 적용되고 있음을 보여준다.

미디어 조직을 비롯한 어느 조직이든 조직문화를 가지고 있다고 볼 수 있는데, 노동과 보수의 경제적 교환관계, 권한의 배분, 의사결정의 절차와 더불어 조직 구성원들의 인간관계, 비공식적인 네트워크, 업무와 관련된 이데올로기 등은 조직문화의 중요한 측면들이라 할 수 있다(Gherardi, 1995). 이러한 조직문화는 조직 구성원들의 경험에 있어 중요한 요소로 작용하는데, 미디어 조직의 경우 특히 문제가 되는 것은 성차별적인 남성중심의 조직문화라 할 수 있다. 즉 남성적인 의사소통 방식, 행동 및 업무처리와 업무기준 등을 바람직한 것으로 간주하고, 남성에게 혹은 여성에게 적합한 일을 구분하는 사고방식 등이 남성중심의 조직문화에 해당된다고 하겠다(Still, 1994).

남성적인 조직문화는 남성적인 제작관행과 인식을 만들고 이것은 미디어 내용에도 반영된다고 할 수 있다. 남성 시각의 미디어 내용이나 성차별적 묘사는 이러한 남성적인 관행이나 인식과 무관하지 않다고 할 수 있으며, 또한 이러한 조직문화는 여성이 여성의 목소리를 내기 힘든 환경, 여성이 여성의 정체성을 가지고 생존하기 힘든 환경을 만들어낸다고 하겠다. 남성 중심적 조직문화에 익숙하지 않은 여성들은 이에 대응하는 데 어려움을 겪을 수밖에 없으며, 더구나 이러한 조직문화가 업무의 배치나 업무성과의 평가 및 승진에도 영향을 미침으로써 미디어 조직에서 여성의 지위는 지속적으로 취약해지게 된다.

따라서 여성이 조직에서 생존하기 위한 방식 중의 하나는 이러한 남성적 조직문화를 내면화하는 것 즉 '남성화'되는 것이라고 하겠다. 여성도 남성적 관행과 가치관을 수용하여 남성처럼 사고하고 행동할 수 있는 능력이 요구되고, 이를 통해 조직의 목표에 순응하는 것이 필요하다는 것이다. 여성이 여성으로서의 목소리를 내는 것은 조직문화에 부적절한 정체성을 드러내는 것이 되며 조직에서 주류로 자리 잡지 못하게 하는 요소로 작용한다. 즉 미디어 조직에서 소수자인 여성들은 여성으로서의 정체성을 내세우기보다는 남성적 문화에 적응하려고 노력한다(유선영, 2003). 이에 따라 여성이 사회활동에서 겪게 되는 육아나 가사 등의 문제는 간과될 수밖에 없으며, 이러한 문제들은 여성의 개인적 문제로 취급되거나 오히려 여성인력을 핵심적인 분야나 업무에서 배제시키는 빌미가 되어 여성을 더욱 불리한 위치로 몰아넣게 된다. 그러므로 여성이 미디어 조직에 적응하기 위해서는 남성 중심적 커뮤니케이션 스타일이나 가부장적 사고방식을 여성 스스로 받아들이고 타협해야 하는 것이다.

또한 여성 생산자들은 미디어 생산 작업의 효율성의 측면에서도 기존에 고착된 조직의 관행을 우선시해서 받아들일 수밖에 없으며, 결과적으로 성별에 따라 업무수행이나 미디어 내용에 큰 차이를 찾아보기 어렵게 된다. 이는 미디어 조직도 자본주의 사회에서 이윤을 추구하는 하나의 기업으로서 조직을 운영해야 한다는 점과도 관련된다. 미디어 조직의 경제적 요인은 효율적인 생산 작업뿐만 아니라 미디어 내용의 제작에도 중요한 통제요인으로 작용한다. 즉 미디어 조직은 이윤과 직결되는 중요한 척도인 시청률이나 구독률을 높일 수 있는 미디어 내용의 제작을 추구하게 된다. 미디어 조직은 당연히 이윤을 많이 올릴 수 있는 텍스트 생산에 대한 압력을 행사할 것이며, 위험부담을 최소화하기 위한 전략으로서 가부장적인 틀을 유지하여 일반적인 수용자들이 거부감 없이 받아들일 수 있는 텍스트를 제작하고자 한다(박소라·전경란, 2003). 이와 같이 미디어 조직의 이윤추구라는 경제적 요인, 미디어 생산 작업의 관행이라는 문화적 요인 등이 여성 생산자의 업무수행에도 영향을 미치게 되고 이를 내면화하는 기제가 된다고 하겠다.

한편 여성은 남성적인 미디어 조직문화를 수용해야 하는 압박을 받음과 동시에 그러한 조직문화에 의해 생산과정에서 소외되는 현상이 나타나기도 한다. 특히 남성 중심적 조직문화와 더불어 인맥 구조나 커뮤니케이션 네트워크, 멘토링 등의 비공식적인 조직구조는 비정상적인 정보흐름과 함께 이러한 네트워크에 진입하지 못한 구성원들의 소외를 가져올 수 있다. 이러한 비공식적인 네트워크는 중요한 정보의 근원이면서 공식적인 의사결정 및 업무수행의 보조적인 수단이 되거나 경력 개발의 토대로 기능한다(Ibarra, 1993). 남성 중심적 미디어 조직에서 이러한 비공식적 네트워크는 남성들만의 유대관계를 형성함으로써 여성을 배제시키는 장치가 되고 있다. 남성적 유대는 조직 내에서 남성들이 상호 동일시의 경향을 강화하면서 남성들의 우위와 자존감을 형성해주는 중요한 기제라 할 수 있는데 대부분 은밀하게 비공식적으로 이루어진다. 예를 들면 술자리나 사우나, 골프 등에서 비공식적으로 이루어지는 남성들의 연대는 업무수행이나 인사과정 같은 공식적인 의사결정에도 영향을 미치게 됨으로써 여성들은 중심부에서 밀려나고 지속적으로 주변화 된다.

이러한 남성들의 비공식적인 연대는 직장 선후배나 동료들 사이에 이루어지는 비공식적인 조언이나 도움, 즉 멘토링을 통해서도 형성된다(윤석민·이철주, 2003). 조직에서 구성원들에 대한 학습은 공식적인 것 외에 구성원들 간의 비공식적인 상호작용과 커뮤니케이션을 통해서도 이루어지는 경우가 많은데, 이는 단순히 직업적 지식을 전달하는 것 외에 정서적 지원이나 자신감을 제공하는데도 중요한 역할을 한다. 또한 이러한 과정에서 멘티가 되는 구성원들은 멘토의 지원을 받아 자신의 커리어를 쌓고 그들이 커리어를 훼손할 수 있는 위험으로부터 보호받기도 하며, 승진 시에 멘토의 추천을 통해 커리어를 향상시키기도 한다. 그러나 미디어 조직에서 여성들은 양적으로도 열세이며, 더구나 고위직급에 있는 여성들이 적기 때문에 여성들 간의 비공식적 네트워크나 멘토링의 관계를 형성할 수 있는 자원이 매우 부족하다고 할 수 있다. 이는 여성들이 직업적인 경험을 쌓거나 커리어를 향상시키는 데 있어 불리한 위치에 놓여있음을 말해주는 것이며, 나아가 조직에서의 여성 소외와 성차별의 기제로 작동한다고 하겠다.

이와 같은 남성중심의 비공식적인 네트워크와 더불어 미디어 조직에서 여성인력에 대한 고정관념 역시 여성 소외의 중요한 요인이 되고 있는 것으로 나타났다. 예를 들어 채용이나 승진 같은 평가체계에 있어 성별에 따른 능력의 차이에 대한 믿음(예컨대, '남성이기 때문에 능력이 우수하다')이라든가, 혹은 성별에 따라 특정한 분야가 더 적합하다거나 핵심적인 업무는 남성에게 맡겨야 한다는 풍조가 생산과정에 은연중에 반영된다는 것이다(이수연, 2004). 이러한 여성에 대한 불신이나 성차별적인 사고는 여성 생산자에 대한 부정적인 정형화된 인식을 구성함으로써 미디어 생산과정에서 이들을 소외시키는 또 하나의 장치가 되고 있다.

이와 같은 미디어 조직문화와 관행의 남성화, 미디어 조직의 인력구조 그리고 미디어 내용은 상호 유기적으로 연결됨으로써, 미디어 생산영역에서의 여성 소외, 생산 작업에서 여성주의적 시각의 결여 그리고 성차별적인 미디어 텍스트의 생산이라는 악순환을 초래하게 된다고 하겠다.

3. 미디어 텍스트 생산과정과 젠더

1) 뉴스 생산과 젠더

2부에서도 살펴보았듯이, 뉴스는 대표적인 남성장르로서 인식되어왔는데 그것은 뉴스가 주로 공적영역을 다루고 있으며 이는 남성의 영역으로서 남성의 활동과 관련되기 때문이다. 따라서 뉴스에 등장하는 여성도 적을 뿐만 아니라 상대적으로 사소하게 취급되는 경향이 있음을 보았다. 뉴스텍스트에 나타난 이와 같은 여성의 상징적 소멸이 뉴스 생산과정과는 어떻게 관련이 될까? 앞서 단순히 생산영역에서 여성인력의 증가만으로 성차별적인 미디어 내용의 개선이 이루어지기 어렵다는 점을 살펴보았듯이, 기자의 성별이 실제로 뉴스보도에서의 차이를 가져올 만큼의 영향력 있는 요인이 되지 못한다는 것을 예측할 수 있다. 이는 뉴스생산에 있어서 정책, 관행과 같은 구조적, 문화적 요인들이 뉴스생산자의 개인적 성별 차이를 희석시키고, 언론사 조직의 인적 구조와 더불어 의사결정과정, 제작관행, 조직문화가 남성중심의 시각과 가치관에 의해 주도되고 있다는 점이 보다 더 중요한 요인임을 시사하는 것이라 하겠다.

언론은 사회를 반영하는 한편 사회에 커다란 영향을 미치고 있으며, 특히 언론의 최종 생산물인 뉴스가 개인적 산물이기 보다는 뉴스 조직의 구조, 직업 관행과 규범 그리고 사회제도와 이데올로기 등이 복합적으로 작용하여 만들어지는 집단적, 사회적 산물인 만큼, 언론 조직 및 뉴스생산과정에서 나타나는 성차별의 문제는 우리 사회의 젠더 인식과 구조를 반증하는 하나의 중요한 사례라 할 수 있다.

(1) 뉴스 생산자-앵커와 기자

앞서, 미디어 조직의 인력구조에서 전체 종사자 수나 직종별, 고용형태별 종사자 수에 있어서 양적, 질적으로 여성의 비중이 낮음을 살펴본 바 있다. 이러한 경향은 뉴스제작 인력구조에서도 마찬가지로 나타나는데, 여성은 앵커, 기자, 정보원 등에 있어 그 숫자도 적을 뿐 아니라 역할이나 위상에 있어서도 낮은 위치를 차지하고 있는 것으로 나타났다.

먼저 앵커는 텔레비전 뉴스를 전달하는 주체로서 뉴스가 신뢰성을 확보하는 데 중요한 역할을 하는 인물로서, 그 자체가 뉴스가치가 있는 유명인사로서 방송사 조직의 상징적인 대표가 되기도 한다(Morse, 1986). 그러나 관련 연구들에서 이러한 앵커의 중요한 위치와 역할을 주도적으로 수행하는 사람은 남성앵커로서 여성앵커는 보조적인 역할을 하는 것으로 밝히고 있다(강혜란·윤정주, 2010; 김경모, 2003; 김경희·강혜란, 2016; 김양희, 2001; 김훈순, 1997). 이들 연구에서, 여성앵커는 남성앵커보다 뉴스 전달빈도나 화면에 등장하는 빈도가 낮았으며, 뉴스 초반에 보도되는 중요 뉴스를 여성앵커가 담당하는 경우는 매우 적고 주로 후반부의 뉴스를 담당하는 것으로 나타나 핵심적인 뉴스보다 주변적인 뉴스를 다루는 것으로 보인다. 2000년대 이후로 갈수록 남녀 앵커가 담당하는 보도건수의 차이는 거의 사라졌지만, 화면등장이나 뉴스의 길이 그리고 담당 뉴스꼭지 순서 등에서는 여전히 여성앵커의 비중이 낮게 나타나 상대적으로 여성앵커의 중요도가 떨어지고 있는 것으로 나타났다.

또한 연구가 수행된 시기에 관계없이 남녀앵커의 연령차이가 꾸준히 지적되었는데, 여성앵커(20-30대)는 남성앵커(40-50대)보다 젊었으며 경력과 연륜을 주된 자질로 삼는 남성앵커와 젊음과 미모를 갖춘 여성앵커라는 정형화된 특성을 보여주었다. 이러한 여성앵커의 기용은 과거에 여성 아나운서를 방송의 '꽃'으로 인식하던 성차별적 고정관념이 잔존해 있는 것으로 보이며, 80년대 남녀 더블앵커 시스템이 정착된 이후에도 여성앵커는 뉴스내용에 대해 관여하지 않고 단순한 전달자의 역할을 해왔다(김태희·나미수, 2012)는 점에서 여성앵커에게 경륜은 상대적으로 중요한 요인이 되지 못했을 것으로 보인다.[5] 실제로 여성앵커가 대부분 경력이 짧은 아나운서 출신인 데 비해 남성앵커는 경력이 오래된 기자출신이 많았으며, 기자출신인 남성앵커는 뉴스제작회의에 참석해 뉴스아이템의 배열이나 내용에 일정부분 권한을 행사하는 반면 아나운서국 소속인 여성앵커는 뉴스 편집권을 행사하지 못했다.

또한 2000년대 이후 디지털 시대가 본격화되고 채널수가 증가함에 따라 방송의 경쟁이 심화되면서 여성앵커나 여성아나운서들의 위상은 더 열악해졌다고 볼 수 있다. 즉 시청률 경쟁 속에서 방송사는 좀 더 젊은 여성앵커나 아나운서를 고용하고 이에 따라 기존의 여성아나운서들의 수명은 짧아졌다. 이런 상황에서 '늘 신입사원인' 여성아나운서들은 제 목소리를 내기가 어렵게 되고, 그들의 권익이나 직업적 안정성도 낮을 수밖에 없음을 알 수 있다(김태희·나미수, 2012). 이렇게

5 젊은 연령대의 여성앵커를 선호하는 풍토에서 여성앵커의 경륜은 나이가 들었음을 보여주는 것이라는 점에서 오히려 부정적인 요소로 작용했다고도 볼 수 있다. 실제로 여성앵커 혹은 여성아나운서들은 나이가 듦에 따라 편성부나 기타 행정부서 또는 라디오 매체로 옮겨가는 경우도 많았는데(김태희·나미수, 2012), 이는 여성앵커의 가치를 미모와 젊음에서 찾았다는 점에서 성차별적인 고정관념을 드러내는 것이라 하겠다.

볼 때, 뉴스에서 남성앵커의 이미지는 능력으로, 여성앵커의 이미지는 젊음과 외모로 결정된다고 볼 수 있다. 결국 여성앵커는 장식적인 보조자의 위치를 가짐으로써 뉴스에서 주변화 되고 있다고 하겠다.

한편, 뉴스제작에 있어 기자는 어떤 사건을 뉴스로 선택하고 이를 어떻게 다루어서 전달할 것인지를 결정한다는 점에서 사건에 대한 수용자들의 이해에 가장 중요한 영향을 미치는 존재라고 할 수 있다. 앞서 언급한 앵커와 마찬가지로 기자의 경우에도 성별에 따른 역할 수행의 차이가 드러났는데, 여성기자가 담당하는 보도량은 남성기자에 비해 적었으며,[6] 여성기자가 담당하는 뉴스 주제도 한정적이어서 다양한 분야에서 활동하지 못하는 것으로 나타났다. 즉 여성기자들은 건강, 생활, 교통, 날씨 등 전통적으로 여성분야로 분류되는 주제를 주로 담당하는 경향이 있었으며, 여성기자의 활동이 늘어나는 추세에도 불구하고 유독 정치주제만은 남성기자가 담당하는 비율이 압도적으로 높았다(김경모, 2003). 또한 텔레비전 뉴스에서 뉴스가치에 따른 보도 순위에 있어서도 남성기자가 담당한 뉴스의 보도 순위가 더 높고, 뉴스 길이 등에서도 남녀 기자 간에 분명한 격차가 존재하는 것으로 나타났다. 이러한 결과는 기자로서의 공신력에 있어 여성을 평가절하 하는 것임과 동시에, 권위 있고 신뢰할 수 있는 중요한 정보전달자는 남성이라는 인식을 수용자에게 심어줌으로써 여성을 소외시키게 된다.

6 관련 연구들에 따르면, 1990년대 후반 여성기자가 담당하는 뉴스 건수는 전체뉴스의 약 7.5%(김훈순, 1997), 2001년에는 약 15%(이수연, 2001), 2010년에는 약 20.3%(강혜란·윤정주, 2010)로 나타나 증가추세를 보이고 있지만 여전히 남성기자의 1/5수준으로 낮은 비중을 차지하고 있다.

이렇게 볼 때, 뉴스생산에 있어 남성이 수적으로 우세하고 주도적인 역할을 하고 있으며, 따라서 뉴스아이템의 선택과 제작은 남성적인 시각에서 이루어지고 뉴스내용 역시 가부장적 질서에 근거한 남성들의 가치관이 반영되게 된다. 결국 뉴스생산자의 문제는 뉴스내용과도 연결되며, 남성 중심적 생산자 구조는 뉴스에서 남성의 영역과 가치를 중요한 것으로 취급하게 되고 여성의 경험과 가치는 배제되는 결과를 가져올 수 있다.

(2) 뉴스 제작관행

앞서 미디어 조직의 남성 중심적인 조직문화에 대해 살펴보았듯이, 언론사 조직 역시 남성적인 문화가 지배적이라고 할 수 있다. 이러한 조직문화는 뉴스 제작과정에서 의사소통 혹은 의사결정 방식이나 뉴스취재의 관행 등에서도 나타난다. 언론사의 조직문화는 내부 응집력이 높고 개인보다 조직의 이해를 앞세우는 집단적 속성을 가지고 있으며, 소수의 남성에게 권력이 집중된 상명하복 식의 위계질서가 강하다(유선영, 2003). 이러한 권위적인 위계질서는 신입기자의 취재능력을 선배들에게 훈련받는 도제식 시스템과 일선기자들이 취재한 기사의 보도여부가 게이트키핑 과정을 거쳐 최종 의사결정자인 국장에 의해 결정되는 언론사의 피라미드식 의사결정구조의 결과로 이해할 수 있다(홍지아, 2016).

미디어 조직의 수직적 성별분업에서도 드러났듯이, 의사결정권을 가진 고위직의 대부분이 남성에게 집중되고 있는 언론사의 인력구조에서 여성은 의사결정과정에서 배제될 수밖에 없다. 남성이 권력의 중심을 차지하고 있는 언론 조직은 남성의 경험과 편의를 기준으로

운영되며, 이러한 남성적 운영방식과 조직구조에서 여성이 중심이 되고 리더가 되기는 어렵다. 이는 기자에게 요구되는 공격적인 취재, 술자리와 집단주의에 기초한 네트워크 형성, 상명하복의 남성적 조직생활에 여성은 적합하지 않다는 언론사 내부의 평가기준이 반영된 것으로 볼 수 있다(유선영, 2003).

또한 미디어 시장이 확대되고 경쟁이 치열해지면서 기존의 규범이나 관행들은 더 강화되는 양상을 보이기도 한다. 즉 언론사 운영의 합리화를 위해 상하 위계질서가 더욱 뚜렷해지고 기자들의 샐러리맨화가 가속화됨으로써, 안으로는 회사의 방침에 순응하고 밖으로는 회사의 이익을 대표하는 경향이 두드러지고 있다는 것이다(안영은, 2003). 이는 개인의 자율성 보다는 조직의 효율성을 우선시하는 것으로, 언론 조직의 남성 중심적인 관행과 성별 고정관념은 이러한 조직의 효율성이라는 목표와 결합하면서 오히려 성차별을 강화하는 것으로 볼 수 있다.

언론 조직에서의 성차별적 양상들은 뉴스제작의 가장 핵심적인 과정이라 할 수 있는 뉴스수집과 취재과정에서도 드러난다. 정보를 수집하는 것은 기자의 중요한 역할로서, 뉴스가치가 있는 정보를 얻기 위해서는 다양한 취재원의 확보를 필요로 한다. 특히 고위직 취재원으로부터 얻어낸 고급정보는 더 공신력을 가지며 더 뉴스가치가 있다고 판단된다. 우리 사회의 공적 조직에서 고위직에 위치한 사람들이 대부분 남성이라는 점에서 이러한 취재원에 대한 접근은 여성기자보다는 남성기자가 용이하다. 그것은 남성 취재원으로부터 고급정보를 얻기 위해 필요한 다양한 사적 교제에 있어 남성기자가 유리하기 때문이다. 즉 취재원과 우호적인 관계를 맺기 위해 학연, 지연 등의 인맥을 동원하고, 식사나 술자리, 사우나 등을 통한 남성적 네트워크의 형성이 취재를 위한 중요한 기반이 되는 것이다. 이러한 취재관행은 남성적 관계 맺기가 어려운 여성기자에게는 불리한 상황을 만들어내고, 실제로 여성기자들은 접근이 용이한 홍보담당자나 중간급 관리자를 취재원으로 채택하는 경향이 높은 것으로 나타났다. 특히 젊은 여성기자들에게 있어 자신보다 나이가 많고 사회생활 경험도 많은 남성 취재원과 정보를 얻을 수 있는 관계를 맺는 것은 쉬운 일이 아니며, 여성기자들이 남성 취재원을 접촉하는 과정에서 의도치 않게 성적 매력을 이용하거나 성희롱을 감수해야 하는 사례도 보고되고 있다(Hardin & Whiteside, 2009; 홍지아, 2016 재인용).

또한 기자의 정보수집에 있어 우리 언론의 독특한 특성으로서 권위적 정보수집과 비윤리적 타협문화를 지적할 수 있다(김경희, 1998). 권위적 정보수집이란 기자라는 직업이 권력계층으로 인식되어 약자인 취재원에게 강압적으로 정보를 수집하는 방식을 말하는데, 이러한 방식이 기자와 취재원 모두에게 자연스럽게 받아들여지고 있다. 권력관계로 정보를 수집하는 이러한 방식은 여성을 평가절하 하는 사회적 풍토에서는 여성기자들을 배제하는 기제가 될 수 있다. 또한 비윤리적 타협문화란 윤리적으로 잘못된 일이지만 이를 현실적으로 받아들이는 것으로, 촌지나 유흥업소에서 대접을 받는 것과 같은 행위를 말한다. 취재원과 기자가 비윤리적 행위를 공유했다는 점에서 형성되는 동류의식은 이를 공유하지 못한 기자들을 배제시키는 기제로 작용할 수 있다. 대표적인 예로, 여성접대부가 나오는 유흥업소에서 접대를 받는 것과 같은 방식은 성의 상품화를 인지하지 못하는 남성적 가치관에서 비롯되는 것으로, 이는 여성들이 타협하기 어려운 비윤리적

방식으로서 여성기자는 자연스럽게 배제될 수밖에 없다는 것이다. 물론 이러한 정보수집 방식이 일반적으로 수용되었던 것은 과거의 일이지만, 취재에 있어 비공식적 네트워크는 여전히 중요한 요소가 되고 있으며 그러한 네트워크의 형성에서 나타나는 남성중심적 특성들은 우리 사회의 젠더의식을 반증하는 상징적 사례가 될 수 있다.

이렇게 볼 때, 뉴스취재과정에서 기자와 취재원의 교제가 관행적으로 이루어지고 있으며, 얼마나 많은 취재원과 사적인 네트워크를 형성하고 있는지가 기자의 취재능력을 평가하는 기준이 되고 있다고 하겠다. 즉 뉴스취재에서 연고나 인맥, 인간관계가 중요한 자원으로 간주되고 있으며 그 자원을 남성이 장악하고 있음을 알 수 있다. 정보수집에 있어 취재원과의 사적인 관계가 중요하다는 인식은 이러한 관계 형성이 어려운 여성 기자를 중요 부서에서 배척하는 근거를 정당화한다. 아울러 사적인 관계가 근무시간 외에 이루어지는 경우가 많다는 점에서 육아와 가사를 병행해야 하는 기혼 여성기자들의 경우 더 불리한 여건에 놓일 수밖에 없다. 결국 업무수행 능력에 대한 객관적인 평가가 힘들고 조직 내 커뮤니케이션 네트워크나 유대관계 등이 중요하게 평가되고 있는 언론조직에서, 이러한 남성적 문화와 관계 맺기가 힘든 여성기자들은 기자로서의 성장이나 조직 내 위치를 공고히 하는 데 어려움을 겪게 된다. 그리고 이러한 결과는 기자라는 직업 자체가 여성에게 맞지 않다는 인식이나 여성 기자에 대한 부정적인 정형화로 이어지게 될 수 있다. 이와 같이 뉴스 생산과정에서의 성차별은 미디어 조직의 남성중심의 권력구조, 밀실과 담합에 의한 취재관행, 여성에 대한 사회문화적 편견과 권위주의적 남성문화 등이 복합적으로 작용하여 나타나는 것이라 하겠다.

이러한 맥락에서 뉴스생산과정에 나타나는 성차별과 남성 중심적인 문화는 뉴스텍스트에 있어 여성의 상징적 소멸과 긴밀한 연관성이 있으며, 뉴스생산영역의 젠더관계나 남성적 제작관행은 단지 언론조직의 문제를 넘어서 우리 사회의 젠더구조와 인식의 문제를 보여주고 있음을 알 수 있다.

2) 드라마 생산과 젠더

앞서 살펴본 뉴스가 남성장르로 표현되는 반면 드라마는 여성장르라고 할 수 있다. 드라마의 주 시청자는 여성이며 남성에 비해 상대적으로 드라마를 좀 더 친숙하게 즐기는 경향이 있다. 그만큼 여성들의 일상생활 속에서 드라마가 차지하는 비중은 매우 크다고 할 수 있다. 이와 같이 드라마의 시청자가 주로 여성인 데 반해서 드라마 연출자를 비롯한 제작인력의 대부분은 남성이 차지하고 있는 것이 현실이다. 물론 여성의 사회진출 확대와 인식의 변화와 함께 드라마 제작현장에서도 여성의 진입이 증가하고 활동여건이 개선되고 있다. 예컨대, 드라마 여성작가가 증가하였으며, 남성적 공간으로 인식되어 왔던 드라마 연출 영역에서 소수의 여성 PD들이 두각을 보이기 시작했다.[7]

그러나 이러한 변화는 일부의 혹은 외견상의 변화에 불과하며, 드라마 제작현장은 여전히 남성지배적이라 할 수 있다. 따라서 젠더적 관

7 MBC의 첫 여성 PD인 이윤정씨가 연출력에서 두각을 나타내면서 연출영역에서의 여성의 역량에 대한 기대를 고무시키고, 이어서 2008년 방영된 드라마 〈그들이 사는 세상〉에서는 드라마 생산 영역에서 일하는 소수의 여성 PD가 주인공으로 등장하면서 여성 PD에 대한 관심을 촉발시켰다(나미수, 2011).

점에서 드라마 제작현장의 특성은 어떠하며, 이러한 특성이 드라마라는 구체적인 텍스트와 어떻게 관련되는지 살펴볼 필요가 있다. 이는 생산자나 생산과정에 직, 간접적으로 관련되는 다양한 구조적, 사회적 요인이 작동하는 방식과, 이를 통해 드라마의 성에 대한 의미화 실천이 특정한 방식으로 조직화되어 드라마 텍스트라는 구체적인 실체로 나타나는 과정을 살펴보는 것이라 하겠다. 또한 드라마는 생산자 개인의 산물이라기보다는 집단적 산물이며 드라마 생산을 둘러싼 다양한 제작환경의 영향을 받는다는 점에서, 이러한 맥락적 특성이 드라마 생산 특히 드라마 텍스트에 나타나는 여성의 표현방식에 영향을 미친다고 할 수 있다. 즉 드라마의 1차적 의미생산자로서 이들의 젠더 인식과 생산방식이 드라마라는 특정 텍스트의 생산과정에서 표출됨으로써, 드라마 생산영역에서의 여성의 의미화 과정에 개입된다고 하겠다(나미수, 2011).

(1) 드라마 생산자－PD와 작가

한국 드라마 방송영역에서의 성 구조의 문제는 성차별적 드라마 표상과 연관성이 있다고 할 수 있다. 현재 드라마 작가를 제외하고 방송사 인력구조상에서 여성의 비중은 매우 적다. 물론 지상파 3사의 여성인력은 2000년의 1,241명(남성인력 대비 12.9%)에서 이후에 꾸준히 증가세를 보이며, 2006년에 1,898명(남성인력 대비 16.8%), 2016년에는 3,628명(남성인력 대비 25.4%)까지 증가하였다.[8]

8 지상파 방송사의 인력 중 PD는 2016년 12월 현재 2,351명으로서, 이 중 여성은 653명(남성 1,698명)으로 약 27%를 차지하고 있다(과학기술정보통신부·방송통신위원회, 2018).

이러한 여성인력의 증가에도 불구하고, 앞서 언급했듯이 드라마의 제작과정은 대단히 남성적이라 할 수 있다. 드라마는 많은 인력을 동원하는 작업이며, 드라마 PD는 이러한 수많은 제작인력을 지휘, 통제해야 하는데, 이러한 일은 일반적으로 여성에게 어울리지 않는다고 간주된다(이수연, 2004). 즉 여성 PD는 제작에 관여하는 모든 인력을 지도하고 관리할 능력이 부재하다고 인식되거나, 성적 위계가 만들어내는 최대한의 이익을 충분히 끌어낼 수 없는 존재로 여겨진다. 또한 연속되는 촬영스케줄과 육체적인 강행군을 하는 드라마의 제작현실 그리고 엄격한 상명하복의 제작문화 역시 드라마 제작을 남성PD에게 더 적합한 일로 인식하게 만드는 원인이 된다. 이러한 드라마 제작에 대한 성별화된 인식으로 여성 PD는 주로 시사교양국에 속하고, 드라마나 오락프로그램은 남성 PD가 담당하는 특정한 패턴을 만들어 드라마를 제작하는 여성 PD는 극히 제한되는 결과를 가져온다.

따라서 드라마 생산영역에서 작가의 경우는 여성들의 활약이 활발한 반면, 연출에 있어서는 소위 '입봉'을 한 여성 PD는 매우 드물다. 드라마 연출을 비롯한 제작의 현장은 '남성적 공간'으로 불리고 있는데, 소수의 여성 PD들은 이 공간 내에서 어려움을 겪거나 그 공간에 적응하는 나름대로의 방법을 찾고 있는 것으로 보인다(나미수, 2011). 먼저 여성 PD들은 제작현장에서 여성적인 태도나 행동방식은 바람직하지 않다고 인식하고 있다. 여성 PD들은 남성인력이 많은 작업현장의 특성상 남성적인 현장의 분위기를 이끌어가는 현실적인 어려움을 극복하는 방식으로 거칠고 공격적인 연출스타일을 보여야 된다고 생각하고 있으며, 혹은 정반대로 원만한 촬영을 위해 '여성다움'(예컨대, 애교)을 적극적으로 활용하는 경우도 있다는 것이다.[9] 어떤 방식이 되었든 여성 PD들은 전략적으로 남성적 공간에서 적응하기 위한 방안을 강구하고 있는 것이라 하겠다.

또한 생산자가 스스로 느끼는 자신의 성별에 따른 제작상의 차이와는 무관하게, 여성 PD들에 대한 선입견이 있는 것으로 나타났다. 즉 여성 PD들이 제작현장에서 느끼는 가장 힘든 점 중의 하나는 '모든 상황을 내가 여성이라는 사실과 연결시킨다는 점'이라는 것이다(이수연, 2004). 예컨대, 여성 PD들은 제작 현장에서 '여자니까 밤새는 것이 제일 힘들지 않느냐'는 질문이라든가, 여성이 드라마 PD를 지원한 데 대해 신기해하는 반응들과 함께 언제 다른 데로 갈 것인가에 대한 질문들을 종종 받는다는 것이다. 이에 따라 여성 PD들은 여성으로서의 자신의 정체성을 드러내는 것이 매우 불리한 일이 될 뿐만 아니라, 제작현장에서 여성으로 존재하기도, 여성으로서의 목소리를 내기도 어려울 수밖에 없다.

이와 같이 여성 PD들은 제작현장의 남성적 특성과 주변 동료들의 성별 정형화된 반응으로 어려움을 더 많이 경험하고 있는 것으로 나타났다. 이러한 드라마 제작에 나타나는 여성소외의 문제는 결국 드라마 텍스트에 여성주의적 시각의 반영이 어렵다는 점과 연결된다고 하겠다. 즉 여성 생산자가 여성의 정체성을 가지고 생존하기 힘든 제작환경에서 여성의 목소리는 사라질 수밖에 없다. 남성처럼 사고하고 행동하는 능력이 드라마 제작인력에게 필요한 능력으로 간주되는 환경에서, 여성이 여성의 목소리를 내는 것은 자신의 부적절한 정체성을 환기시키는 것이 되기 때문이다(이수연, 2004).

---

9 "여성 드라마 PD 3인의 '그녀들의 사는 세상'", 〈한국일보〉(2008. 11. 18. 31면).

한편 PD와 더불어 드라마 생산영역의 주축을 이루고 있는 작가의 경우, 1990년대 이후 여성작가가 활발히 진출하고 있다. 작가는 여성 직종이라 불릴 만큼 여성의 비율이 높은데, 이 분야에 진출한 여성들은 '유연화된 임시 노동력'으로서 비정규직의 대표적인 직종이라 할 수 있다(김현미, 2005).[10] 작가는 직종에 입문하고 경력을 쌓아가는 경로 자체가 매우 불분명하고 경험이나 경력에 대한 보상 체제도 제대로 마련되어 있지 않을 뿐더러, 작가의 노동은 장시간의 집중적인 에너지가 투여되지만 시간당 임금을 책정할 수 없다. 또한 최소한의 노동 재생산을 가능케 하는 보호 시스템이 전혀 갖추어있지 않은 매우 개별화된 노동의 형태를 띠고 있다. 이에 따라 작가들은 고용 불안정과 낮은 임금, 장시간의 노동에 시달리고 있다(한상근 외, 2003). 즉 작가들은 프로그램에 따라 단기간 계약으로 고용되고, 결과물의 질과 가치에 대한 평가가 모호하며, 경력이나 평판에 따라 협상력이 높아지는 정도에 따라 수입이 달라지는 등 근로조건이 매우 불안정하다고 할 수 있다. 이는 안정적인 고용형태를 보장받는 PD나 기술직의 남성 중심 직종과는 대조적인 것으로, 여성 직종인 작가들의 이러한 고용형태는 단순한 직무상의 분리가 아닌 성차별적인 고용형태라 할 수 있다.

---

10 방송사는 PD나 기술자 등 소수의 정규직 인력을 제외하고는 광범위한 '유연노동자'들을 운영하고 있다. 작가와 같은 유연노동자가 완벽하게 조직의 통제에서 벗어나 있는 자율적인 인력은 아니며, 프로그램별로 단기간 계약을 맺고 자신이 맡은 임무를 수행하기 위해 일터가 아닌 집과 다양한 현장에서 장시간의 노동을 한다. 작가 직종에게 요구되는 섬세한 문화 생산자로서의 능력과 낮은 수준의 근로 조건을 동시에 만족시킬 수 있는 노동자로서 고학력의 여성들이 선택되었다고 할 수 있다(김현미, 2005).

드라마 제작현장에서 종종 발견되는 남성 PD와 여성 작가라는 성별분업은 PD와 작가간의 권력적 위계를 공고히 한다. 정규직인 PD가 갖는 조직에서의 안정적인 지위는 임시직인 작가와의 관계에서 높은 의미를 부여받는데, PD는 작가의 직무 능력을 평가하는 비공식적인 관리자로서 작가의 평판을 운반하고, 관리하고, 조정하는 역할을 한다. 따라서 작가들이 고용 불안정에서 벗어나기 위해서는 PD와의 돈독한 신뢰를 형성하는 것이 무엇보다도 중요하다(김현미, 2005). 물론 인지도가 높고 경험 많은 작가들의 경우 PD와의 관계 형성에 있어 협상력을 가지고 있으며, 대본에 대한 영향력을 발휘하고 때로는 PD보다 우위의 위치에 놓이기도 한다. 그러나 이것은 소수의 스타작가의 경우에 한하며, 고용관계에서 PD와 작가의 불평등한 지위는 프로그램의 최종적인 결정권을 정규직의 형태로 고용된 남성 PD들에게 부여하고 있다고 하겠다.

여성작가의 이러한 주변적인 위치에도 불구하고 드라마 분야에서 여성작가들의 증가는 기존의 남성 중심적인 드라마 서사와는 다른 새로운 '여성적' 드라마를 생산해내는 데 기여하고 있다.[11] 또한 한류로 대변되는 아시아 지역에서의 한국 드라마의 인기는 제작에서 중

11 드라마 생산자로서 여성 작가의 부상은 여성의 특별한 감수성과 글쓰기 능력에 기반을 둔 새로운 여성적 텍스트를 만들어내었다고 평가된다. 여성작가들이 많이 집필하는 홈드라마나 멜로드라마는 그들의 풍부한 감수성과 표현력을 바탕으로 일상세계에 대한 세밀한 묘사에 있어 강점을 보이고 있다. 또한 여성 작가들이 만들어낸 로맨스 서사들은 연애나 인간관계의 친밀성의 문제를 섬세하게 그려냄으로써, 비슷한 경험과 상상력을 공유하고 있는 여성 시청자들에게 호소력을 지닌다. 그러나 이러한 여성적 텍스트는 여전히 가부장적 성별 전형성에 근거하고 있다는 점에서 복잡한 인간관계의 하나로서 성별 갈등을 제시하고 이에 대한 다양한 사유 방식을 제공하는 페미니즘적 텍스트와는 구별된다고 하겠다(김현미, 2005).

요한 역할을 하는 여성작가들의 대규모 진출과 무관하지 않다(손승혜, 2003). 그러나 여성작가들이 새로운 문화생산자로서 갖는 이러한 의의와는 별개로, 여성작가의 증가가 여성주의적 관점이 투영된 드라마를 생산하고 있는가 하는 점에 대한 논의가 필요하다. 여성작가의 확대가 드라마에서 여성주의적 글쓰기의 가능성을 가져오는지 살펴본 한 연구는 여성작가들이 스스로를 여성주의자로 칭하는가의 여부와 관계없이 남성작가와는 다른 시각에서 여성에 대한 견해를 갖고 있지만, 이들의 의식이나 여성관이 직접 텍스트에 반영되는 데 있어 제약이 있음을 지적하고 있다(김훈순·박동숙, 1999). 즉 방송사 조직의 성차별적 관행과 드라마 제작과정에 작용하는 구조적, 상업적인 요인들로 인해 일부 작가들의 진보적인 여성의식이 텍스트로 투영되는 데는 현실적인 한계가 있다는 것이다.

(2) 드라마 제작관행

앞서 언급했듯이 여성 인력의 증가가 성차별적 텍스트 내용의 해소로 직접적으로 연결되기 어려운 것은 성별의 객관적 수치로는 답할 수 없는 여러 국면들이 드라마 제작현장에서 일어나고 있음을 말해준다. 드라마는 협업과 공동의 생산물로서, 그 내부의 사회적 관계 역시 생산단위 외부의 더 거시적인 사회적 관계들과 연동한다(Mosco, 1996). 또한 드라마가 고수익의 문화상품으로 자리 잡고 제작 시스템에 변화가 생기면서 이는 드라마 제작 현장에도 영향을 미치게 되었다. 대표적인 변화는 드라마 제작이 자체 제작에서 외주 제작 시스템으로 바뀐 것이라 할 수 있는데, 이러한 변화로 인해 드라마 생산영역에서 자본의 논리가 좀 더 지배적으로 작용하고 상업화가 더욱 강화되었다(김진웅, 2008). 사실 많은 외주 제작사들의 등장은 체계적이고 다양한 기획안을 마련함으로써 드라마의 질적 향상을 가져 올 수 있을 것으로 기대되었으나, 실제로는 '대중성'을 기준으로 하는 편성권을 가진 소수의 방송사 간부들에 의해서 그 변화의 가능성이 저해되고 있다고 평가받고 있다(배진아, 2006).

이와 같이 제작환경이 자본화되고 상업화됨으로써 두 가지의 관행이 발생하게 되는데, 먼저 방송사나 기획사는 작품의 내용이나 질적인 측면과는 상관없이 이미 성공적인 작품을 만들어낸 제작진(즉 연출자나 작가)을 선호하게 된다. 또한 제작진뿐만 아니라 작품의 내용에 있어서도 실패의 위험을 줄이기 위해서 낯익은 코드나 관념을 사용해서 작품들을 형식화하게 된다(Ryan, 1991). 이미 입증된 성공작의 이야기와 캐릭터는 드라마를 수용하는 수용자에게 친밀감을 높이게 되고, 훨씬 더 많은 호소력을 지니게 된다는 것이다(Gitlin, 1984). 즉 이러한 이야기나 인물의 선택은 시청률이나 제작비와 같은 상업적인 논리에 의해 관행적으로 이루어진다고 할 수 있다. 제작환경, 즉 작품에 대해 충분히 고민할 수 없는 제작 시스템과 척박한 제작 일정, 관습화된 스토리를 만들어내는 제작관행과 상업적 경제논리가 작용하는 풍토 속에서 드라마의 이야기나 캐릭터 역시 천편일률적일 수밖에 없으며, 새로운 캐릭터를 창출해 낸다는 것은 매우 어려운 일이 될 수밖에 없는 것이다.

이러한 이야기와 캐릭터의 정형화는 나아가서 특정 가치관의 재생산으로 이어진다. 오랫동안 한국 드라마에서 재현되고 있는 가부장적 가치는 2000년대 이후의 드라마가 새로운 모습을 보여주고 있다는 지적에도 불구하고 여전히 드라마 속에서 재생산되고 있다(김훈순·김미선, 2008). 이는 우리 사회에 내재되어 있는 젠더가치와 고정관념의 영향도 있겠지만, 드라마 소재와 여성 캐릭터 등이 다양하게 나타나지 않는다는 점에도 기인한다고 볼 수 있다. 드라마 작가들을 인터뷰한 한 연구에 따르면, 여성 작가들의 경우 그들이 여성의식을 지니고 있을지라도 시청률이나 방송사 간부의 개입과 같은 구조적인 제약에 의해서 새로운 이야기와 캐릭터를 자율적으로 검열하는 경향이 나타났다(나미수, 2011).[12] 드라마는 방송사 간부와 생산자(PD, 작가), 그리고 PD와 작가간의 타협과 조정의 과정을 통해 이루어지는데, 이 관계에서 방송사 간부와 PD들의 영향력이 크게 작용하는 것으로 보인다. 방송사의 조직적인 관료체계에서 조직의 수익과 밀접한 관계를 맺고 있는 책임자급은 파격적인 내용과 캐릭터가 수용자에게 이질감을 주면서 시청률의 하락으로 이어진다고 보는 것이다. 따라서 수용자에게 이미 익숙한 드라마의 이야기구조와 관념을 따르게 되고, 이는 드라마 생산자에게 자기 검열로 작동하면서 그들의 역량을 제한하는 관행으로 자리 잡게 된다.

또한 이러한 관행들은 방송 제작현장의 도제 형식의 과정 속에서 학습되는 것으로 보인다. 도제 형식의 드라마 제작과정 속에서 생산자들은 기존의 관행을 익히고 내면화하게 되는 것이다. 이와 같이 드라마 제작관행은 생산자 내의 사회화를 통해 지속되고, 이는 생산자들

---

12 드라마 생산자(PD와 작가)와의 인터뷰를 통해 여성인물을 비롯한 드라마 속 인물들이 다양하지 않은 이유를 살펴본 결과, 창의성 부족, 노력 부족과 같은 개인적인 이유와 더불어 경제적(제작비), 시간적 제약 등의 제작환경, 그리고 시청률 부담과 같은 구조적인 이유가 복합적으로 작용하는 것으로 나타났다. 이러한 환경 속에서 이른바 시청률 공식에 크게 벗어나지 않으면서 위험부담을 줄이기 위해서는 관습적인 인물이 안전하다는 인식이 있는 것으로 보인다(나미수, 2011).

에게 일종의 제작기준이나 신념으로 작용하면서 악순환을 낳고 있는 것이라 하겠다. 인기 있는 몇몇 작가를 제외하고 대부분의 드라마 작가들은 이러한 관행을 방송사 간부 및 PD의 개입 하에 소위 '방송될 수 있는 작품'을 배우게 된다(김훈순·박동숙, 1999).

이렇게 볼 때, 드라마 제작환경은 생산자 개인의 역량과 자율성을 저해하면서 새로운 시도와 도전을 어렵게 만들고 있음을 알 수 있다. 즉 생산자는 드라마 제작의 주체이면서도 캐릭터 표현이나 메시지 전달에 있어서 한계가 있다고 할 수 있는데, 이는 생산자 개인이 창조성을 발휘할 수 있는 여지가 부족한 제작시스템, 관습화된 이야기와 캐릭터가 답습되는 제작관행 그리고 드라마라는 문화생산물의 가치와 문화적 잠재성보다 대중성과 상업성, 자본의 논리가 우선시되는 제작환경 등의 구조적 문제들이 제약으로 작용하고 있는 것으로 나타났다. 따라서 단순히 생산자의 성차를 넘어서서 생산영역의 구조적 요인과 제작현장의 남성적 문화 등이 드라마 텍스트에 개입되고 있음을 알 수 있다. 이에 따라 드라마 텍스트에서 여성주의적 시각은 결여될 수밖에 없고, 결국 성차별적인 묘사나 남성 시각의 메시지 등은 드라마 제작의 인력구조, 조직문화와 밀접한 관계를 갖는다고 하겠다.

제7장

미디어 수용의 성차

미디어 수용 문제에 있어서 젠더에 대한 관심은 미디어 텍스트연구만큼 역사가 길지 않다. 이는 미디어 수용연구에서 젠더 보다는 계급의 문제에 더 관심이 많았으며, 여성이 선호하는 대중문화 산물 또는 여성문화에 대한 시각이 매우 부정적이었다는 점이 작용했다고 볼 수 있다. 후자와 관련해서, 드라마와 같은 여성장르를 시청하는 것은 뉴스나 다큐멘터리와 같은 장르의 시청에 비해 시간낭비며 유익하지 않다는 인식이 우리사회에서 여전히 자리 잡고 있다는 점을 들 수 있다.

이와 관련, 초기 페미니스트들은 여성의 대중문화 수용을 매우 부정적으로 보았는데, 그것은 드라마나 로맨스 소설과 같이 여성들이 주로 수용하는 대중문화 산물들은 가부장적 가치와 허위의식에 가득 찬 것으로 인식되었기 때문이다. 따라서 이러한 대중문화 산물의 수용은 현실도피의 수단이자 하나의 일탈행위로서 간주되었다. 그러나 이러한 시각은 여성들에게 부정적인 이데올로기가 담긴 드라마와 같은 텍스트가 여성들에게 왜 인기가 있으며, 그러한 인기는 텍스트에 내재된 이데올로기의 수용을 의미하는 것인지와 같은 문제들에 대해서는 답하지 못하고 있다.

따라서 이후의 페미니스트 수용연구에서는 여성의 문화, 소비, 즐거움 등 사회적 실천을 강조하면서 드라마처럼 상업적으로 주어진 대중문화 산물이 어떻게 여성적 문화영역으로 구성되어 여성 수용자들에게 어떤 의미와 즐거움을 제공하는지에 관심을 가지게 되었다. 또한 미디어 수용은 수용행위가 일어나는 맥락적 조건과도 밀접한 관련이 있다는 점에서, 여성들이 그들의 일상생활이라는 맥락 속에서 경험하는 미디어는 어떤 의미를 가지며 그것의 페미니스트 전략과의 관계는 무엇인지 등을 살펴보았다.

이러한 시각은 여성의 대중문화 수용에 대한 초기의 시각이 대중문화를 여성억압의 '조장'으로 보았던 것과 달리, 여성의 대중문화 수용을 그들의 일상생활에 대한 불만이나 억압의 '표현'으로 본다는 점에서 긍정적이다. 또한 여성의 대중문화 수용을 비하하는 시각은 대중문화의 내용이 문제가 아니라 수용주체가 여성이라는 이유로 폄하하는 경향이 있음을 강조하고, 이를 벗어나 여성의 대중문화를 재평가하고 있다는 점에서 의의가 있다고 하겠다.

1. 미디어 텍스트와 수용자

미디어 수용 연구는 매스컴연구의 초기부터 주된 영역으로 활발히 연구되어온 분야로서, 수용자의 개념이나 미디어와 수용자의 관계를 바라보는 시각에 따라 변화되어 왔다. 특히 수용자의 미디어 텍스트 해석에 대한 관심은 수용자가 그들이 처한 사회적 위치나 문화적 배경에 따라 다양하게 텍스트의 의미를 해석할 수 있다는 시각에서 비롯되었다.[1] 즉 개별적이고 수동적인 존재가 아닌 능동적이며 사회적인 주체로서 수용자를 바라보게 되면서, 적극적인 의미창출자로서 수용자의 다양한 미디어 텍스트 해석에 초점을 맞추게 된 것이다.

수용자의 텍스트 해석에 대한 관심은 특히 홀Hall의 부호화/해독(encoding/decoding) 모델을 통해 발전했는데, 홀은 텔레비전 담론의 부호화와 해독과정을 체계화하여 이론적으로 정리하였다. 여기서 메시지의 의미는 생산자의 부호화를 통해 생산되지만, 이것은 수용자의 해독을 통해 재생산된다고 보았다(Hall, 1980). 즉 수용자는 자신의 사회적, 문화적 위치에 따라 동일한 텍스트에 대해 서로 다른 해독이 가능하며, 따라서 부호화된 메시지와 해독된 메시지는 반드시 일치하지는 않는다는 것이다. 이러한 관점에서 성(gender)은 연령, 계층, 교육 등과 함께 수용자의 사회적, 문화적 위치를 형성하는 중요한 요인

---

1 초기 실증주의 커뮤니케이션 연구전통에서는 수용자를 수동적이며 익명적인 개인들의 집합체로 보았다. 여기서 주된 관심사는 수용자의 미디어 이용에 따른 태도나 행동의 변화를 설명하고자 했던 효과연구로서, 수용자는 송신자에 의해 조종 가능하고 설득 가능한 존재로 인식되었다. 이후 이용과 충족 접근이라는 새로운 패러다임에 의해 수용자는 자신의 욕구와 동기에 따라 미디어나 미디어 내용을 자율적으로 선택하다고 봄으로써 수용자의 능동성을 인식하게 되었다. 이러한 수용자의 능동성은 이후 커뮤니케이션 분야에서 문화연구, 문학비평, 영화 이론 등 다양한 학문적 전통과 접근방식에서 새로운 개념과 이론들을 차용하면서 새로운 시각에서 제시되었다. 이는 1970년대 영국 중심의 문화연구 전통에서 비롯되었는데, 여기서 수용자는 메시지 해독과 의미 창출이라는 차원에서 능동성이 제기되었다. 이러한 관점에서 수용자는 사회적, 문화적인 주체이며 일상생활에서 미디어를 능동적으로 소비하는 의미창출자로서, 미디어 소비자에서 나아가 의미의 생산자로 인식되었다(나미수, 2013).

으로서 수용자의 텍스트 해독에 영향을 미친다고 하겠다. 그러나 홀은 수용자의 해독에 미치는 사회적 요인으로서 성을 중요하게 인식하지 못했으며, 주로 수용자의 계급적 위치와의 관련성 속에서 텍스트 해독을 설명하였다.

한편 홀의 모델은 일련의 경험적 텔레비전 수용연구를 통해 검증되었는데, 대표적인 예로 몰리(Morley, 1980)는 텔레비전 텍스트의 해독을 수용자의 사회적 위치, 특히 계급적 배경과의 관련성 속에서 살펴보았다. 계급과 해독의 관계의 다양성을 알아보기 위해 파킨(Parkin, 1973)이 제시한 세 개의 의미체계를 바탕으로 텍스트해독의 세 가지 위치, 즉 선호된 해독(preferred decoding), 교섭적 해독(negotiated decoding), 대안적 해독(alternative decoding)을 제안하였다.[2] 이러한 해독의 위치를 바탕으로, 몰리는 〈The Nationwide〉라는 텔레비전 프로그램을 사회적, 계급적 배경이 다양한 수용자에게 보여주고 수용자가 각자의 사회적 위치에 따라 상이한 해독을 하는지 검토하였다. 그 결과 시청자의 해독이 계급에 따라 일관되게 나타나지 않았는데, 계급적 차이에도 불구하고 유사한 해독을 보이거나 동일한 계급 내에서도 서로 다른 해독을 보이는 경우가 있었던 것이다. 이는 사회계급이 수용자 해독과 관련이 없다는 것을 증명한 것이라기보다는, 동일한 계급 내에서도 다양한 하위 문화적 특성이 수용자의 해독에 중요

---

2 선호된(혹은 지배적) 해독은 수용자가 송신자가 사용한 부호(code)를 받아들임으로써 송신자의 의도대로 텍스트를 충실히 해독하는 것이고, 교섭적(혹은 타협적) 해독은 선호된 의미를 대체적으로 인정하되 송신자가 사용한 부호를 특정 상황이나 이슈에 따라 타협적으로 채택하여 의미를 해독하는 것이며, 대안적(혹은 저항적) 해독은 송신자가 사용한 부호의 틀에서 완전히 벗어나 전혀 다른 해독을 하는 것을 말한다.

한 역할을 하고 있음을 보여준 것이라 할 수 있다. 여기서 몰리는 계급이 수용자의 해독에 직접적인 영향을 미친다기보다는 수용자의 계급적 위치가 그들이 접근할 수 있는 담론의 종류와 영역을 제한하기 때문에 해독의 차이가 발생한다고 보았다.

그러나 여기서 수용자의 해독의 차이는 주로 계급의 측면에서 논의됨으로써 텍스트 해독에 미치는 성, 인종, 연령, 종교 등의 다른 사회적 위치를 고려하지 못하고 있다. 이후의 연구들은 계급 외에 수용자의 다양한 사회적 위치에 따른 텍스트 해독을 살펴보고 있는데, 이러한 연구들에서 수용자는 사회적인 존재로 인식되었으며, 그들이 처한 사회적 위치에 따라 텍스트 해독이 다양할 수 있음을 보여주었다.

한편 텍스트 해독이 성, 연령, 계급 등과 같은 사회적 위치(혹은 하위문화집단)에 의해 구성된 해석공동체에 따라 다양하게 이루어지는 것으로 보는 이러한 시각에 대한 의문과 도전이 있어왔다. 즉 수용자의 해석적 위치는 계급이나 성 등의 하위집단의 소속에 의해서가 아니라 개별 수용자의 텍스트에 대한 담론관계에서 찾을 수 있다는 것이다(주창윤, 2005). 이와 관련 하위집단 혹은 해석공동체의 개념은 실존적인 것이 아니라 구성된(constructed) 것으로, 구성된 하위집단의 구성원은 현실속의 개인과는 다르다고 주장하였다. 즉 해석공동체는 성, 인종, 계급에 의해서 선험적으로 구분되어지는 것이 아니라 해석의 공통성에 의해서 사후적으로 형성되는 것이라고 볼 수 있다. 따라서 수용자의 텍스트 해독은 단순히 그들의 사회적 위치에서 비롯되기 보다는 텍스트와 수용자간의 상호작용의 산물로 보는 것이라 할 수 있다.

그러나 수용자 해독의 다양성에 대한 서로 다른 시각을 전제로 텍스트와 수용자의 관계에 집중한 이러한 연구들은 텔레비전 텍스트 해독의 문제에만 집중함으로써 텔레비전 시청이 이루어지는 시청맥락의 문제, 그리고 프로그램의 선택이나 선호의 문제에는 주목하지 못하고 있다.[3] 따라서 이후에 이루어진 많은 수용자 연구들은 이러한 한계를 인식하고 미디어 텍스트 해독에 대한 연구에서 벗어나 텍스트 수용의 즐거움에 대한 연구나 텔레비전 시청을 비롯한 미디어 수용이 이루어지는 맥락에 대한 연구들로 발전되었다.

2. 미디어 텍스트 수용과 젠더

앞서 언급했듯이 능동적 의미창출자로서의 수용자상의 시각에서 수용자는 미디어 생산자가 만든 텍스트를 수동적이고 무비판적으로 받아들이는 것이 아니라는 점에서, 수용자와 텍스트의 만남에서 나타나는 문화적 실천에 대한 분석이 요청된다. 이러한 측면에서 수용자가 텍스트 수용을 통해 경험하는 즐거움과 의미의 문제에 관심을 갖게 되었다. 기존의 텍스트 해독 연구들은 텍스트에 나타난 이데올로기에 주목하여 대중문화가 기존의 사회체제나 계급관계를 강화하는 기능을 한다는 입장을 취하면서도, 수용자들이 그들 자신의 이익과 동떨어진 것으로 간주되는 이데올로기가 담긴 대중문화를 왜 수용하는지

3 몰리의 연구에서 연구대상자들은 자연스런 시청환경(예: 가정)이 아닌 인위적으로 구성된 공간에서 프로그램을 시청하여 일상적인 시청경험과는 다른 상황에서 연구가 이루어졌다. 몰리 자신도 이러한 한계를 인식하고 이후의 연구에서는 특정 프로그램에 대한 해석의 문제에서 벗어나 프로그램 시청이 이루어지는 시청 맥락의 문제 그리고 프로그램의 선택이나 선호의 문제로 관심을 돌리고 있다(Morley, 1986).

에 대해서는 설명하지 못하였다. 이러한 이데올로기 연구가 갖는 문제점과 관련, 피스크(Fiske, 1986)는 대중은 단순히 대중문화를 소비하는데 그치는 것이 아니라 소비를 통해 의미와 즐거움을 생산해내며, 이는 대중문화 산물에 내재된 이데올로기에 대한 저항적 실천으로 귀결된다고 보았다. 즉 수용자는 대중문화 산물에 부여된 의미와는 다른 의미와 즐거움을 얻을 수 있다는 것이다. 이러한 시각에서 미디어 수용연구는 수용자의 취향과 선호의 문제를 다루면서, 인기 있는 장르는 어떻게 수용자에게 소구하며 어떤 즐거움을 제공하는지를 살펴보고자 하였다.

1) 성과 장르

수용자의 취향과 선호의 문제는 수용자의 성별에 따라서도 차별적으로 나타나는 것으로 보인다. 여성은 드라마를 즐겨보고 남성은 뉴스를 즐겨본다는 일반적인 인식은 성별에 따른 프로그램 선호에 차이가 있음을 보여주는 예다. 이와 관련, 성에 따라 두 가지 종류의 텔레비전 세계가 있음을 지적한 홉슨(Hobson, 1980)은 뉴스, 시사프로그램, 다큐멘터리, 모험/수사물 등은 남성의 세계에 속하는 장르로, 드라마, 퀴즈쇼, 코미디 등은 여성의 세계에 속하는 장르로 분류하고 있다. 이러한 여성과 남성의 선호의 차이에 대한 몇몇 연구들은 사회에서 요구하는 여성성/남성성의 차이나 장르별 서사 구조의 차이에서 그 원인을 찾기도 한다.

이러한 연구로서 여성이 선호하는 대표적 프로그램으로서 솝오페라[4](멜로드라마)에 대해 많은 연구들이 수행되었다. 예를 들어 솝오페라가 여성적 유형의 서사구조의 특성을 가지고 있음을 지적한 모들스키(Modleski, 1982)는 여성이 숍오페라를 선호하는 이유로서 숍오페라의 이야기 구조와 여성의 일상생활의 유사성을 설명하고 있다. 숍오페라는 클라이맥스가 없고 끝없는 이야기의 전개로 구성된 개방된 서사구조를 가지고 있는데 이는 여성의 일상생활의 리듬과 비슷하다. 즉 숍오페라의 이야기가 지속되며 끝나지 않는 것처럼 여성의 기다림이나 가사노동도 무한하다는 것이다. 또한 숍오페라에서 인물관계가 다양하고 복잡한 것은 모든 가족 구성원을 돌봐야 하는 여성(주부)의 역할과 유사하며 관계지향적인 여성성과도 잘 맞는다. 아울러 숍오페라의 비연속적이고 느린 전개방식은 주부가 집안일을 하면서도 줄거리를 따라잡는 데 별 어려움이 없다는 것이다.

숍오페라의 이러한 이야기 구조뿐만 아니라 다루는 주제나 소재 면에서도 여성 수용자에게 소구하는 요인이 있는 것으로 보인다. 즉 숍오페라의 주요소재가 되는 이혼, 혼외정사, 결손가정 등이 여성수용자에게 자신의 정상적인 결혼 상태에 대해 안도감을 제공하는 한편, 전통적인 가족구조나 가치가 파괴되는데서 오는 즐거움을 갖게 한다는 것이다(Seiter et al, 1989). 이러한 숍오페라의 소재나 이야기 구조는 현재의 한국 멜로드라마에서도 전형적으로 나타나는 서사적 특성이라 할 수 있다. 이와 같이 여성은 숍오페라 또는 멜로드라마를 자신의 일상생활이나 경험을 동원해 수용하면서 즐거움을 느끼고 있는 것으

---

4 숍오페라(soap opera)는 여성 특히 주부 취향의 라디오 및 텔레비전 연속극을 지칭하는 표현으로서, 미국에서 이러한 연속극 초기에 주로 비누회사가 후원을 했다는 점에서 유래된 용어이다. 주 내용이 주로 남녀의 애정이나 삼각관계를 다루고 있다는 점에서 멜로드라마와 유사하다고 할 수 있다.

로 보인다.

또한 솝오페라는 가족생활을 주된 소재로 이야기가 전개되면서 가족 간의 갈등이나 끊임없는 문제의 발생, 만족할 만한 해결책의 부재 등 복잡한 구조로 전개된다는 점에서 여성적인 서사 구조를 갖는다. 남성들은 복잡한 서사구조를 갖는 여성적 장르인 솝오페라를 선호하지 않는데, 그 이유는 여성과 남성의 문화적 능력의 차이에서 설명될 수 있다(박동숙, 1994). 문화적 능력이란 여성과 남성의 상이한 텔레비전 수용패턴을 설명하는 개념이다. 여성 특히 가정주부는 항상 여러 가지 역할을 동시에 수행하고 중간 중간에 다른 일로 방해를 받으면서도 모든 일을 조화롭게 해나가야 하는데, 여성 수용자들의 바로 이러한 문화적 능력이 복잡한 서사구조를 가진 솝오페라를 즐길 수 있게 해준다는 것이다. 여성의 문화적 능력은 사회적으로 여성에게 바람직하게 인식되는 속성과도 관련되는데, 여성은 어려서부터 모성의 특성들 즉 돌보기와 관계 맺기를 중요한 자질로 배우며 성장하는 데서 이러한 문화적 능력이 형성되었다고 볼 수 있다. 즉 여성 수용자의 솝오페라 시청의 즐거움은 솝오페라의 복잡한 서사구조와 여성의 역할이나 일상생활의 흐름이 일치하는데서 오는 것으로 보고 있다.

이렇게 볼 때 장르선호에 있어서의 성별차이 혹은 여성의 솝오페라와 같은 여성장르 시청의 즐거움은 가부장적 사회에서 요청되는 성역할이나 이상적인 여성성, 남성성의 특성과 밀접한 연관이 있음을 알 수 있다.

2) 여성의 텍스트 수용의 즐거움

텍스트 수용에 대한 연구들은 앞서 살펴보았던 솝오페라와 같은 여성의 선호 장르가 실제로 여성들에게 어떻게 수용되는지에 대한 관심에서 발전되었다. 이러한 연구는 드라마의 주요 시청집단으로서 여성 수용자에 대한 새로운 이해를 통해 드라마나 로맨스소설과 같은 '여성의 장르'에 대한 진지한 학문적 접근을 시도하였다.

멜로드라마 또는 솝오페라는 초기 페미니스트적 관점에서 보면 가부장적 사회에서 여성의 억압과 종속을 유지, 강화하는 기제로 인식되었다. 국내 드라마에서도 흔히 보듯이, 예쁘고 착하며 순종적인 여성은 사랑을 받으며, 여성의 행복은 결혼을 통해 완성된다는 가치를 담고 있기 때문이다. 즉 이러한 관점에서 수용자는 드라마와 같은 대중문화의 지배 이데올로기에 의해 포섭되어 텍스트의 지배적인 의미를 수동적으로 받아들이는 것으로 인식되었다.

그러나 이러한 관점은 드라마에서 여성이 부정적(예컨대, 수동적이고 복종적인 인물 혹은 가부장제의 희생자)으로 묘사되고 있음에도 불구하고, 여성들이 왜 이러한 텍스트를 즐겨보는지, 이러한 시청을 통해 여성들이 얻는 즐거움과 의미는 무엇인지 등과 같은 질문에 대해서는 답하지 못하고 있다는 한계가 있다. 여성의 텍스트 수용에 대한 연구들은 이러한 질문에 답하기 위해 드라마의 성차별적 메시지의 수동적 희생자로서 여성 수용자를 규정한 이데올로기 연구와는 달리, 미디어 텍스트 수용을 통해 수용자들이 느끼는 즐거움, 수용자들의 일상생활에서의 저항적 실천에 주목하였다.

미디어 텍스트의 즐거움의 저항성에 대해 바르트(Bartes, 1975/1990)

는 즐거움이 텍스트 자체 내에 존재하는 것이 아니라 수용자가 텍스트를 해독하는 과정에서 생산되는 것으로 보았다. 바르트는 텍스트가 어떤 구조나 규범에 의해 통일되거나 체계화되는 것이 아니라 다의적이고 다층적인 것으로, 텍스트의 즐거움은 수용자와의 관계 속에서 생산된다는 것이다. 피스크(Fiske, 1986; 1987)도 텔레비전 텍스트는 다양한 집단으로부터 인기를 얻기 위해 다의성(polysemy)을 가질 수밖에 없으며, 다의적인 텍스트에서 수용자의 일탈적인 해독이 가능하다고 보았다. 즉 텍스트가 지배적인 이데올로기를 담고 있더라도 수용자들은 이에 위반하는 일탈적인 해독을 통해 저항적인 즐거움을 가질 수 있다는 것이다.

이러한 접근의 연구들은 능동적 의미창출자로서의 수용자상의 관점에서, 여성 수용자들이 가부장적인 지배이데올로기가 담긴 드라마의 메시지를 있는 그대로 해독하기 보다는 다양하게 해독하거나 때로는 매우 상반된 해독을 하고 있음을 보여주었다. 이와 관련 멜로드라마 수용에 대한 연구들은 앞서 언급했듯이 드라마에서 주요 소재가 되는 이혼, 혼외정사 등의 문제가 여성 특히 주부수용자에게 가부장적 가치를 위반하는데서 오는 즐거움을 주기도 한다는 점을 보여주었다. 즉 드라마에서 가부장적 제도와 가치를 약화시키는 여성의 일탈이나 위반이 종종 묘사됨으로써 여성 수용자에게 대리만족과 즐거움을 제공한다는 것이다.

드라마와 더불어 또 다른 여성장르라 할 수 있는 로맨스소설에 대한한 연구에서는 로맨스소설이 여성을 매료시키는 내러티브 구조와 로맨스소설 읽기를 통해 여성독자들이 갖는 즐거움은 무엇인지 탐구하였다(Radway, 1987). 여성독자들에게 로맨스소설이 주는 즐거움은 아내와 어머니로서 갖는 여성의 책임으로부터 해방감을 제공하는 것이라 할 수 있는데, 그것은 가부장적사회에서 여성에게 부과된 억압에 대한 저항의 형태로 나타난다는 점에서 '저항적 즐거움'이라고 지칭된다. 이는 앞서 언급되었던 솝오페라가 '가족의 신성함'이라는 가부장제의 핵심적 이데올로기를 파괴하는 여성의 일탈이나 위반을 묘사한다는 점에서 여성 수용자에게 저항적 즐거움을 제공한다는 점에서도 살펴본 바 있다. 또한 로맨스소설 읽기의 즐거움은 내러티브의 특성뿐만 아니라 읽는다는 행위 자체에서도 비롯되는데, 로맨스소설을 읽는 동안 여성은 일상적 의무와 책임으로부터 벗어나 자신만의 시공간을 가질 수 있다는 것이다. 이러한 방식으로 로맨스소설은 부정적 의미에서 현실로부터의 '도피'의 전략으로 해방감을 주는 것이 아니라, 여성의 일상에 대한 '보상'이라고 할 수 있다. 즉 로맨스소설 읽기를 통해 여성들 특히 주부들은 일상생활에서 갖는 책임과 역할로부터 벗어나 자기중심적인 개인적 즐거움을 추구할 수 있는 것이다. 이런 점에서 로맨스소설 읽기는 여성독자들이 즐거움과 만족을 추구하는 능동적 전략이라고 할 수 있다.

이렇게 볼 때, 여성 수용자는 성차별적 메시지가 담긴 미디어 텍스트를 가부장제사회에서 여성으로서 지니는 자신의 위치 및 역할과 연결시키면서 이런 지배적인 가치와는 전혀 다른 해독을 하고 있음을 알 수 있다. 또한 여성 수용자가 텍스트에 담긴 기존의 젠더 가치나 질서를 그대로 수용하기 보다는 다양한 혹은 오히려 저항적인 의미를 갖는 것은 여성 수용자들이 가진 젠더 의식의 변화를 보여주는 것이기도 하다.

국내의 연구에서도 이러한 사례를 찾아볼 수 있는데, 2000년대 중반 화제가 되었던 드라마 〈내 이름은 김삼순〉의 여성 수용자들, 특히 20-30대의 여성들은 낭만적 사랑에 대한 환상이 사라지고 성 의식이나 결혼, 직업관에 변화가 있는 것으로 나타났다(정영희, 2007). 이 드라마는 기존의 드라마와 다른 여주인공[5]을 내세우고 지배적 가치에서 벗어나는 이슈들(예컨대, 계약 연애, 여성의 성적 욕구 등)을 많이 제기하고 있다. 이러한 반가부장적인 메시지에 대해 여성 수용자들은 텍스트의 의미에 현실감을 느끼고 공감함으로써 앞서 언급한 저항적 즐거움을 갖는 것으로 나타났다. 젊은 여성들의 경우 결혼, 취업, 성, 연애 등에서 기존 드라마와는 다른 이러한 메시지들을 자신이 처한 일상적 경험과 관련하여 매우 현실적인 것으로 수용함으로써 기존의 가치를 벗어나는 해독을 하고 있다고 하겠다. 이러한 연구들은 텍스트의 지배적 가치체계와는 다른 저항적이고 대안적인 의미를 생산하는 수용자의 능동성을 보여주는 것이라 할 수 있다.

그러나 이러한 능동적 수용자의 시각이 텍스트의 영향력을 간과하고 수용자의 자율성을 일반화하는 경향에 대해 문제를 제기하는 입장도 있다. 그러한 예로 여성의 텔레비전 드라마 수용을 살펴본 연구에서 여성시청자들이 생산한 다양한 해석들 중에서 압도적인 비중을 차지한 것은 드라마가 반영한 지배가치체계를 강화하는 해석들이었음이 지적되고 있다(이오현, 2002). 또한 드라마 〈여인천하〉의 남녀수용자의 해독에 대한 한 연구는 수용자들이 텍스트 밖의 지식이나 경험을 토대로 부분적으로 대안적인 해독을 형성하기도 하지만, 전반적으로는

5 이 드라마에서 여주인공 김삼순은 기존의 로맨틱 드라마 속의 일반적인 여주인공과는 다르게 평범한 외모에 그리 매력적이지 않지만, 순종적이지 않고 남성 앞에서 당당한 인물로 묘사된다.

텍스트의 지배적인 가치관을 받아들이면서 기존의 해석틀에 의존해 친숙한 의미를 재생산하는 경향이 있음을 밝히고 있다(양정혜, 2002). 즉 수용자들이 드라마의 현실성이나 도덕성보다는 재미를 추구함으로써 성찰적 노력을 요하는 저항적 해독을 기피하는 경향이 있다는 것이다. 또한 수용자가 가부장적인 텍스트의 규칙을 읽을 수 있다 하더라도, 이미 내면화되어있는 남성우위의 가치관으로 인해 지배적 해독으로부터 자유롭지 못한 양상을 보여주고 있음을 지적하고 있다.

이러한 입장은 수용자들이 자신의 경험을 바탕으로 텍스트에 대한 의미를 생산하는 능동성에 의문을 제기하고, 텍스트의 지배적 가치와 달리 저항적이거나 대안적인 의미를 생산해내는 수용자의 힘에 한계가 있음을 보여주고 있다. 그러나 여기서 텍스트의 의미생산이라는 수용자의 능동성이 반드시 저항성과 일치하는 것으로 볼 수 있는가 하는 점에 대한 의문이 제기된다. 바꾸어 말해서, 수용자가 저항적인 해독을 하지 못했다는 것 혹은 수용자가 적극적으로 지배적인 해독을 하고 있다면 이를 수동적인 수용자라고 할 수 있는가 하는 점이다. 예를 들어, 수용자들이 해독에 능동적으로 관여한다 하더라도 그 해독은 지배적일 수도 있고 저항적일 수도 있다. 이런 점에서 수용자의 텍스트에 대한 능동적 혹은 수동적 관여와 해독(지배적 혹은 저항적 해독)의 문제는 별개로 볼 수 있을 것이다.

이렇게 볼 때, 여성의 텍스트 수용은 텍스트를 벗어나 여성수용자의 일상적인 문화적 실천과 경험의 맥락에서 살펴볼 필요가 있다고 하겠다. 앞서 언급한 여성들이 텍스트 수용을 통해 경험하는 즐거움에 대한 관심은 여성 수용자들의 대중문화 소비에서 나타나는 비이데올로기적 측면, 즉 매일 매일의 삶 속에서 그들이 미디어 수용을 통해 느끼는 즐거움과 의미를 설명하고자 하는 것이다. 이는 이데올로기 연구가 대중문화 소비경험이 불러일으키는 즐거움을 허위적인 것으로 상정하는 것을 비판하면서, 이데올로기 분석이 소홀히 해왔던 일상성에 대해 주목하는 것이라 하겠다. 이를 통해 수용자와 텍스트의 관계에 대한 새로운 이해를 가능하게 함과 동시에, 여성의 미디어 수용에 대한 시각도 변화를 가져오게 되었다. 즉 여성의 미디어 수용을 부정적 측면에서 가부장적 이데올로기의 확대, 재생산으로 보고 여성장르를 폄하했던 관점에서 벗어나, 여성의 일상생활이라는 맥락에서 미디어 수용의 즐거움과 의미를 탐구함으로써 여성의 미디어 수용을 보다 긍정적인 시각으로 바라보게 되었다. 또한 이러한 즐거움의 발견은 수용자와 텍스트의 관계에 대한 새로운 이해를 가능하게 하고, 텍스트 수용을 둘러싼 맥락 특히 여성 수용자의 삶과 일상성에 대해 주목하는 것이라 하겠다.

3. 미디어 수용과 일상생활

1) 여성의 일상과 미디어 수용

수용자의 미디어 수용행위는 진공상태에서 이루어지는 것이 아니라 특정한 사회적, 문화적 상황 속에서 이루어진다. 따라서 수용자들이 미디어를 왜, 어떻게 이용하며 미디어를 통해 어떤 의미나 즐거움을 얻게 되는지를 설명하기 위해서는 실제적 미디어 수용이 일어나고 있는 다양한 상황들에 대한 설명이 필요하다. 이러한 관점은 미디어 수용자의 행위를 실험실과 같은 통제된 환경 속에서 살펴보거나 텍스트의 분석을 통해서는 이해할 수 없으며, 미디어 수용이 실제로 일어나고 있는 일상생활 속에서 연구가 이루어져야 한다고 보는 것이다. 즉 미디어 수용은 수용자들의 일상적 활동의 일부분으로서 이루어지고 있다는 점에서, 일상생활의 맥락은 미디어 수용을 이해하기 위한 중요한 요소로 간주되었다.

이와 관련, 여성의 미디어 수용에 대한 연구들은 여성 수용자의 일상생활이라는 맥락에서 미디어 수용의 의미와 즐거움을 탐구하였다. 이는 여성들의 실질적인 삶과 대중문화를 연결시키는 작업이라 할 수 있는데, 앞서 보았듯이 드라마와 같은 대중문화의 내용은 여성 수용자의 경험과 상당한 유사성을 갖는다. 즉 여성들은 자신의 경험을 동원해 대중문화 내용을 수용한다고 할 수 있으며, 따라서 매일의 일상적 삶 속에서 여성들이 어떻게 미디어를 수용하고 자신의 즐거움과 욕구를 형성하는지 살펴볼 필요가 있다.

예를 들어, 여성의 라디오 수용에 대한 연구는 여성 특히 전업주부들에게 라디오가 외부세계와의 통로역할을 하면서 주부들의 일상적 삶이 가져다주는 고립감이나 소외감으로 발생하는 긴장을 해소하는 중요한 수단이 되고 있음을 보여주고 있다(Hobson, 1980). 또한 여성들의 라디오 청취는 가사노동이 부과하는 의무와 책임감에서 일시적으로 벗어나게 하는 의미를 부여하는 것으로 나타났다. 아울러 라디오나 텔레비전과 같은 매체는 주부 수용자의 생활시간을 구분하는 역할을 하는데, 즉 주부들은 프로그램 편성에 따라서 자신의 일과를 맞춤으로써 일상의 생활리듬을 조정하기도 한다. 또한 가사노동을 끝내고 자신이 원하는 텔레비전 프로그램을 시청하는 행위는 주부의 노동에 대한 일종의 보상으로서의 만족감을 제공하는 것으로 나타났다.

이러한 연구들은 미디어 수용이 이루어지는 환경 혹은 맥락의 중요성을 강조하고, 여성의 일상적인 삶이라는 맥락 속에서 그들이 처한 역할과 위치에 주목함으로써 여성의 미디어 수용의 의미를 제대로 이해할 수 있다고 보았다. 즉 미디어 수용환경의 중요성과 함께 미디어 수용을 매일의 삶 속에 위치시켜 일상성을 강조한 이러한 관점은 미디어 수용연구가 더 이상 수용자의 삶의 현장과 분리되어서는 이루어질 수 없다는 주장을 담고 있다.

2) 가정생활과 미디어 수용

일상생활이라는 맥락 속에서 미디어 수용을 살펴보는 연구들은 미디어 수용이 이루어지는 가장 일상적인 맥락이라 할 수 있는 가정환경에 대한 관심이 높았다. 가정은 미디어 수용이 이루어지는 가장 보편적인 공간이라 할 수 있는데, 미디어의 도입과 수용은 가정의 사회문화적 환경 속에서 이루어진다는 점에서 가정생활의 조건과 상황이 미디어 수용에 영향을 미친다고 할 수 있다. 즉 가정 내 미디어 수용을 이해하기 위해서는 미디어 수용의 맥락으로서 가정생활의 다양한 실천과 문화, 예컨대 가족의 노동과 여가, 가족구성원들 간의 관계 및 상호작용 등에 대한 고찰이 필요하다고 하겠다.

예를 들어 가정에서 가족구성원들의 텔레비전 시청양상을 조사한 연구에서, 시청 패턴, 프로그램 선호 등에서 가족구성원 간의 차이 특히 성별 차이가 발견되었다(Morley, 1986). 즉 남성은 텔레비전 시청에 중단 없이 집중된 시청양상을 보인 반면, 여성은 텔레비전 시청을 하면서 동시에 다른 일을 수행하는 산만한 시청 양상을 보였다는 것이다. 이 연구는 여성과 남성의 시청양상의 차이를 가져온 가장 중요한 요인을 성에 따른 가정 내 사회적 위치에서 설명하고 있는데, 즉 가정이라는 공간이 갖는 의미가 근본적으로 남녀에게 다르다는 점에서 그 원인을 찾아볼 수 있다. 성별분업이 견고한 사회에서 가정은 남성에게는 휴식의 공간이지만 여성에게는 노동의 공간으로 정의된다. 따라서 남성은 가정에서 휴식 또는 여가활동으로서 텔레비전 시청을 방해받지 않고 즐길 수 있지만, 여성은 가사노동 혹은 다른 가족 구성원의 요구 등이 종종 텔레비전 시청을 방해하는 요소로 작용하게 된다. 이는 가정에서 남성은 경제적 책임을, 여성은 가사노동을 책임진다는 성별 분업 또는 성별 공사영역의 구분이라는 사회적 가치가 남녀의 미디어 이용과 시청 패턴에 영향을 미치고 있음을 보여주는 것이라 하겠다. 이와 같이 미디어 수용의 장으로서 일상생활 특히 가정 공간은 성별 미디어 수용 경험을 이해하는데 중요한 출발점으로서, 여성의 미디어 수용연구는 가정에서 차지하는 여성의 위치 및 역할과 미디어 수용의 관계를 탐구했다.

이와 관련, 텔레비전 외에도 비디오 수용이나 컴퓨터, 인터넷, 휴대전화와 같은 다양한 디지털 미디어 수용에 있어서도 가부장적 사회에 내재한 젠더관계의 특성이 남녀의 미디어 이용양상에 반영되고 있는 것으로 나타났다.[6] 가정의 비디오 수용을 연구한 그레이(Gray, 1992)는

---

6 비디오, 홈컴퓨터, 인터넷 등의 여성 수용에 대한 연구들은 이러한 미디어의 비교적 초기 수용자에 대한 연구들로서, 성인이 된 이후 관련 활용기술을 습득한 세대라는 점을 감안할 필요가 있다. 즉 이러한 미디어가 이미 대중화되고 어려서부터 친숙한 매체로 성장한 세대의 이용방식과는 차이가 있을 수 있다. 그러나 이러한 연구들이

비디오를 선택하는 데 있어서 남성은 자신의 취향을 우선적으로 고려하는 반면, 여성은 자신보다는 다른 가족구성원의 취향(예를 들면 자녀를 위한 만화나 교육적 비디오 또는 남편의 취향)을 고려하여 선택한다는 것을 발견하였다. 이는 여성이 다른 가족구성원을 돌보거나 육아를 담당하는 가정 내 성역할의 특성이 반영된 것으로 해석된다. 또한 가정에서 여성들은 텔레비전 시청 시에 가사 일을 소홀히 하거나 혹은 방치하고 있다는 점에 대해 죄의식을 느끼고 있음을 밝히면서, 이는 여성들이 아내와 어머니로서의 위치에 대한 압박 때문에 텔레비전 시청에서 편안함을 느끼지 못한다는 것을 지적하였다. 이에 따라 많은 여성들이 혼자서 텔레비전을 시청하는 것을 선호하며, 자신들의 텔레비전 시청이라는 '게으름'을 합리화하기 위해 텔레비전 시청을 가사노동에 대한 일종의 '보상'으로 규정하는 경향이 있다고 설명하였다.

국내 연구로는 가정에서 컴퓨터 혹은 인터넷 이용을 살펴본 연구에서 성별 차이가 나타나기도 했다(나미수, 2001, 2002). 여기서 남성의 컴퓨터 이용은 주로 자신의 직업적 목적과 관심(예컨대, 직업적 이유나 취미활동)을 반영하는 데 비해, 여성의 컴퓨터 이용은 다른 가족 구성원을 위해 봉사하고 양보하는 특성을 나타냈다. 즉 여성은 가사노동이나 자녀양육으로 인해 컴퓨터 이용 자체에 시간적 제약을 갖거나, 컴퓨터를 이용하더라도 자녀의 숙제를 돕는 등 자녀양육의 책임을 수행하기 위한 도구로서 이용되었다. 이는 인터넷 이용에서도 유사하게 나타났는데, 전업주부의 인터넷 이용은 여가활동으로서 자신의

보여주는 결과는 새로운 미디어 테크놀로지가 가정에 도입되고 이용될 때, 이것이 성별 구조나 위계, 가정 내 힘의 역학과 밀접하게 연관되어 있음을 시사한다.

관심이나 취미생활을 위한 이용에 덧붙여 자녀교육을 위한 도구나 가사노동의 일환으로 이용되는 경우가 많았다. 또한 가정 내로 제한되는 자신의 위치를 벗어나 가정 밖 사회관계를 유지하고 교류하는 수단으로서 활용하고 있었다(나미수, 2002). 이는 앞서 컴퓨터 이용과 마찬가지로 모성 역할의 현대적인 버전으로서 주부들이 자녀 양육을 위해, 또는 한정된 주부 생활에서 오는 소외감을 극복하고 외부와의 커뮤니케이션을 위해 인터넷을 이용하고 있음을 보여준다. 이러한 미디어 이용의 특성은 여성 혹은 남성의 본질적인 속성에서 비롯된다기보다는 가정 안에서 여성과 남성의 역할차이와 권력관계에 기인하고 있음을 알 수 있다. 즉 젠더 구조의 특성이 가정에서 여성과 남성의 미디어 이용의 특성을 이해하는데 중요한 단서가 되고 있음을 말해준다고 하겠다.

한편 주부를 벗어나 다양한 연령대의 여성들의 휴대전화 이용을 조사한 연구에 따르면, 여성의 휴대전화 이용이 수동적이고 전통적인 성역할을 반영하고 있다고 확증할 만한 결과를 발견하지 못했음을 밝히고 있다(이동후·손승혜, 2006). 즉 여성 수용자의 일상생활 조건이나 상황에 따라 다양한 이용방식을 보이고 있으며, 성과 아울러 세대, 직업, 결혼 여부, 경제적 여건 등 다양한 요인이 영향을 미치고 있는 것으로 나타났다. 이는 휴대전화와 같은 비교적 새로운 미디어의 경우, 여성의 미디어 이용경험의 양적, 질적 확장의 가능성을 보여주는 것이라 하겠다. 그러나 주부들의 휴대폰 이용을 연구한 다른 사례에서는 이러한 가능성을 보여주지 못하고 있는데, 휴대전화와 같이 가정 내 이용을 벗어나 이동성이 있는 미디어의 경우에도 주부들의 이용은 사적 영역에서의 책임과 의무를 벗어나지 못하고 있는 것으로 나타났다(김명혜, 2005). 주부들의 휴대전화는 가정에서 주로 수행되던 어머니의 역할을 시공간을 초월한 원격 어머니 역할로 변화시킴으로써, 어머니들은 휴대폰을 통해 일상적인 보살핌을 제공하는 도구적 어머니 역할과 자녀들에게 감정적으로 지원하는 정서적 어머니 역할을 수행하고 있다는 것이다. 즉 휴대전화는 물리적인 공간과 대화의 공간을 동시에 오갈 수 있게 함으로써 집과 직장과 같은 제도적인 공간 간의 경계를 무너뜨릴 수 있지만, 이를 통해 여성이 직장에서는 원격 어머니노릇을, 집에서는 원격 직장 일을 병행할 수 있게 한다(Rakow & Navarro, 1993). 따라서 휴대전화는 기존의 어머니 역할을 완화시키기보다는 전통적인 성별분업을 강화, 재생산하고 있는 것으로 나타났다.

이러한 여성의 휴대폰 이용의 양면적 특성이 말해주는 것은 수용자의 미디어 수용경험을 결정하는 것이 미디어 자체의 특성에서 비롯되기보다는 미디어 이용에 있어 수용자가 처한 일상적 조건과 상황에 따라 달라진다는 것을 의미한다고 볼 수 있다. 또한 미디어 기술이 발전함에 따라 새로운 미디어가 사회에 도입되었을 때, 그것이 어떻게 이용되느냐는 사회의 젠더 질서와 가치 틀 속에서 형성되는 경향이 있음을 알 수 있다. 또한 앞서 휴대전화 이용에 대한 연구에서 나타났듯이 세대, 직업, 결혼 유무와 같은 요인에 따라 여성의 미디어 이용경험에 차이가 나타나는 것은 여성의 미디어 이용이 변화하고 다양화되고 있다는 가능성을 열어주고 있음도 주목할 필요가 있다.

이러한 예로서, 가정 내 젠더구조가 남녀의 미디어 이용의 차이를 가져오는 유일한 요인이 아님을 보여주는 몇 가지 예외들을 언급할 수 있다. 앞서 서구에서 수행된 비디오 이용연구에서 가정 내 성 역할의 특성에 따라 미디어 이용에 있어 남녀의 상이한 패턴이 전반적으로 나타나고 있기는 하지만, 여성이 상근직(full-time)으로 일하는 가정에서는 예외적인 이용패턴이 보이기도 했다(Gray, 1992). 즉 여성들도 가정을 휴식의 공간으로서 향유하고 가정에서의 여가활동으로서 미디어를 이용하고 있는 것으로 나타났다. 이는 자본주의 사회에서 가정 내 권력관계가 경제적 능력에 의해 정의되는 경향을 보여줌으로써 경제능력이 가정 내에서 권력을 행사하는 중요한 원천임을 제시하고 있다.

그러나 국내의 다른 연구에서는 여성의 경제적 능력보다는 가부장제의 성별구조가 여성의 미디어 이용에 더 중요한 요인으로 작용하고 있는 것으로 나타났다. 예를 들어 여성의 취업여부에 관계없이 여성의 가정 내 성역할이 그대로 유지됨으로써, 일과 가사노동을 병행하는 취업여성이 전업주부보다 개인적 시간을 향유할 권한이 더 없다는 것이다. 물론 최근에는 가사노동의 성별 분담이 늘어나고 있고, 각 가정마다의 상황과 조건에 따라 다양한 특성을 보여주기도 한다. 하지만 우리 사회의 뿌리 깊은 가부장적 전통이 여성의 경제적 독립보다 더 우위를 차지하고 있으며, 여성의 취업 혹은 경제적 능력이 가정에서 남녀의 동등한 관계 즉 시간과 같은 자원의 활용이나 미디어 이용에 있어 반드시 평등성을 보장하지는 못한다는 것을 알 수 있다.

이러한 사례들은 가정의 특정한 상황과 미디어 이용이 어떻게 상호작용하고 있는지를 드러냄으로써, 젠더와 미디어 이용의 관계가 고정되고 불변의 것이라기보다는 특정 맥락에 따라 구성되고 타협됨으로써 다양한 양상을 나타낼 수 있음을 보여주고 있다. 그러나 각 가정마다 특수한 상황에 따라 양상은 달라진다 하더라도, 가족 구성원들의 성별관계와 같은 권력관계와 상호작용의 특성이 미디어 이용에 반영되며, 이는 가정 내 미디어 이용을 이해하는데 중요한 요소가 된다는 점을 지적할 수 있다. 즉 가정은 성별관계, 세대관계 등 복잡한 사회관계로 형성되는 하나의 사회적 조직으로서, 미디어 수용은 이러한 가족구성원 간의 역동적인 권력관계 속에서 이루어진다. 따라서 가족구성원간의 미디어 이용양상의 차이는 단순히 개인적 관심이나 취향의 차이만으로는 설명할 수 없으며, 그보다는 가정 내 권력관계 차원에서 미디어에 대한 접근과 이용방식을 설명할 필요성이 제기되는 것이다. 특히 미디어 이용과 관련하여 가정 내 권력관계는 미디어 이용에 필요한 자원(resources), 즉 시간, 공간, 금전, 교육 등과 같은 물질적 혹은 문화적 자원들의 차별적 분배와 연관된다고 할 수 있다. 미디어 이용의 능력은 이러한 자원의 문제와 연관되며, 각 가족구성원이 이용가능한 공간과 시간의 양, 경제적 능력 등이 미디어를 이용하는데 중요한 요인으로 작용한다고 하겠다(Silverstone, 1991).

페미니스트 수용연구에서는 이러한 자원의 분배에 있어 젠더 요인의 중요성을 밝히고 있는데, 여성들의 미디어 수용은 단순히 개인의 취향의 문제가 아니라, 가정 내 차별화된 젠더관계의 특성이 성별에 따른 경제적, 문화적 자원 분배의 차이로 연결됨으로써 여성의 미디어 수용의 특성(예컨대, 앞서 살펴보았던 성별에 따른 텔레비전 시청양상의 차이)에 영향을 미친다는 것이다. 즉 가족구성원들의 시간적, 공간적, 경제적, 문화적 자원의 분배가 젠더관계와 같은 가정 내 권력관계에 기반하고 있으며, 그러한 권력관계가 개별 가족구성원의 차별화된 미디어 이용에 영향을 미치고 있음을 알 수 있다.[7] 예를 들어, 가정

7 가정에서 컴퓨터 이용에 대한 국내연구에서는 컴퓨터 관련 기술을 자녀에게 학습

에서 금전에 대한 분배에 있어 성별 차이가 있음을 보여주는 한 연구에서, 남편이 아내보다 개인적 필요를 위한 소비를 더 많이 함으로써 성별에 따라 차별적인 분배가 이루어지고 있음을 밝히고 있다(Phal, 1995).

미디어 이용의 중요한 자원으로서 경제적 자원과 함께 문화적 자원(예를 들어 취향, 기술적 능력 등)을 들 수 있는데, 문화적 자원이나 능력의 차이는 단순히 개인적 차이라기보다는 사회구조 내 계급적 위치의 차이로 볼 수 있다. 부르디외(Bourdieu, 1984)는 사회에서 문화적 자원의 차별적 분배가 이루어지는 중요한 요인으로서 계급을 지적하기도 했지만, 젠더나 세대를 주요 요인으로 보기도 한다. 앞서 성과 장르의 관계를 살펴보았듯이, 멜로드라마나 로맨스 소설에 대한 여성의 선호는 취향과 같은 문화적 자원의 분배에서 젠더가 중요한 요소임을 보여주는 것이라 할 수 있다. 소위 여성장르로 언급되는 이러한 장르에 대한 여성의 선호는 여성 개인의 취향의 문제로 보기보다는 사회에서 여성이 차지하는 역할과 위치에 주목할 때 보다 잘 이해될 수 있기 때문이다.

이와 같이 미디어 수용과 관련된 시간과 공간의 분배나 경제적, 문화적 자원의 접근가능성은 젠더관계와 같은 권력관계와 밀접한 관련

시키는 데 있어 여자아이보다는 남자아이를, 동생보다는 형을 우선하는 것으로 나타났다(나미수, 2001). 이는 자녀 개개인의 취향이나 능력보다는 성 혹은 연령에 따른 위계관계 그리고 성역할 고정관념(예를 들면, 기술적 능력은 남성에게 더 적합하다)이 반영된 것이라 할 수 있다. 즉 기술적 능력과 같은 문화적 자원의 분배가 성, 연령 등 가족구성원의 사회적 위치에 따라 차별적으로 분배되고 있음을 알 수 있으며, 이러한 자원의 차별적 분배는 미디어 이용의 양적, 질적 차이로 연결된다고 할 수 있다.

이 있다고 하겠다. 이러한 관계의 특성이 여성과 남성의 미디어 이용에 반영되고 있다는 점에서, 사회에서 젠더구조나 젠더가치는 미디어의 접근과 이용패턴을 규정하는 데 중요한 역할을 하고 있다고 볼 수 있다.

4. 미디어 테크놀로지 소비와 젠더

1) 미디어 테크놀로지의 젠더화(gendering)

앞서 성역할이나 젠더관계가 가정에서의 여성과 남성의 미디어 이용에 영향을 미치고 있으며, 이에 따라 미디어의 의미나 소비방식을 결정하는데 젠더가 중요한 요인으로 작동하고 있음을 살펴보았다. 가정에서의 젠더관계는 우리 사회의 젠더가치나 구조와 밀접히 관련되어 있으며, 아울러 그러한 가치와 구조를 반영한다고 할 수 있다. 콕번(Cockburn, 1985)은 특히 성별분업이 미디어와 같은 테크놀로지의 의미나 이용에 있어 여성과 남성의 차이를 가져오는 데 중요한 역할을 한다고 보았다.[8] 이러한 테크놀로지의 이용은 성별분업과 같은 기존의 젠더관계를 변형시키기 보다는 재생산하는 경향이 있으며, 이는 우리 사회의 젠더 구조를 반영하는 것이라 할 수 있다. 이는 미디어를 비롯한 테크놀로지가 가정 혹은 사회에 도입되고 수용될 때 기존의

8 콕번(Cockburn)은 이에 대한 예로서, 가정에서 요리나 청소와 같은 '여성 노동'과 관련된 도구나 전자제품들은 여성들이 주로 사용하는 반면, 남성들은 전기공구와 같은 남성 노동관련 제품을 주로 사용한다는 점을 지적하고 있다.

성 역할 고정관념에 따라 이용되며, 이에 따라 테크놀로지는 성과 관련하여 가치중립적이지 않으며 특정한 성과 연관되어 그 자체가 젠더화(gendering)되고 있음을 알 수 있다.

이와 관련해 1980년대 서구 페미니스트들은 미디어를 비롯한 테크놀로지의 젠더적 특성에 관심을 보이면서, 특히 테크놀로지에 남성적 가치가 부여되어 있음을 주장해왔다. 예를 들어, 서구에서 수행된 미디어에 관한 사회적, 역사적 연구들은 미디어와 남성성 간의 밀접한 관계를 보여주고 있다. 초창기 라디오에 대한 한 연구는 서구에서 라디오가 가정에 도입되기 시작한 1930년대 초반에 남성이 라디오의 주 청취자였으며, 이때 남성들의 주요 관심사는 라디오라는 새로운 매체에 대한 기술적 측면에 기초해 있었다는 점을 밝히고 있다(Moores, 1988). 또한 컴퓨터의 초기 이용자들 역시 남성들이었으며, 이들은 컴퓨터를 하나의 흥미로운 놀이도구로서 이용하는 컴퓨터 애호가들(hobbyists)이었다(Haddon, 1992).

이와 같이 미디어의 주요 이용자는 남성으로서, 이들이 특히 미디어의 기술적 측면에 관심이 많았다는 점은 미디어 테크놀로지와 남성성 간의 관련성을 보여준다. 앞서 비디오 이용에 관한 연구(Gray, 1992)에서도 당시 새로운 미디어였던 비디오가 가정에 도입되었을 때, 여성들은 비디오의 복잡한 기능에 어려움을 느끼고 비디오 이용시 남편이나 자녀에게 의존하는 경우가 많았다. 반면 여성들은 세탁기나 오븐 같은 정밀한 기계를 사용하는 데는 매우 능숙한 것으로 나타났다. 가사노동과 관련된 기계를 이용하는 데는 아무런 어려움을 느끼지 않았던 여성들이 비디오 이용에 어려움을 느낀 이유는 기술적 능력이 부족해서라기보다는 비디오와 같은 미디어 이용에 특별한 필요를 느끼지 않았거나 자신의 가정 내 역할과 무관했기 때문이라고 볼 수 있다. 즉 앞서 페미니스트들이 언급한 테크놀로지의 젠더적 특성은 테크놀로지 자체의 고유한 특성에서 비롯된다기보다는 테크놀로지 이용을 둘러싸고 있는 우리 사회의 젠더구조나 젠더가치에 기반을 두고 있다고 하겠다.

즉 우리가 가정에서 사용하고 있는 다양한 테크놀로지들, 텔레비전, 라디오, 오디오, 컴퓨터와 같은 미디어뿐만 아니라 세탁기, 냉장고, 전자레인지, 청소기와 같은 전자제품은 그 자체로는 젠더적 특성과 무관하다. 하지만 이러한 테크놀로지가 가정에서 사용될 때는 여성과 남성의 역할구분이나 성별분업과 밀접히 연관됨을 알 수 있다. 세탁기, 전자레인지, 청소기 등의 전자제품은 가정에서 여성의 노동으로 인식되고 있는 세탁, 요리, 청소와 관련되면서 여성이 주 이용자인 반면, 여가활동과 관련되는 텔레비전, 오디오, 컴퓨터(예: 게임) 등은 종종 남성이 주된 사용자로 나타남으로써 가정에서의 테크놀로지 이용이 이용자의 사회적 역할 혹은 성 역할과 관련되고 있음을 알 수 있다.

이렇게 볼 때 여성과 남성의 테크놀로지 경험의 차이는 앞서 언급했듯이 젠더관계에 기반을 둔 테크놀로지의 젠더화(gendering)의 관점에서 이해될 수 있다. 그레이(Gray, 1992)는 가정에서 이용되는 테크놀로지를 여성 테크놀로지 또는 화이트 테크놀로지white technology와 남성 테크놀로지 또는 브라운 테크놀로지brown technology[9]로 구분하였는

9 화이트 테크놀로지와 브라운 테크놀로지는 가정에서 사용되는 다양한 전자제품들의 색깔을 근거로 붙여진 이름이다. 냉장고나 세탁기로 대표되는 가사노동과 관련된 전자제품이 기존에 주로 흰색 제품이 많았으며, 텔레비전, 비디오, 오디오 등 여가와 관련된 전자제품이 주로 짙은 갈색과 같은 어두운색이 많았던 점에서 비롯된

데, 이는 가정에서의 성역할과 연관되는 것으로서 전자는 가사노동을 위한 테크놀로지로서 주로 여성들이 사용하며 후자는 여가활동에 이용되는 테크놀로지로서 주로 남성들이 이용하고 있음을 밝히고 있다. 여성들이 가사노동 테크놀로지의 이용에는 매우 익숙하면서도 비디오의 이용에서는 어려움이나 무관심을 느낀다는 것은 비디오와 같은 가정의 여가활동을 위한 테크놀로지가 남성 영역으로 구성되어 있다는 측면에서 설명될 수 있다는 것이다. 비디오라는 테크놀로지 자체의 특성과는 무관하게 가정에서 여성과 남성의 위치, 즉 가사노동 책임자로서의 여성과 부양자로서의 남성이라는 가부장제 성 역할을 반영한 테크놀로지의 젠더화된 특성을 보여주는 것이다. 여가와 관련된 테크놀로지가 남성적 테크놀로지로 구성된다는 것은 가정에서 휴식과 여가활동에 대한 자유, 시간사용에 대한 권리가 남성에게 좀 더 보장되어 있음을 알 수 있다. 이에 대해, 여가활동에 관련된 테크놀로지에 대한 많은 연구들은 그것이 남성 중심적일 뿐만 아니라 심지어는 여성에게 적대적이라는 점을 밝히고 있다(Schmancher and Morahan, 2001). 이렇게 볼 때, 테크놀로지는 젠더 중립적이지 않으며, 여성과 남성의 차별화된 지위와 성별분업과 같은 우리 사회의 젠더관계에 의해 구성되는 젠더화된 산물이라고 하겠다.

이러한 테크놀로지의 젠더화는 여성과 남성 이용자의 성 정체성과도 연관된다고 할 수 있는데, 이는 여성과 남성의 테크놀로지에 대한 태도나 경험에 영향을 미칠 수 있다. 테크놀로지와 성 정체성의 관계

다. 가부장제적 성 역할에 따라 화이트 테크놀로지는 여성적 테크놀로지로, 브라운 테크놀로지는 남성적 테크놀로지로 젠더화되었다고 하겠다.

를 연구한 학자들은 기술적 능력이 남성성을 상징하고 있음을 지적하고 있는데, 콕번(Cockburn, 1992)에 의하면 여성성은 기술적으로 무능력한 혹은 무관한 것인 반면, 남성성은 기술적으로 유능한 것이라는 사회적 인식이 있다는 것이다. 왁만(Wajcman, 1991) 역시 기술적 능력은 이상적인(ideal) 남성성인 반면, 기술적 능력의 부족함은 여성성의 전형적인 특성으로 구성된다고 하였다. 이는 여성성, 남성성에 대한 절대적인 고정불변의 가치라기보다는 우리 사회에서 이상적으로 생각하는 여성성, 남성성의 가치가 테크놀로지와 어떻게 결부되어 있는지를 보여주는 것이다. 즉 테크놀로지는 그것이 발명되고 사용되는 사회를 반영하며, 남성세계를 반영하는 테크놀로지를 변화시키기 위해서는 젠더관계의 변화가 먼저 요구된다.

이와 같이 기술적 능력을 남성성과 결부시키는 우리 사회의 가치는 테크놀로지에 대한 여성의 소외를 가져오고 여성의 기술적 능력을 신장시키는 데 방해가 될 수 있는데, 그것은 여성이 기술적으로 우월한 능력을 갖는다는 점이 여성성을 오히려 해칠 수 있기 때문이다. 이와 관련, 여성의 성 정체성 형성과 테크놀로지 이용의 관계를 살펴본 한 연구는 여성이 남성에 비해 테크놀로지에 대해 소극적인 태도를 보이는 경향을 지적하였다(Turkle, 1988). 이는 여성들의 테크놀로지에 대한 '공포(phobia)'라기 보다는 '삼감(reticence)'이라고 할 수 있다. 즉 여성은 테크놀로지를 멀리하고 이용을 삼가고 억제함으로써 자신의 여성다움을 드러내고자 하는 반면, 남성은 테크놀로지에 대한 열정과 몰입을 보임으로써 자신의 남성다움을 추구한다. 남성에게 테크놀로지, 즉 기계의 세계는 '사나이 문화(macho culture)'를 보여주는 것으로, 여성이 기계 세계에 몰두한다는 것은 여성성에 대한 위협이 되기 때문에 성정체성 형성과 관련해 여성은 기계에 대한 능숙함이나 기술 향상에 관심을 갖지 않게 된다는 것이다.

가정에서의 컴퓨터 이용에 대한 국내의 연구에서도 테크놀로지와 남성성의 관계를 보여주고 있는데, 컴퓨터 기술이 남성적 능력으로 규정되는 경향이 나타남으로써 이는 남녀의 컴퓨터에 대한 태도나 이용방식에 영향을 미치고 있었다(나미수, 2001). 여성들은 컴퓨터에 깊은 관심과 열의를 보이기보다는 단순히 '도구적인' 이용을 하고 스스로를 단순히 '이용자'라고 생각하는 반면, 많은 남성들은 컴퓨터를 몰두할 만한 가치가 있는 것으로 평가하고 관련기술에 대한 그들의 능력을 과시하는 경향이 있는 것으로 나타났다. 남성의 컴퓨터에 대한 몰두는 보다 넓은 사회문화적 틀 안에서 고찰할 필요가 있는데, 즉 우리사회에서 새로운 기계나 기술적 능력을 습득하는 것은 남성성의 중요한 요인이 되고 있다. 특히 컴퓨터 관련 능력은 중산층 화이트칼라 남성의 경우 자신의 전문성, 경제력이나 성공적 직업인으로서의 남성다움과 밀접한 연관을 갖고 있다는 것이다. 이와 같이 컴퓨터가 남성영역의 테크놀로지로서 구성된다고 할 때 남성의 컴퓨터에 대한 몰두는 그들의 성 정체성을 강화시키는데 도움을 줄 수 있지만 여성의 경우에는 그렇지 않다. 예컨대 여성이 기계치 혹은 테크노포비아 technophobia[10]를 경험하더라도 이것이 우리 사회가 이상적으로 부여하고 있는 여성성의 가치를 손상시키지는 않는다고 할 수 있다. 남성의 컴퓨터기술에 대한 열망과 몰두는 바로 이러한 컴퓨터가 갖는 문화적 가치로 설명된다. 남녀의 컴퓨터 이용의 차이는 남녀의 본질적 차

10 최신 기술에 적응하지 못하면서 겪는 공포증을 일컫는다.

이나 기술적 능력의 차이라기보다는 남성의 성공과 능력을 상징하는 컴퓨터의 문화적 가치의 관점에서, 그리고 직업적 성공이 여성보다는 남성에게 보다 중요한 가치로 부여되어 있는 우리사회의 젠더관계의 관점에서 설명된다고 하겠다.

이상에서, 미디어 테크놀로지는 여성의 삶의 방식 혹은 사회와 관계를 맺는 방식에 영향을 미칠 수 있지만, 반대로 미디어 테크놀로지가 이용되고 일상화되는 데 있어서 사회문화적 조건 특히 젠더구조가 영향을 미칠 수 있다. 즉 젠더는 특정한 테크놀로지에 접근하거나 이를 습득하는 데 있어 중요한 요인이 되고 있다. 젠더와 테크놀로지의 관계는 본질적이고 고정된 것이라기보다는 역사적, 문화적 과정을 통해 구성된다고 하겠다. 이를 통해 젠더와 테크놀로지의 특정한 관계는 '자연스러운' 것으로 규정되고, 이는 여성과 남성의 테크놀로지에 대한 경험에 영향을 미친다. 앞서 보았듯이, 우리 사회의 젠더가치는 미디어를 포함한 테크놀로지의 남성 중심적 문화에 기여하는 것으로 보이며, 이는 여성의 테크놀로지에 대한 접근에 억압적으로 작용한다. 또한 테크놀로지에 대한 젠더화된 가치는 가정, 학교, 노동시장 등에서 남녀의 기술적 능력이나 교육, 직업 등의 분배에 있어 차별을 가져올 수 있다. 그리고 이러한 차별적인 분배는 다시 기존의 젠더 질서나 젠더 가치를 재생산함으로써 우리 사회에서 여성성과 남성성에 대한 하나의 신화(예를 들면, 기술적 능력이 남성성의 중요한 가치로 규정되는 것)를 만들어내는 데 영향을 미친다고 할 수 있다. 이렇게 볼 때, 일반적으로 새로운 테크놀로지는 사회변화의 중요한 동력으로 인식됨에도 불구하고 기존의 사회관계나 문화적 가치 내에서 수용되는 경향이 있으며, 이는 새로운 테크놀로지가 '보수적인' 특성을 갖는 모순된 특성을 시사하는 것이라 하겠다(Silverstone, 1991).

2) 디지털 테크놀로지와 젠더

앞서 젠더가 테크놀로지의 의미나 이용방식을 구성하는데 중요한 요인이 되고 있음을 살펴보았다. 이러한 논의에서는 테크놀로지에 부여되는 남성성의 가치, 젠더 질서를 공고히 하거나 남성 권력의 주요 근원으로서의 테크놀로지의 역할 그리고 테크놀로지로부터 여성의 소외 등의 문제가 다루어졌다.

그러나 1990년대에 나타난 사이버페미니즘cyberfeminism은 디지털 테크놀로지가 갖는 젠더 해방적 가능성을 전망하면서, 사이버 공간을 성차별의 구조가 약화되는 시스템으로 평가하였다. 예를 들어, 해러웨이(Haraway, 1991)는 사이버 공간과 같은 첨단 테크놀로지는 젠더 이분법이 해체되는 유토피아적 공간으로 보았다. 사이버공간에서는 사회에서 통용되는 이분화된 개념에 의문을 제기하는데, 즉 가부장제, 식민주의, 자본주의가 발전시켜왔던 여성과 남성, 인간과 동물, 공중과 개인, 문화와 자연 사이의 경계라는 이분법적 구조를 무너뜨리고 이러한 이분법적 분류에 맞지 않는 잠재적 정체성, 혹은 억압되어 있던 차이를 복원하고 개발할 수 있다는 것이다. 따라서 사이버공간에서는 기존의 생물학적 성 또는 성역할에 대한 개념들을 그대로 적용시킬 수 없으며, 정체성을 재생산했던 구조와 양식, 경계를 전복시킴으로써 탈젠더적인 해방을 가져다줄 수 있는 잠재력이 있다고 보았다.

사이버공간에서는 탈물질성, 익명성, 접근성, 상호연결성으로 수평적인 의사소통과 보편적인 상호작용이 가능해졌고, 이러한 연결적인 네트워크 시스템은 가부장적 구조의 소멸을 표상하는 페미니즘적 구조라 할 수 있다는 것이다(Plant, 1996). 사이버공간의 익명적, 유동적 특성으로 이용자는 생물학적, 물리적인 제약으로부터 자유로워짐에 따라, 사이버공간은 젠더 상징과 정체성을 가지고 실험하는 놀이터(van Zoonen, 2002), 젠더 정체성의 실험(Turkle, 1995) 등이 가능한, 즉 기존의 젠더관계를 벗어나 탈젠더적 주체형성이 가능한 공간이라고 주장하였다. 따라서 사이버공간은 억압적인 젠더 체제에 저항하고 평등을 구현하는 여성 해방의 장소가 될 수 있다고 평가하였다.

그러나 디지털 커뮤니케이션 테크놀로지에 잠재된 여성적 가치가 여성적 질서와 공간을 창출할 수 있다고 보는 초기 사이버페미니즘의 유토피아적 전망에 대해서는 많은 반론도 제기되고 있다. 사이버공간이 기존의 젠더체계로부터 자유로운 또는 탈젠더적 주체형성이 가능한 공간이라는 주장은 사이버공간의 사회적 조건뿐만 아니라 실제 개인 행위자들의 젠더화된 실천을 간과하고 있다는 것이다. 국내 연구에 의하면 여성 포털사이트의 대부분은 사적 영역의 관심사에만 치우쳐 있거나, 여성을 소비의 주체로만 호명하는 등 결과적으로는 전통적인 젠더구조를 재생산하고 강화하는 공간으로 나타났다(김유정·조수선, 2000; 이선민, 2004). 나아가 이용자의 성, 나이, 계층, 직업, 학력 등에 따라 사이버 공간의 접근 자체에도 차이가 있는 것으로 나타나 이용자의 사회적 조건에 따른 정보격차의 문제가 드러났다. 접근이 가능한 경우라도 활용의 차원에서는 성별의 차이가 나타남으로써, 미디어 리터러시에 있어서 기존의 남성 중심성이 그대로 유지되었다고 할 수 있다(김수아, 2013).

미디어 리터러시의 문제에서 뿐만 아니라 온라인 커뮤니티와 같은 사이버공간의 문화와 관련된 연구사례들은 사이버 공간에서 남성중심적인 문화가 지배적임을 보여주고 있다. 예를 들어, 사이버 커뮤니티의 남성 이용자들이 성폭력적 표현 혹은 여성들을 비하하고 조롱하는 여성의 성적 대상화를 통해 자신들만의 유희문화를 형성하고, 여성에 대한 비정상 범주화를 통해 남성들의 연대를 강화하는 모습을 보여주고 있다는 것이다(김수아·최서영, 2007). 이와 같이 사이버공간에서 현실세계의 남성성이 강화되고 있으며, 젠더 간의 불균형적인 권력관계가 현실사회와 마찬가지로 재생산되고 있음을 알 수 있다. 또한 사이버공간의 문화적 차원에서도 여성 배제적인 분위기가 드러남으로써 여성의 사이버공간의 접근에 소외가 발생하게 된다고 하겠다.

이들 연구들이 사이버공간에서 기존의 젠더질서가 여전히 작동하고 있음을 보여줌으로써 초기 사이버페미니즘의 유토피아적 전망을 비판하고 있지만, 디지털 테크놀로지가 여성들에게 새로운 방식의 자아표현이나 정체성을 형성하게 하고 사회적 교류 및 연대를 구축할 수 있게 함으로써 테크놀로지와 젠더의 관계를 재구성할 수 있는 가능성이 없는 것은 아니다. 예를 들어 이와 관련된 연구사례들에 의하면, 주부들이 사이버 커뮤니티 활동을 통해 정보를 얻고 일상생활을 재조직하면서 전통적인 성역할 구분에 도전하고 여성적인 저항의 전술들을 공유하거나 창조함으로써, 사이버 커뮤니티가 여성들에게 '힘돋우기'를 위한 도구가 되고 있었다(김수아, 2007). 또한 사이버공간에서 여성 커뮤니티는 여성들이 개인적, 일상적 경험의 공개와 상호지지를 통해 정서적 유대감을 형성하는 데 중요한 역할을 하고 있는 것으로 나타났다(이종수·최지혜, 2005). 이들 연구는 사이버 커뮤니티 활동을 통해 여성들이 기존 젠더 관계에 저항하고 새로운 정체성을 형성하며 여성주의적 공동체를 경험할 수 있는 공간이 되고 있음을 보여주고 있다.

이와 같이 사이버공간이 갖는 기존 젠더체계에 대한 도전 혹은 강화라는 양면적인 결과들은 스마트폰이나 소셜미디어, 게임 등과 같은 다른 디지털 테크놀로지의 경우에도 나타나고 있다. 소셜미디어를 통해 유자녀 여성들이 '엄마'로서의 일과 정체성을 어떻게 정의해나가는지 살펴본 한 연구는 인스타그램이 육아와 결부된 집약적 모성실천이 세부적으로 기록되는 현대판 육아일기로 기능하고 있음을 밝히고 있다(강혜원·김해원, 2018). 또한 앞서 가정생활과 미디어 이용에서 보았듯이, 스마트폰이 주부의 원격 어머니노릇을 가능하게 함으로써 전통적인 성별분업을 여전히 재생산하고 있음을 살펴본 바 있다. 반면 주 이용자가 남성이며 폭력적이고 선정적인 콘텐츠가 대부분일 것이라는 인식이 강한 디지털게임 가상공간에 대한 연구에서는 이용자들이 무분별한 가치들을 반복적으로 소비하는 수동적인 소비자가 아닌 적극적으로 게임을 즐기고 다른 방식의 게임문화를 형성하며 실천하는 창조적인 주체로서 기능하는 것으로 나타났다. 이러한 이용자들의 다양한 변화의 모습은 디지털게임 가상공간이 여성친화적 공간으로 변화할 수 있는 가능성을 보여주는 것이라 하겠다(안선영, 2010).

이렇게 볼 때, 현실에서의 젠더구조가 개인의 테크놀로지의 이용에 개입하고 있다는 점에서 단순히 테크놀로지가 갖는 기술적 특성에 근거한 유토피아적 시각은 문제가 있다고 하겠다. 앞서 보았던 연구들에서 알 수 있듯이, 디지털 테크놀로지의 이용이 모든 이용자에게 동일한 경험을 가져오지는 않으며 이용자의 상황이나 사회경제적인 조건에 따라 다양하게 형성되고 있음을 알 수 있다. 테크놀로지의 이용이 여성들에게 새로운 교류나 연대를 형성하고 기존 젠더구조에 도전하는 저항적 실천이 이루어지는 해방적 공간이 될 수도 있지만, 모성을 실천하는 소셜미디어의 사용처럼 기존의 성역할에 한정되거나 여성용 인터넷 사이트와 같은 성별화된 공간에 제한되는 등 기존의 젠더구조를 재확인하고 강화할 수도 있다.

그러나 테크놀로지를 매개로 다양한 실천이 이루어지고 있는 것은 사실이며, 이는 새로운 테크놀로지가 기존의 젠더체계와 어떻게 관련되는지 그리고 테크놀로지의 물질적 혹은 상징적 특성이 여성의 경험에 어떻게 영향을 미치고 있는지 지속적으로 살펴볼 필요가 있음을 제시하는 것이라 하겠다. 이를 통해 단순히 테크놀로지의 젠더화를 비판하는데서 나아가 테크놀로지에 대한 여성의 경험이나 실천을 이해함으로써 테크놀로지와 젠더의 관계를 재정의하고, 테크놀로지에 잠재된 변화의 가능성과 이것이 갖는 페미니즘적 가치와 의미를 고찰해 나가는 것이 필요하다고 하겠다.

참고문헌

• 제1장 •

박정순(1997), 「젠더적 사고를 넘어서: 커뮤니케이션 연구의 페미니스트 패러다임」, 박정순·김훈순 편, 『대중매체와 성의 상징질서』, 나남.

배은경(2004), 「사회분석 범주로서의 '젠더' 개념과 페미니스트 문화연구-개념사적 접근」, 『페미니즘 연구』, 4(1), 55-100.

배은경(2012), 「여성과 여성성에 대한 실존주의적 성찰」, 한정숙 편, 『여성주의 고전을 읽는다: 계몽주의에서 포스트모더니즘까지, 두 세기의 사상적 여정』, 한길사.

정영희·장은미(2015), 「흔들리는 젠더, 변화중인 세상-드라마 <미생>을 중심으로」, 『미디어, 젠더 & 문화』, 30(3), 153-184.

Cockburn, C. (1992), The circuit of technology: gender, identity and poser, in R. Silverstone and E. Hirsch(eds.), *Consuming Technologies: Media and Information in Domestic Spaces,* London and New York: Routledge.

Connell, R. W. (1987), *Gender and Power: Society, the Person and Sexual Politics,* Cambridge: polity Press.

Connell, R. W. (1995), *Masculinities,* Cambridge: polity Press.

Jaggar, Arison (1983), Political philosophies of women's liberation, in L. Richardson and Verta Tayler (eds), *Feminist Frontiers-Rethingking Sex, Gender and Society,* N.Y.: Random House.

Rakow, L. F. (1986), "Rethinking gender research in communication, *Journal of Communication,* Autumn, 11-26.

Scott, J. W. (1989), Gender: A useful category of historical analysis, *Gender and the Politics of History,* NY: Columbia Univ. Press.

Scott, J. W. (1999), Some more reflection on gender and politics, *Gender and the Politics of History*, 배은경 역(2001), 「젠더와 정치에 대한 몇가지 성찰」, 『여성과 사회』, 13호, 210-249.

van Zoonen, L. (1992), Feminist theory and information technology, *Media, Culture and Society,* 14(1), 9-29.

Wajcman, J. (1991), *Feminism Confronts Technology,* Cambrideg: Polity Press.

West, C. and Zimmerman, D. H. (1987), Doing gender, *Gender & Society,* 1(2), 125-151.

• 제2장 •

김선남·정현욱(1999), 『섹스, 젠더, 미디어』, 범우사.

김훈순·김명혜(1996), 「텔레비전 드라마의 가부장적 서사전략」, 『언론과 사회』 12권, 6-50.

박정순(1997), 「젠더적 사고를 넘어서: 커뮤니케이션 연구의 페미니스트 패러다임」, 박정순·김훈순 편, 『대중매체와 성의 상징질서』, 나남.

백미숙·이종숙(2011), 「한국 언론학에서 '여성주의/젠더 연구'의 지식생산: 진단과 함의, 가능성의 모색」, 『언론과 사회』, 19(4), 162-231.

원용진·한은경·강준만 편(1993), 『대중매체와 페미니즘』, 한나래.

이나영(2009), 「급진주의 페미니즘과 섹슈얼리티: 역사와 정치학의 이론화」, 『경제와 사회』, 82호, 10-37.

이나영(2013), 「페미니즘과 미디어 이론」, 이나영 외, 『다시 보는 미디어와 젠더』, 이화여자대학교 출판부.

이명호(2010), 「로맨스와 섹슈얼리티 사이: 젠더 관계의 변화와 포스트페미니즘 문화현상」, 『영미문학페미니즘』, 18(1), 89-116.

이정연·이기형(2009), 「'칙릿'소설, 포스트페미니즘, 그리고 소비자본주의 사회의 초상: 대중소설 『달콤한 나의 도시』와 『스타일』을 중심으로」, 『언론과 사회』, 17(2), 87-138.

Barrett, M. & McIntosh, M. (1985), Ethnocentrism and socialist-feminist theory, *Feminist Review,* 20, 23-47.

Brownmiller, S. (1976), *Against Our Will: Men, Women and Rape,* 박소영 역(2018), 『우리의 의지에 반하여: 남성, 여성 그리고 강간의 역사』, 오월의 봄.

Butler, J. (1990), *Gender Trouble: Feminism and the Subversion of Identity.* New York: Routledge. 조현준 역(2006), 『젠더 트러블: 페미니즘과 정체성의 전복』, 문학동네.

Daly, M. (1979), *Gyn/Ecology: The Metaethics of Radical Feminism,* Boston: Beacon Press.

Eisenstein, Z. R. (1980), *The Radical Future of Liberal Feminism,* 김경애 역(1988), 『자유주의 여성해방론의 급진적 미래』, 이화여대 출판부.

Engels, F. (1884), *Der Ursprung der Familie, des Privateigentums und des Staats,* 김대웅 역(1991), 『가족 사유재산 국가의 기원』, 아침.

Faludi, S. (1992), *Backlash: The Undeclared War against Women.* London: Vintage.

Firestone, S. (2003), *Dialectic of Sex: The Case for Feminist Revolution,* 김민예숙·유숙열 역(2016), 『성의 변증법』, 꾸리에북스.

Foucault, M. (1978), *The History of Sexuality volume 1: An Introduction,* New York: Vintage. 이규현 역(2004), 『성의 역사1: 지식의 의지』, 나남.

Friedan, B. (1963), *Feminine Mystique,* 김행자 역(1996), 『여성의 신비』, 평민사.

Gill, R. (2007), *Gender and the Media,* London: Sage.

Hole, J. and Levine, E. (1971), *Rebirth of Feminism,* New York: Quadrangle Books.

Jaggar, A. (1983), *Feminist Politics and Human nature,* 공미혜·이한옥 공역(1999), 『여성해방론과 인간본성』, 이론과 실천.

Kaplan, A. E. (1987), *Channels of Discourse,* 김훈순 역(1994), 『텔레비전과 현대비평』, 나남.

Kearney, M. C. (2011), *The Gender and Media Reader,* New York: Routledge.

Love, B. and E. Shanklin (1978), The answer is matriarchy, in Ginny Vida(ed.), *Our right to Love,* N.J.: prentice-Hall.

Mackinnon, C. A. (2000), "Not a moral issue", Drucilla Cornell(ed.), *Feminism and Pornography,* New York: Oxford University Press, 169-197.

Marx, K. and F. Engels (1970), *German Ideology,* 박재희 역(1988), 『독일 이데올로기』, 청년사.

McLellan, D. (1973), *Karl Marx: His Life and Thought,* New York: harper & Row, 1973.

McRobbie, A. (2004), Post-Feminism and Popular Culture, *Feminist Media Studies* 4(3), 255-64.

Millet, K. (1970), *Sexual Politics,* 김전유경 역(2009), 『성 정치학』, 이후.

Steeves, H. Leslie (1987), Feminist theories and media studies. *Critical Studies in Mass Communications,* June, 95-135.

Tong, R. (1998), *Feminist Thought: A Comprehensive Introduction,* 이소영 역(2000), 『페미니즘 사상: 종합적 접근』, 한신문화사.

van Zoonen L. (1991), Feminist perspectives on the media, *The Gender and Media Reader,* Kearney, M. C. (ed.)(2011), New York: Routledge.

van Zoonen L. (1994), *Feminist Media Studies,* London: Sage.

Weedon, C. (1987), *Feminist Practice & Poststructuralist Theory,* 이화영미문학회 역(1994), 『포스트구조주의와 페미니즘 비평』, 한신문화사.

• 제3장 •

김경모(2003), 「텔레비전 뉴스의 성 역학구도 재생산 보도관행과 저널리스트의 성차: KBS, MBC, SBS의 저녁종합뉴스 내용분석」, 『한국방송학보』, 17(3), 197-238.

김경희·강혜란(2016), 「여성의 과소재현과 상징적 소멸: 텔레비전 뉴스 프로그램에서의 젠더 구조를 중심으로」, 『미디어, 젠더 & 문화』 31(3), 53-96.

김선남(2003), 「텔레비전 뉴스와 여성」, 한은경·이동후(편), 『미디어의 성과 상』, 241-264, 나남.

김선남·장해순(2011), 「성폭력 관련 한국 신문보도의 특성에 관한 연구」, 『정치커뮤니케이션 연구』 22, 5-38.

김세은(2013), 「뉴스와 젠더: 뉴스로 살펴보는 한군 사회의 여성 소외와 차별」, 이나영 외, 『다시 보는 미디어와 젠더』, 이화여자대학교 출판부.

김은경·이나영(2015), 「성폭력, 누구에 대한 어떤 공포인가: 언론의 성폭력 재현과 젠더 질서의 재생산」, 『미디어, 젠더 & 문화』, 30(2), 5-38.

김훈순(1997), 「텔레비전 뉴스 속의 성의 역학」, 『한국방송학보』, 9, 147-178.

김훈순(2004), 「한국 언론의 젠더 프레임: 범죄뉴스와 여성」, 『한국언론정보학보』, 27, 63-91.

나미수(2002), 『정치뉴스와 의견의 다양성: 방송3사의 저녁종합뉴스를 중심으로』(2002-07), 한국언론재단.

양정혜(2002), 「대중매체와 여성 정치인의 재현: 시사 월간지와 여성 월간지를 중심으로」, 『한국언론학보』 46(2), 452-484.

양정혜·이현주(2005), 「텔레비전 뉴스와 젠더질서: 성매매방지법 보도의 프레이밍 분석」, 『한국방송학보』, 19(2), 378-418.

유선영(2002a), 『여성과 언론: 여성보도 개선방안 연구: 중앙일간지와 '여성신문'의 비교분석을 통해』(2002-02). 한국언론재단.

유선영(2002b), 『한국 신문의 대중주의: 일간지 연성기사 분석』(2002-06), 한국언론재단.

유선영(2003), 미디어 페미니즘 이론과 국내외 현황, 〈한국 미디어 페미니즘: 주류 언론과 대안 언론의 현실과 전망〉, 여성컴·여기자클럽·한국언론재단 공동 주최 세미나, 12월 1일.

원용진(2000), 『텔레비전 비평론』, 한울아카데미.

이수연(2002), 『평등문화 확산을 위한 TV프로그램 모니터 결과보고서』, 여성부.

이영자(2006), 언론은 여성을 위한 오피니언 리더인가. 한국여성학회 '성인지적 시각과 언론보도' 세미나. 2006. 11. 관훈클럽.

한국여성유권자연맹(1994), 『신문 속의 여성소외-5개 일간지의 여성관련 기사 분석 보고서』, 여성과 언론 공개토론회 자료집.

한국YWCA(2018), 「무분별한 보도로 2차 피해, 언론의 성찰이 필요하다」, 『한국 YWCA』 2018년 4월호.

허명숙(2007),「전문직 여성에 대한 언론보도 프레임 연구」,『미디어, 젠더 & 문화』, 7, 5-45쪽.

홍지아(2015),「미디어를 통한 성매매의 의미구성: 중앙일보, 조선일보, 경향신문, 한겨레의 기사분석을 중심으로」,『한국여성학』, 31(3), 219-259.

홍지아(2016),「여기자들이 경험하는 직업과 성/젠더의 관계와 양성평등적 뉴스생산에 대한 인식」,『한국여성학』, 32(3), 27-59.

Fiske, J. (1994), *Television Culture,* London: Methuen.

Fowler, R. (1985), "Power", *Handbook of Discourse Analysis,* 4, van Dijk, T.A. (ed), London: Academic Press, 61-82.

Gilliam, Franklin D. Jr. & S. Iyengar (2000), Prime Suspects: The Influence of Local Television News on the Viewing Public. *American Journal of Political Science* 44 , 560-573 .

Hartley, J. (1982), *Understanding News,* London: Methuen.

Major, L. H. & Coleman, R. (2008), The Intersection of Race and Gender in Election Coverage: What Happens When the Candidates Don't Fit the Stereotypes?. *Howard Journal of Communications,* 19(4), 315-333.

Morse, M. (1986), "The Television News Personality and Credibility", In Tania Modleski (ed.), *Studies in Entertainment,* Bloomington: Indiana University Press.

Rakow, L. F. and Kranich, K. (1991), "Women as Sign in Television News", *Journal of Communication,* 41, 8-23.

Tuchman, G. (1978), *Making News: A Study of Construction of Reality,* New York: Free Press, 박홍수 역(1995),『메이킹 뉴스-현대사회와 현실의 재구성 연구』, 나남.

van Zoonen, L. (1988), Rethinking Women and the News, *European Journal of Communication,* 3(1), 35-53.

• 제4장 •

강익희·하윤금(2001),『텔레비전에 나타난 직업의 성정형화에 대한 연구』, 한국방송진흥원.
고찬희(1984),「텔레비전 드라마의 성차별성에 따른 고정관념에 대한 연구」, 서강대학교 석사학위 논문.
김명혜(2004),「드라마 〈파리의 연인〉을 통해 본 신데렐라 콤플렉스의 문제점」,『프로그램/텍스트』, 11, 193-212.
김명혜·김훈순(1996),「여성이미지의 정치적 함의: 텔레비전 드라마를 중심으로」,『한국언론학보』, 38, 203-248.
김민정(2001),「아줌마? 아줌마!」,『여/성이론』, 4, 158-173.
김선남·장해순·정현욱(2004),「수용자의 드라마 여성이미지에 대한 수용형태 연구」,『한국방송학보』, 18, 76-116.
김수아(2011),「남성 아이돌 스타의 남성성 재현과 성인 여성 팬덤의 소비 방식 구성: 샤이니와 2PM을 중심으로」,『미디어, 젠더 & 문화』, 19, 5-38.
김수아·최서영(2007),「남성 정체성(들)의 재생산과 사이버 공간」,『미디어, 젠더 & 문화』, 8, 5-41.
김순기·홍종배(2014),「2000년대 한국 텔레비전 드라마에 나타난 여성상 연구」,『지역과 커뮤니케이션』, 18(2), 25-55.
김종덕(2007),「한국 TV광고에 나타난 남성성 연구」,『광고학연구』, 13, 237-240.
김현숙·김수진(1999),「영화 속의 모성, 영화 밖의 모성」, 심영희 외(공편),『모성의 담론과 현실: 어머니의 성, 삶, 정체성』, 나남.
김훈순(2003),「텔레비전 드라마의 여성들」, 한은경·이동후(공편),『미디어의 성과 상』, 나남.
김훈순(2013),「텔레비전 드라마 속 여성들의 일상」, 이나영 외,『다시 보는 미디어와 젠더』, 이화여자대학교 출판부.
김훈순·김명혜(1996),「텔레비전 드라마의 가부장적 서사전략」,『언론과 사회』, 6, 6-50.
김훈순·김미선(2008),「여성 담론 생산의 장(場)으로서 텔레비전 드라마: 30대 미혼여성의 일과 사랑을 중심으로」,『한국언론학보』, 52(1), 244-270.
남명자(1984).「텔레비전 드라마에 표출된 한국 여성상에 관한 분석」,『한국언론학

보』, 17(17), 71-117

박혜경(2010), 「신자유주의적 주부 주체화 담론의 계보학: 신문기사를 중심으로」, 『한국여성학』, 26(2), 127-158.

송유재(1990), 「여성과 매스미디어」, 『방송연구』, 겨울호, 217-238.

윤택림(2001), 『한국의 모성』, 미래인력연구원 지식마당.

이경자(1986), 「TV 여성프로그램에 관한 연구」, 『여성연구』, 봄호, 123-153.

이박혜경(1998), 「사랑이 우리를 평등하게 하리라?」, 『여성과 사회』, 9, 80-93.

이해년(2006), 「한국 방송드라마의 남성성보기: 신데렐라 콤플렉스 갈등구조와 극본기제로서의 재벌주인공」, 『2006년 4월 문학과 영상학회 학술대회 발표논문집』, 13-22.

이화정(2013), 「멜로드라마에 나타난 남성상 유형의 변화: 1992년부터 2012년까지」, 『한국콘텐츠학회논문지』, 13(7), 62-69.

정지은(2014), 「TV 드라마의 젠더 관계 재현방식: 연상녀·연하남 커플에 대한 재현을 중심으로」, 『미디어, 젠더 & 문화』, 29(4), 85-125.

조한혜정(1993), 『한국의 여성과 남성』, 문학과 지성.

최상진(1996), 「여성대상 프로그램에 나타난 주부의 역할에 대한 분석」, 이화여자대학교 석사학위 논문.

최현주(2008), 「텔레비전 드라마에 묘사된 성역할의 전도(reverse)와 그 함의: 남성전업주부 드라마 '불량주부'를 중심으로」, 『한국방송학보』 22(4), 401-438.

한국양성평등교육진흥원(2005), 『또 하나의 앵글』.

한국여성개발원(1996), 『대중매체의 여성차별 지표 개발』.

한국여성민우회(2010), 『드라마 속 전문 여성직 성향분석』.

황경아·홍지아(2011), 「TV매체에 재현된 한국사회의 모성실천: 리얼 다큐멘터리 〈수퍼맘 다이어리〉의 슈퍼맘 노릇하기를 중심으로」, 『미디어, 젠더 & 문화』, 19, 213-252.

Chodorow, N. (1978), *The Reproduction of Mothering: Psychoanalysis and the Sociology of Gender,* 김민예숙·강문순 역(2008), 『모성의 재생산』, 한국심리치료연구소.

Heath, S., & Skirrow, G. (1977), Television: a world in action, *Screen*, 18(2), 7-60.

Lerner, G. (1987), *The Creation of Patriarchy,* 강세영 역(2004), 『가부장제의 창조』, 당대.

Meehan, D. M. (1983), *Ladies of the Evening: Women Characters of Prime-time Television.* Scarecrow Press.

Nixson, S. (1997), Exhibiting masculinity, In S. Hall(Ed.), *Representation: Cultural Representation and Signifying Practice,* London: Sage, 291-336.

Press, A. L. (1991), *Women Watching Television.* Philadelphia: Pennsylvania University Press.

• 제5장 •

김송희(2013), 「동안 권하는 사회: 미디어가 재현하는 몸과 나이, 그리고 젠더」, 『미디어, 젠더 & 문화』, 27, 77-115.

김종덕(2007), 「한국 TV광고에 나타난 남성성 연구」, 『광고학연구』, 18(1), 215-243.

김주현(2009), 「연령주의 관점을 통한 노년의 이해」, 『사회와 역사』, 82, 361-391.

김희정(2007), 「TV광고에 나타난 성역할 이미지의 변화에 관한 연구」, 『한국방송학보』, 21(4), 7-68.

리대룡·김희정(1995), 「잡지광고의 여성 역할 이미지 및 그 변천에 관한 내용분석」, 『광고연구』, 26(1), 7-53.

문영숙(1983), 「광고물에 나타난 남녀이미지 비교연구」, 서울대학교 석사학위논문.

송유재(1987), 「광고에 반영된 한국여성상 연구」, 『한국문화연구원논총』, 52, 181-227.

송희영(2011), 「현대 '남성성'의 창조: 광고에 나타난 '남성의 몸'」, 『카프카연구』, 25, 329-349.

오택섭·강현두·최정호(2005), 『현대사회와 매스커뮤니케이션』, 한울아카데미.

윤조원(2010), 「'꽃미남'과 '씩스팩': 대중문화 속 오늘의 남성성」, 『안과밖』, 28,

278-302.

이경숙(2013), 「텔레비전 오락 프로그램의 리얼리티와 섹슈얼리티」, 이나영 외, 『다시 보는 미디어와 젠더』, 이화여자대학교 출판부

이귀옥(2012), 「'강한 남자'에서 '아름다운 남자'로」, 『미디어, 젠더 & 문화』, 22, 151-185.

이귀옥·이원정(2004), 「남성성의 다중화와 여성화: 1996년부터 2002년까지의 남성잡지광고 내용분석」, 『광고학연구』, 15(5), 7-27.

정기현(1997), 「텔레비전 광고 속의 여성성과 남성성」, 『한국방송학보(특집)』, 9, 215-250.

정기현(2002), 「사회적 정책의 변화가 광고내용에 미치는 영향에 관한 연구: 텔레비전 광고 속의 여성성과 남성성」, 『광고학연구』, 13(5), 45-71.

정기현(2007), 「한국 텔레비전 광고에 나타난 젠더표상의 변화에 관한 연구」, 『미디어, 젠더 & 문화』, 9, 71-110.

정영희(2013), 「광고 속 젠더 재현」, 이나영 외, 『다시 보는 미디어와 젠더』, 이화여자대학교 출판부.

최상진·김지영·김기범(2001), 「심리적 구성체로서 한국 아줌마 분석」, 『한국심리학회지』, 20(2), 327-347.

한국언론정보학회(1990), 『현대사회와 매스커뮤니케이션』, 한울아카데미.

한은경(1996), 「텔레비전 광고 속의 남성이미지 연구: 상품광고를 중심으로」, 『광고연구』, 32, 91-120.

한은경(2000), 「광고에 나타난 여성과 남성의 이미지 추이에 관한 연구: 1993-1999년을 중심으로」, 『한국방송학보』, 14(2), 243-277.

Baudrillard, J. (1970), *Société de Consommation: ses Mythes, ses Structures,* 이상률 역(2015), 『소비의 사회: 그 신화와 구조』, 문예출판사.

Cheng, H. & Schweitzer, C. (1997), Holding up half of the sky? A socio-cultural comparison of gender-role portrayals in Chinese and US advertising, *International Journal of Advertising,* 16, 295-319.

Coad, D. (2008), *Metrosexual: Gender, Sexuality and Sports,* New York: State

University of New York.

Connell, R. W. (1987), *Gender and Power*. Stanford, CA: Stanford University Press.

Courtney, A. E. & Whipple, T. W. (1974), Women in TV Commercials, *Journal of Communication*, Spring, 110-118.

Dominick J. R. & Rauch, G. E. (1974), The image of women in network TV Commercials, *Journal of Broadcasting*, 16, 259-266.

Goffman, E. (1979), *Gender Advertisements*, Cambridge, MA: Harvard University Press.

Kolbe, R. H. & Albaniese, P. J. (1996), Man to man: A content analysis of sole-male image in male audience magazine, *Journal of Advertising*, 4(winter), 1-20.

Pollay, R. W. & Gallagher, K. (1990), Advertising and cultural values: Reflections in the distored mirror. *International Journal of Advertising*, 9, 359-372.

Sengupta, S. (1995), The influence of culture on portrayals of women in television commercials: A comparison between the United States and Japan, *International Journal of Advertising*, 14, 314-333.

Soloman, M. H., Ashmore, R. D. & Longo, L. C. (1992), The beauty match-up hypothesis: Congruence between types of beauty and product image in advertising, *Journal of Advertising*, 21(4).

Williamson, J. (1978), *Decoding Advertisement*, Marion Boyars.

• 제6장 •

강혜란·윤정주(2010), 『젠더에 관한 고정관념 그리고 차별』, 국가인권위원회.

김경모(2003), 「텔레비전 뉴스의 성 역학구도 재생산 보도관행과 저널리스트의 성차: KBS, MBC, SBS의 저녁종합뉴스 내용분석」, 『한국방송학보』, 17(3), 197-238.

김경희·강혜란(2016), 「여성의 과소재현과 상징적 소멸」, 『미디어, 젠더 & 문화』,

31(3), 53-96.

김양희(2001), 남녀차별적인 언론보도 개선 및 여기자 위상 강화 방안, 〈여성부·한국언론재단·한국기자협회 공동 주최 2001 여기자 세미나〉, 제주 서귀포 칼호텔.

김진웅(2008), 「외주제작의 상업화 현상에 관한 연구」, 『방송과 커뮤니케이션』 9(1), 6-35.

김태희·나미수(2012), 「여성 방송인의 시대별 위상 변화에 대한 질적 연구」, 『미디어, 젠더 & 문화』, 22, 37-74.

김현미(2005), 「문화 산업과 성별화된 노동」, 『한국여성학』, 21(2), 69-103.

김훈순(1997), 「텔레비전 뉴스 속의 성의 역학」, 『한국방송학보』, 9, 147-178.

김훈순·김미선(2008), 「여성 담론 생산의 장으로써 텔레비전 드라마: 30대 미혼여성의 일과 사랑을 중심으로」, 『한국언론학보』, 52(1), 244-270.

김훈순·박동숙(1999), 「텔레비전 드라마 여성작가 연구: 여성주의적 글쓰기의 가능성과 한계」, 황인성(편), 『텔레비전 문화연구』, 한나래, 401-441.

나미수(2011), 「텔레비전 드라마의 생산자 연구」, 『사회과학연구』, 50(1), 159-199.

박소라·전경란(2003), 「미디어 조직과 성」, 한은경·이동후(공편), 『미디어의 성과 상』, 나남.

과학기술정보통신부·방송통신위원회(2018), 『2018년 방송산업 실태조사 보고서』, 2018. 11.

배진아(2006), 「방송드라마의 체계적 제작 시스템에 관한 연구」, 『게임&엔터테인먼트 논문지』, 2(2), 75-84.

안영은(2003), 「지방 언론사 기자들의 직업의식에 관한 연구: 전북 지역 신문사 기자들을 중심으로」, 전북대학교 대학원 석사학위 논문.

유선영(2003), 『미디어 조직과 성차별: 여성언론인 주류화 방안』, 한국언론재단.

윤석민·이철주(2003), 「우리나라 지상파 방송사 조직에 있어서 여성인력의 지위에 관한 연구」, 『한국언론정보학보』, 167-210.

이수연(2001), 『성차별 개선을 위한 텔레비전 모니터 결과보고서』, 여성부.

이수연(2004), 「지상파 방송의 성별 인력구조와 방송내용의 성차별성과의 관계에 대한 논의」,『미디어, 젠더 & 문화』, 1, 117-145.
최이숙(2013),「성별화된 미디어 조직, 성별화된 미디어 노동」, 이나영 외,『다시보는 미디어와 젠더』, 이화여자대학교 출판부.
한상근·김나라·전용석(2003),『문화산업의 직업변동』, 한국직업능력개발원.
허명숙·나미수(2008),「지역 언론과 성차별」,『미디어, 젠더 & 문화』, (9), 87-131.
홍지아(2016),「여기자들이 경험하는 직업과 성/젠더의 관계와 양성평등적 뉴스생산에 대한 인식」,『한국여성학』, 32(3), 27-59.
Gherardi, S. (1995), *Gender, Symbolism and Organizational Cultures,* London: Sage.
Gitlin, T. (1983), *Inside Prime Time.* NY: Pantheon.
Hardin, M. and E. Whiteside (2009), Token responses to gendered newsrooms: Factors in the career-related decisions of female newspaper sports journalists, *Journalism,* 10(5), 627-646.
Ibarra, H. (1993), Personal network of women and minorities in management: A conceptual framework, *Academy of Management Review,* 18(1), 56-87.
Lauzen, Martha M. & Dozier, David M. (1999), The role of women on screen and behind the scene in the television and film industries: Review of a program of research, *Journal of Communication Inquiry,* 23(4), 355-373.
Lauzen, Martha M. & Dozier, David M. (2008), Civilizing prime pime: Gender and conflict resolution in the 2004~2005 Season, *Mass Communication and Society,* 11, 300-318.
Morse, M. (1986), The television news personality and credibility: Reflections on news tradition, in T. Modleski(ed.) *Studies in Entertainment: Critical Approaches to Mass Communication,* Bloomington and Indianapolis: Indiana University Press, 55-79.
Mosco, V. (1996), *The Political Economy of Communications,* London: Sage.
Ryan, B. (1992), *Making Capital from Culture,* Berlin and NewYork: Walter de

Gruyter.

Still, L. V. (1994), Where to from here? Women in management: The cultural dilemma, *Women In Management Review,* 9(4), 3-10.

van Zoonen, L. (1994). *Feminist Media Studies.* London: Sage.

• 제7장 •

강혜원·김해원(2018), 「소비문화의 전시와 자기서사 쓰기 사이의 줄타기: '맘스타그램'을 통해 본 SNS 시대 모성 실천의 함의」, 『한국방송학보』, 31(5), 5-34.

김수아(2007), 「사이버 공간에서의 힘돋우기 실천: 여성의 일상생활과 사이버 커뮤니티」, 『한국언론학보』, 51(6), 346-380.

김수아(2013), 「한국 사회의 사이버 공간과 젠더 이슈」, 이나영 외, 『다시보는 미디어와 젠더』, 이화여자대학교 출판부.

김수아·최서영(2007), 「남성 정체성(들)의 재생산과 사이버 공간: 커뮤니티 게시판과 토론형 게시판의 비교를 중심으로」, 『미디어, 젠더 & 문화』, 8, 5-41.

김명혜(2006), 「드라마 〈내 이름은 김삼순〉에 대한 여성 수용자의 해독과 일상적 실천에 관한 연구」, 『언론과학연구』, 6(2), 76-112.

김유정·조수선(2000), 「새로운 매체, 새로운 젠더 논의: 컴퓨터 매개 커뮤니케이션을 중심으로」, 『사이버커뮤니케이션학보』, 5, 30-58.

나미수(2001), 「홈컴퓨터의 소비를 통해 본 젠더와 테크놀로지에 관한 연구」, 『한국언론학보』, 46(1), 72-115.

나미수(2002), 「일상생활에서 인터넷의 문화적 의미: 전업주부의 인터넷 이용을 중심으로」, 『한국방송학보』, 16(3), 260-293.

나미수(2013), 「미디어 수용과 여성」, 이나영 외, 『다시 보는 미디어와 젠더』, 이화여자대학교 출판부.

박동숙(1994), 「문화론적 수용자론」, 『언론과 수용자』, 한국언론연구원, 97-130.

안선영(2010), 「디지털게임 가상공간의 변화와 여성주의 실천에 대한 연구: PC게임 '심즈' 사용을 중심으로」, 『페미니즘연구』, 10(2), 129-163.

양정혜(2002), 「성찰적 TV 수용의 한계 : 남녀 집단간의 여인천하 해독에 대한 연구」, 『한국방송학보』, 16(1), 268-299.

이선민(2004), 「젠더 관점에서 여성 포털사이트 분석」, 숙명여자대학교 대학원 석사학위논문.

이오현(2002), 「텔레비전 드라마 수용자 연구: 다의성(polysemy)의 문제를 중심으로」, 『한국언론학보』, 46(6), 96-126.

이종수·최지혜(2005), 「사이버 공간에서의 여성 커뮤니티 문화: 〈우나쁜 여자가 되어 원하는 것을 다 가져라〉 클럽의 사례분석」, 『미디어, 젠더 & 문화』, 3호, 98-143.

정영희(2007), 「〈내 이름은 김삼순〉에 대한 수용자의 현실적 공감과 즐거움에 대한 연구」, 『한국언론학보』, 51(4), 32-57.

주창윤(1998), 「텔레비전 드라마의 해석적 위치」, 『한국언론학보』, 42(4), 63-199.

Bartes, R. (1975), *Le Paisir du Texte,* 김명복 역(1990), 『텍스트의 즐거움』, 연세대학교출판부.

Bourdieu, P. (1984), *Distinction: A Social Critique of the Judgement of Taste,* London and New York: Routledge.

Cockburn, C. (1985), *Machinery of Dominance: Women, Man and Technical Knowhow,* London: Pluto Press.

Cockburn, C. (1992), The circuit of technology: gender, identity and power, In R. Silverstone and E. Hirsch (Eds.), *Consuming Technology: Media and Information in Domestic Spaces* (pp. 32-47), London and New York: Routledge.

Fiske, J. (1986), Television: Polysemy and popularity, *Critical Studies in Mass Communication,* 3(4), 391-408.

Fiske, J. (1987), *Television Culture,* new York and London: Routledge.

Gray, A. (1992), *Video Playtime: The Gendering of a Leisure Technology,* London and New York: Routledge.

Haddon, L. (1992), Explaining ICT consumption: The case of home computer. In R. Silverstone and E. Hirsch (Eds.), *Consuming*

Technology: Media and Information in Domestic Spaces (pp.82-96), London and New York: Routledge.

Hall, S. (1980), Encoding/decoding, in S. Hall, D. Hobson, A. Lowe and P. Willis(eds.), *Culture, Media and Language,* London: Hutchison.

Haraway, Donna J. (1991), *Simians, Cyborgs, and Woman - The Reinvention of Nature,* New York : Routlege.

Hobson, D. (1980), Housewives and the mass media, in S. Hall, D. Hobson, A. Lowe and P. Willis(eds.), *Culture, Media and Language,* London: Hutchison.

Hobson, D. (1982), *Crossroads: The Drama of a Soap Opera,* London: Methuen.

Modleski, T. (1982), *Loving with a Vengeance: Mass-produced Fantasies for Women,* New York: Methuen.

Moores, S. (1988), The box on the dresser: memories of early radio and everyday life, *Media, Culture and Society,* 10(1), 23-40.

Morley, D. (1980), *The 'Nationwide' Audiences: Structure and Decoding,* London: British Film Institute.

Morley, D. (1986), *Family Television: Cultural Power and Domestic Leisure,* London: Comedia.

Phal, J. (1995), Household spending, personal spending and the control of money in marriage, in S. Jackson and S. Moores(Eds.), *The Politics of Domestic Consumption,* Prentice Hall/Harvester Wheatsheaf.

Plant, S. (1996), On the Matrix - Cyberfeminist Simulation, *Cultures of Internet,* Robs Shields (ed.), London : Sage Pub.

Radway, J. (1987), *Reading the Romance: Women, Patriarchy and Popular Literature,* London: Verso.

Rakow, L. F. & Navarro, V. (1993), Remote mothering and the parallel shift: Women meet the cellular telephone, *Critical Studies in Mass Communication,* 10, 144-157.

Schumancher, P. and Morahan, M. (2001), Girl gamers and their relationship with the gaming culture, *Convergence,* 6, 36-53.

Seiter, E., Borchers, E., Kreutzner, G. & Warth, E. (1989), Don't treat us like we're so stupid and naive: towards an ethnography of soap opera viewrs, in Seiter, E., Borchers, E., Kreutzner, G. & Warth, E. (eds.), *Remote Control: Television and Cultural Power,* London: Routledge, 223-247.

Silverstone, R. (1991), Beneath the bottom line: Households and information and communication technologies in an age of consumer, *Policy Research Papers,* 17, London: PICT.

Turkle, S. (1984), *The Second Self: Computers and the Human spirit,* Granada.

Turkle, S. (1988), Computational reticence: Why women fear the intimate machine, In C. Kramarae (Ed.), *Technology and Women's Voice* (pp.41-61), London: Routledge & Kegan Paul.

Tuckle, S. (1995), *Life on the Screen: Identity in the Age of the Internet,* Cambridge, MA: MIT Press.

van Zoonen, L. (2002), Gendering the Internet: Claims, Controversies and Cultures, *European Journal of Communication,* 17(1), 5-23.

Wajcman, J. (1991), *Feminism Confronts Technology,* Cambridge: polity Press.

미디어와 젠더

지은이 나미수
펴낸이 김동원
펴낸곳 전북대학교출판문화원

초판 1쇄 인쇄 2019. 12. 11
초판 1쇄 발행 2019. 12. 16

전북대학교출판문화원 전라북도 전주시 완산구 어진길 32 (풍남동2가)
전화 (063) 219-5321~2
FAX (063) 219-5323
출판등록 2012년 8월 20일 제465-2012-000021호

값 15,000원

ISBN 979-11-6372-054-6 93330

이 도서의 국립중앙도서관 출판예정도서목록(CIP)은 서지정보유통지원시스템 홈페이지(http://seoji.nl.go.kr)와 국가자료종합목록 구축시스템(http://kolis-net.nl.go.kr)에서 이용하실 수 있습니다. (CIP제어번호 : CIP2019047330)